暮らしが整
くり

これまでとこれか
向き合って家を建てました

山内彩子

大和書房

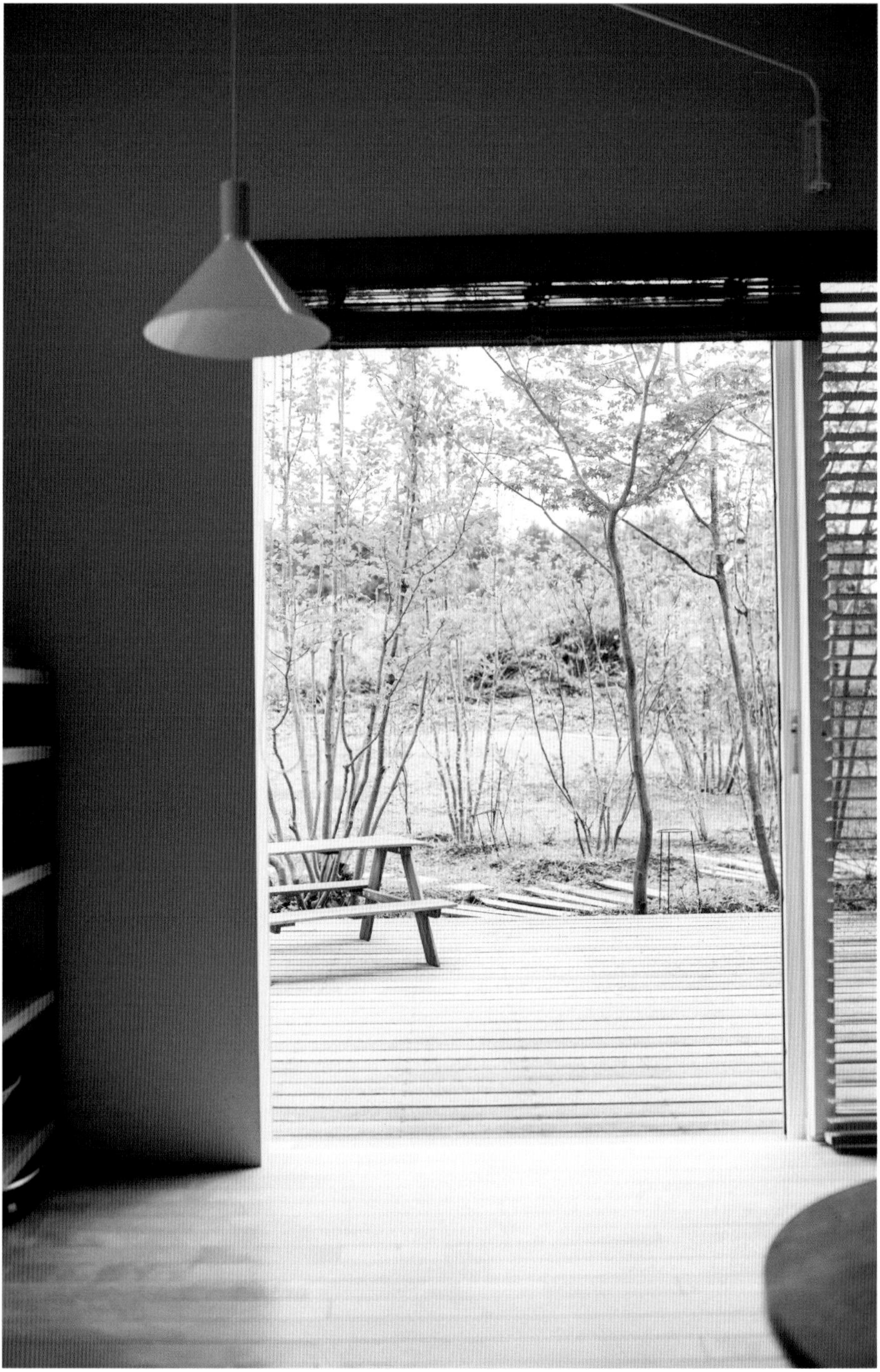

「炊事・洗濯・掃除・片付けなど、暮らしのベースとなる家を整えたい」

「日常にこそ楽しみを見いだせる家にしたい」

私たちにとっての暮らしやすさに、とことん向き合いました。


不満に思うこと、それがヒントになる。

人を変えずに、家を住む人にあわせればいい。

お願いしたり、誰かが頑張らなくても、自然と解決する家を考えました。

はじめに

私はもともと掃除も片付けも苦手で、なんとか頑張って家事をしていました。体調不良や繁忙期で私が頑張れなくなると家の中はすぐに荒れるから、自分ばっかりが家事を頑張らなくてはならないことを不公平に感じ、夫には小言を並べたり家事分担を迫ったり。休日は家でやりたいことがいろいろあったのに、家にいると家事をやらなきゃと気が休まらず、居心地のいい場所を求めてよく外出していました。

だから家を建てるとなったときに、私でも楽にすっきりと片付き、きれいを維持できる家にしたいと思いました。我が家こそ居心地よく。家事に追われることなく、むしろ家事を気持ちよくこなし、余暇にはすっきり整った家で、本当にやりたいと思うことをして過ごしたい。住人が日々頑張るのではなく、家で根本的に問題解決を図ろう。

これを機に暮らしを変えたいと思って家作りに臨み、それまでの暮らしで困っていたことや、これからの理想にじっくり向き合い、考えた解決策を間取りや設備に反映しました。

そうして建った家は、家事が滞らない家でした。後回しにしたり押し付けあったりせずに、さっと家事をこなせる家。やらなきゃとかやりたくないとか、夫もやるべきだとか、そういうことを考えずにすむと、きれいになるのは家だけでなく、頭の中まですっきりすることを知りました。淡々と家事をこなすことで気持ちまで整い、暮らし全体が整うようになりました。暮らしのベースが整うと、日常を心から楽しめるようになりました。

この家を建てて、暮らしが変わりました。それは、ただ新しい家を建てたからというだけではないように思います。どんなことを楽に感じるか、気持ちよく清潔ですっきりしていると感じるか、捉え方・感じ方は人それぞれ違います。だから、自分たちが何をどう感じるのかをよく観察した上で、私たちにとっての暮らしやすさに一度じっくり向き合ったからこそ、今の暮らしがあるのだと思います。

この本ではそんな私たちが施主としてどう家作りに参加したのか、何を考えどう家に反映したのか、工事中の様子、そしてこの家での暮らしや、その後の家や家族の変化など、家が建つまでと建ってからを時系列でまとめました。

私たちが家を建てることになったとき、はじめてのことで、これからどう進んでいくのか、自分には何ができるのか分からず、頭の中が疑問符でいっぱいになりました。この本が、これから家を建てる同じような気持ちでいる方の一助となり、みなさまにとっての「暮らしが整う家づくり」を考えるきっかけとなることができれば幸いです。

I. 家が建つまで

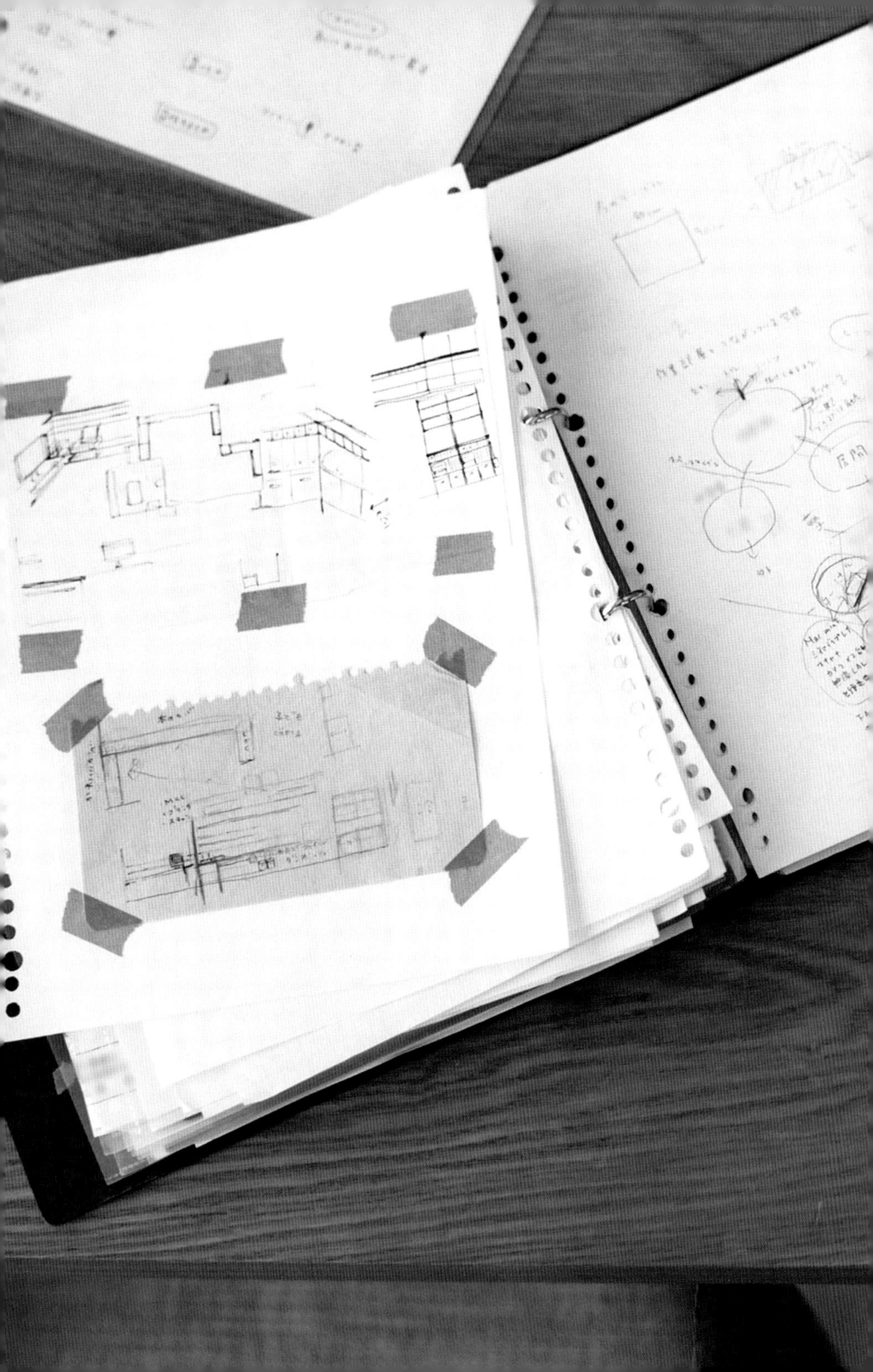

1章

家を建てることになるまで

もともときれい好きな わけではない

片付けられなかった子ども時代

私は小さな頃から、片付けがとても苦手でした。とにかく「だらしない」と言われた子ども時代。もちろん掃除もできませんでした。部屋がものに溢れて、汚れすら見えない部屋に住んでいました。実家は転勤族で子ども時代に五回の引っ越しがありましたが、どの家でも自室はすぐにごちゃごちゃに。学校ではそれなりに取り繕っているつもりでしたが、高校生活の終わり、進学と同時に宿舎へ入ることが決まったときに、担任の先生に「お前の宿舎はすぐぐちゃぐちゃになって追い出されるな」と予言されてしまいました。バレていたか。

ものの管理ができない

特にプリントの管理が苦手で、学校の机の奥でぐしゃぐしゃになり、蛇腹になったり、机の反対側から出てきたりしていました。大量のプリントを泣きながらアイロンがけして提出した思い出もあります。

自室にケモノ道

部屋の床は一面にものがあって足の踏み場もなく、ものをかき分けて進むのでケモノ道ができていました。何がどこにあるか分からず、四六時中、探し物をしていました。

スケジュール管理も苦手

「いつまでに何を」が管理できず、夏休みの宿題も8月31日の夜に、姉に手伝ってもらい、泣きながらやっていました。ちなみに姉は片付けも掃除も好きな「きちんとさん」でしたので、親の育て方が悪いわけではなさそうです。

自分に合わせたところは散らからない

学校の机の中や自室の収納は全く片付けられなかったけれど、受験生時代の机まわりだけは片付いていました。余っていたコタツを椅子代わりにして、教科ごとに参考書を分類して平積みにし、一覧できるようにしたら、失くさず散らかさずに、参考書を片付けられました。

忘れ物が多すぎる

小学生時代は忘れ物が多く、何度も泣きながら家まで忘れ物を取りに戻りました。忘れないようにと、腕はペン書きのメモだらけ。そのメモも管理できず、また忘れてしまうのですが……。

自分次第で暮らしは変えられる、と知ったきっかけ

18歳から宿舎ではじめての一人暮らし

進学を機に始まった学生宿舎での一人暮らし。6畳間に金属製のベッドと大きな事務机・椅子が標準装備、床は古い病院のような灰色の宿舎。こんなところで暮らすのか……とはじめは不安しかありませんでしたが、ここでの暮らしでたくさんのことを学びました。同じ宿舎にいてもその中での暮らしは様々。つまりは住む人次第。どんな部屋だって工夫すれば快適になるし、それ自体も楽しむことができる、ということを知りました。

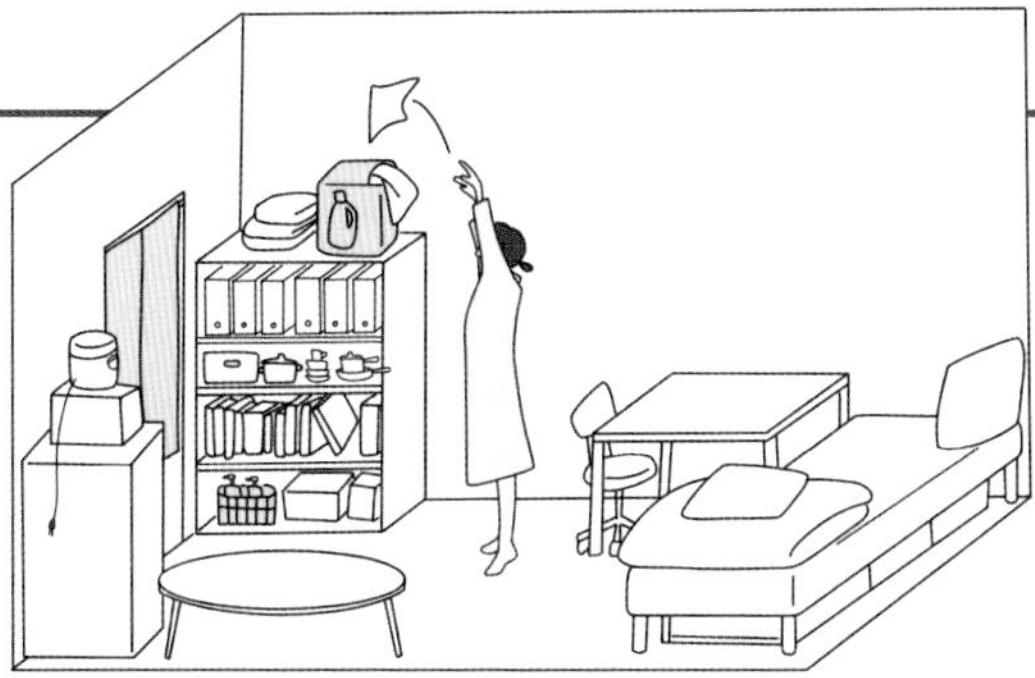

母の行動力！

古い宿舎は壁や暖房設備がカビていました。見にきた母が「これは健康を害する」と暖房設備を分解掃除、カビた壁紙は剥がして貼り替え、ついでにフローリング調のシートを買って床に敷いてくれました。転勤族で引っ越しを繰り返した母の底力と行動力を目の当たりにしました。

暮らしの工夫を楽しんだ

共用の水回りを使うのに、入浴グッズはカゴに入れると持ち運びも簡単、浴室まで持ち込めるし、水切れも良く、毎回乾かせばぬめりも無縁。洗濯カゴには洗剤ボトルを入れて高いところに置き、洗濯物を投げ入れ、溜まったら共用の洗濯室へカゴごと持って行けば便利。はじめてばかりの中で暮らしを工夫することは楽しくて、お金のかからない娯楽でした。

雰囲気は変えられた

土足で灰色の床から、座れるフローリング調の床になったことで、部屋の雰囲気ががらりと変わりました。それなら、金属製の冷たい雰囲気のドアにはのれんを掛けよう、ベッドはソファみたいにしてみようと部屋を楽しめるように。模様替えもたくさんしました。

先輩たちの知恵

歴史のある宿舎では、先輩方から代々知恵のようなものが引き継がれていました。収納のない部屋にものを収めるためにベッドを底上げするのもその一つ。1m底上げするツワモノも（危ない！）。引っ越し代を節約するために、リヤカーで引っ越しする先輩もいて、当たり前にしばられない自由さも知りました。

友達の部屋は暮らしの見本市

みんな同じ間取りと家具で暮らしているはずなのに！ ドアを開けるとみんな違う部屋。持っているものの色や量、配置の仕方もみんな違っていて、おそらくそれは個性であったり、それぞれの実家の影響を色濃く受けているようでした。ご実家を訪問してその子の部屋と見比べ、ルーツを観察するのも密かな楽しみでした。

お気に入りを少しだけ

限りある予算の中でよく考えてものを選び、気に入ったものを大事に使う。ものが少ないので部屋にある全てのものを把握できたし、狭い部屋なので置き場所も吟味。おかげであまり散らかりませんでした。

賃貸での暮らしがとても役に立った

新築マンションと古いアパート

宿舎を出た後は、単身赴任になった父と二人暮らし。ちょうど新築されたマンションの1LDKに入居が決まり、3年ほど暮らしました。その後、夫と結婚して、駅に近いこと・安さ・広さを優先し、今度は一転、古い3DKのアパートに。夫は働き始め、私は進学して、新しい暮らしが始まりました。この二軒の家は様々な点で実に対照的でした。

風の通り方

マンションは二階の部屋で、ベランダの窓とその対角にある窓を開けると気持ちの良い風が通りました。一方、古いアパートは一階の部屋で、風を通そうと思うと、通りに面した掃き出し窓とトイレの窓を開けなくてはならず、風は通り抜けるけれど、防犯上も気になるし、トイレを通り抜けた風かと思うと……換気が難しい部屋でした。

光の入り方

マンションに住んでいた頃は学生で部屋に戻るのは夜だったので、光の入り方を気にしませんでしたが、アパートでは休日に部屋で過ごすことも多く、光の入り方は重要だなと痛感しました。アパートは東向きで、早朝から光が入るのはよかったのだけれど、当時寝坊だった私たち。休日、起きてすぐに部屋が暗くなるのが残念でした。

設備と掃除のしやすさ

新築マンションは設備も掃除しやすくそれなりにきれいに保てました。一方で古いアパートは入居時から水垢やカビがあった上に設備の構造も複雑で、とにかく掃除が大変。汚れ落としの修行のようでした。

ものの量と散らかり

宿舎からマンションへ移ると、収納もあるし荷物も少なかったので、部屋はガランとして散らかりませんでした。一方で、二人暮らしを始めたアパートは二人分のものでごった返しましたが、一部屋を納戸のようにしてしのぎました。

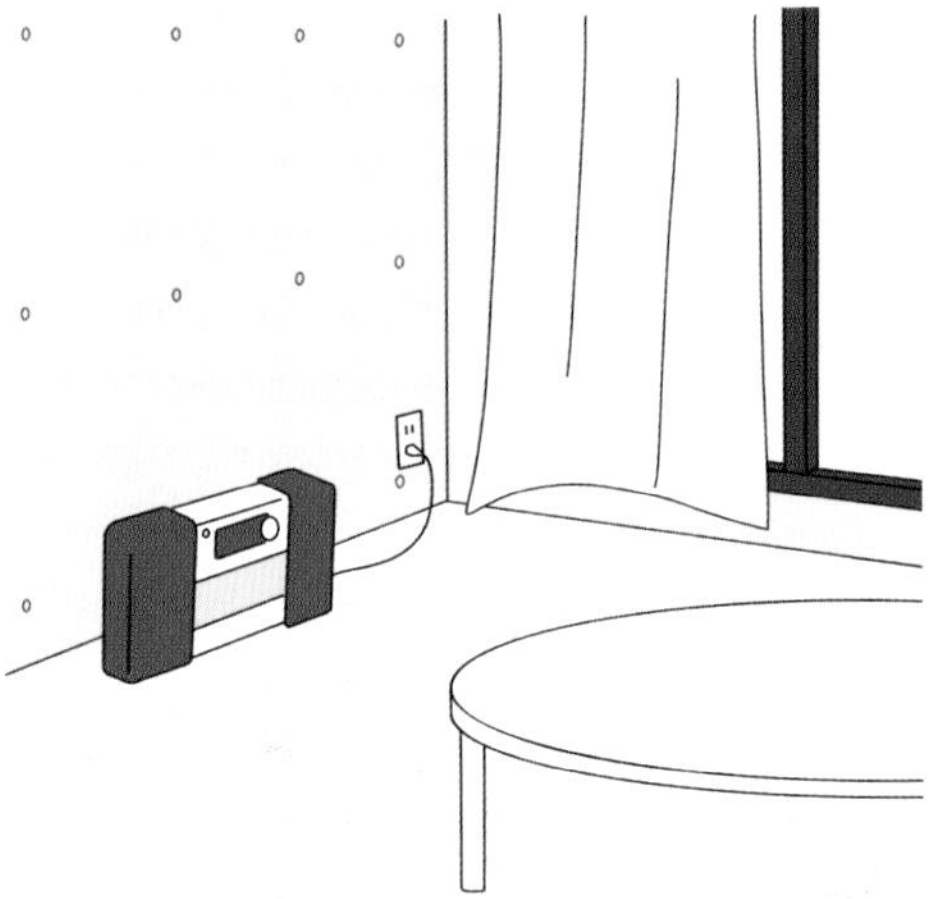

素材感と好み

新築マンションは贅沢にも無垢の床で足触りが最高でした。ただ、杉の無垢床は傷がついたり汚れやすく、賃貸だったこともあり、かなり気を使いました。壁はコンクリート打ちっぱなしでおしゃれでしたが、私の暮らしには不釣り合いな気も。一方、古いアパートは畳に襖に木の押し入れ、年季が入った感じも落ち着いて、気に入っていました。どちらの家でも気になったのはプラスチックの設備。他の素材に比べて汚れやすく、その汚れも落としにくく、劣化も早く感じました。

「家」によって、汚れ方が違う、掃除の大変さも違う

次々と難題が現れる

宿舎暮らしを通じて「どんな部屋でも住めば都、住む人次第で暮らしは良くなる！」なんて思っていた私でしたが……。この対照的な二軒に暮らして分かったのは、同じ住人でも家の様々な要因によって暮らしが大きく変わるということ。この古いアパートでも、毎日気持ちよく掃除して整った暮らしができる人もいるのでしょう。けれど当時の私たちにはハードルが高かった。カビ、湿気、そしてアリ。次々と難題が現れる暮らしでした。未知との遭遇は面白くもあり、バタバタと2年の月日が過ぎました。

建物の構造は快適さに影響する

雑誌などで見た、古い家に素敵に暮らす方に憧れもあったし、古いアパートは広いのに安くて気に入っていましたが、暮らすうちに古いがゆえのデメリットも感じました。隣の部屋同士で音は筒抜けだし、隙間風も寒い。驚いたのは、夫がアメを出しっ放しにするとアリが行列すること！ 畳の下は土で、アリがやってきたり、湿気も上がってきたり、底冷えもする。建物の構造が快適さに影響することを体感しました。

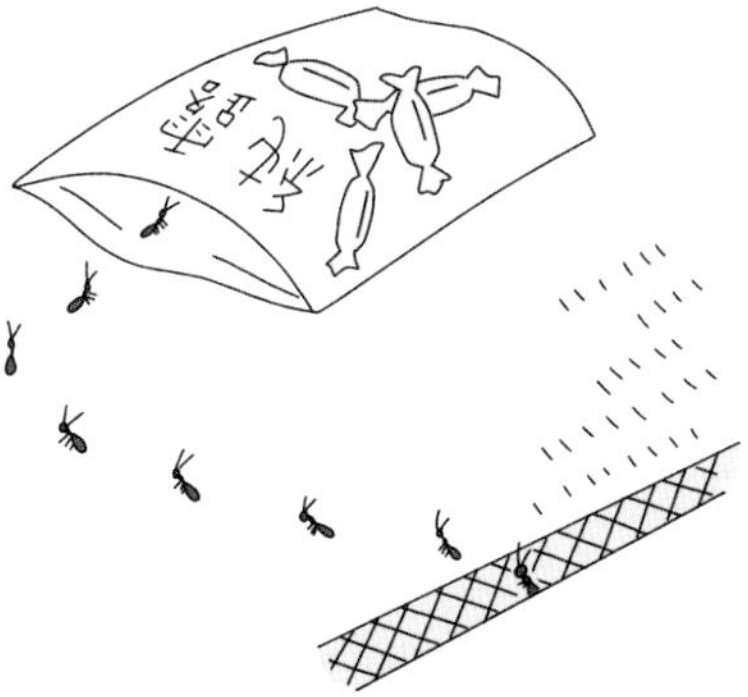

古いアパートで得たもの

総じて新築マンションの方が快適だった訳だけれど、古いアパートではいろいろな汚れや困りごとを経験し、その対応を考えたり、どれが自分たちにとって気にならず、どれは我慢できないのかを知ることもできました。家賃が安かったので貯金もできたし、おしゃれなコンクリート打ちっぱなしの新築マンションよりも古いアパートの方が落ち着くようにも思いました。

油断するとすぐカビる

アパートに入居してすぐ、まだ空っぽの押し入れに新品のすのこを入れておいたら、ものの見事にカビました……。その後もクリーニングに出したスーツ、お気に入りのカゴ、窓は結露してカーテンも、油断すればすぐにカビました。おかげで換気や虫干しなど暮らしの知恵も学びました。

いろいろな掃除を試してみる

入居前から気になっていた洗面台のヒビ、蛇口についた硬い水垢、プラスチックについた謎の着色、襖の落書き。経験したことのないいろいろな汚れがこの家にはあったので、掃除方法を調べては落とせないか試しました。「退去時には入居時よりきれいにしていこう！」と姉や母が遊びにきて一緒に掃除してくれたのもいい思い出です。

忙しい、やらなきゃ、家事に追われる、毎日なんだか辛い……

家を建てる直前の暮らし

古いアパートに2年暮らした後、私が働き始めたのに合わせて、3DKの南向き、築浅のアパートに引っ越し、5年弱をここで過ごしました。日当たりがよく、換気もしやすく、基礎もしっかりしていて、湿気や虫などの悩みも解決。古いアパートに比べると掃除も楽になりました。古いアパートなのに毎日の家事がうまくまわらなくて、なんだか辛い時期でした。

忙しくなると部屋が荒れる

この頃は夫も私も帰宅が夜10時をまわることが多く、常に家事がたまって渋滞していました。忙しくなると部屋は荒れて、家事にまつわるいさかいが増えていきました。

やらなきゃに追われる

この家にいたのは結婚してから3〜7年目。家事を一通り経験して、もっと家事のレベルを上げ、快適に暮らしたいと欲が出てきた頃でした。私も仕事を始めましたが、なんだか家事の負担が自分ばかりに偏っているように感じていました。本当は二人で協力してすっきりと暮らしたいのに、気づけば洗濯物がたまり、水回りにはカビ、床には埃が転がっている……。とにかく忙しい、疲れている、でも家事はちゃんとしたい、やらなきゃ、手伝ってよ……そんな毎日でした。

うるさい家に、いたくない

「床掃除をしたのはいつ？ 埃が転がっているよ」「排水溝の蓋の中、開けたらきっとカビてる」なんだか家にいると、いろいろな「もの」が語りかけてくるようでした。少ない休みの日、本当は家でやりたいことがたくさんあるのに、家にいると「やらなきゃ」がうるさくて、やりたいこともできないし、でも貴重な休みを家事で終わらせたくはない。それで出かけることが多くなりました。本当は居心地のいい家でやりたいことをして過ごしたいのに……。仕事は充実していたけれど、なんだか暮らしも家も気持ちも淀んでいました。

家事動線が馴染まない

古いアパートも3DKで家事動線にストレスを感じなかったから、家事動線をよく考えずに新しいアパートを決めましたが、暮らしてみると特に洗濯動線が煩雑。馴れさえすれば、工夫すればどうにかなるはずと試行錯誤したものの、毎日のことなのでストレスになっていました。

家を建てるのをきっかけに暮らしを変えたい

家を建てる？

2012年、仕事の関係で家を探すことになりました。しばらくは中古物件を探していましたが、なかなか条件に合うものが見つからず。そんな中、不動産屋さんと話をしていたら、中古物件ではなく条件のいい更地を見つけてきてくれました。これなら中古に手を入れるより、予算内に収まるように建ててしまった方がいいのでは……と、とんとん拍子に話が進み、家を建てることになりました。

家作りを主体的にしたい！

自分たちの理想の暮らしも、好みも、使いやすいものも、苦手なことも、ちょうどいい広さも、一番よく知っているのは自分たち。何を大事にしたいのか、どんな暮らしをしたいのか、真剣に向き合って家に反映できるのも自分たちだけ。主体的に家作りをしよう！「これを機に暮らしを変えたい」と思って、私たちの家作りが始まりました。

これでは暮らしは変わらない？

寝室の埃掃除にうんざりしていたので「寝室はベッドだけ置ければいいから狭く」と言ったら、ハウスメーカーの人に笑われてしまい、一般的な広さを提案されました。本気で言っているんだけどな。私の理想を理解してもらうのは難しいかもしれない。これでは暮らしは変わらない？

せっかく一から建てるなら

考えてもみなかった新築。せっかくなら、これまでとこれからの自分たちの暮らしにとことん向き合って、とびきり暮らしやすい家にしたい！ と思いました。

誰に建ててもらう？

いくつかのハウスメーカーや工務店のモデルハウスを訪ねると、とても豪華で、今までとは違う新しい暮らしが始まりそうな予感にわくわくしたけれど……。冷静になると、流行を取り入れた内装や最新の設備、私たちの暮らしには馴染まなさそうな空間や過ごし方の提案が続き、自分たちの暮らしは想像がつきませんでした。

column 1

土地探し

中古住宅を含めて探していた頃、なかなか物件が見つからなかったのは、私たちの中で立地に求めるものがはっきりしていなかったからかもしれません。その頃見ていたのは、学校や駅が近く商業施設も充実した「一般的に理想的な」エリアでした。

家を建てるにあたって話を聞いた人に、毎日お子さんたちと1時間歩いて小学校に通っているという人がいて、学校への遠さをポジティブに捉え、楽しみに変えているのが印象的でした。

そこで改めて考えてみると「私たちにとって理想的な」条件は、それほど便利でなくても、新鮮な野菜が手に入って自然が多く静かな土地。これからの暮らしで重視する点がはっきりしたら、自分たちの暮らしに馴染む土地と出会うことができました。

もう一つ重視したのは災害のこと。震災直後の中古住宅探しでは物件によって被害の程度に差を感じました。家の構造や築年数などいろいろな要素が影響すると思いますが、地盤が良いとされている土地では古い物件でも被害が少なく感じました。

それで地元の人に話を伺ったり、役所が作成しているハザードマップや国土地理院の地形分類図などの資料にあたったり。図書館の古い地図や地名の由来などから土地の来歴を知ることもできます。最近は台風に伴う水害も目立ちます。どんな土地なのか理解した上で購入し、対策をとって、より安心して住まうことができたらと考えました。

2章

どんな家を建てたい？どんな暮らしをしたい？
――理想の具体化編

どんな家を建てたいか、は、どんな暮らしをしたいのか

家を建てることになったものの、それまで家を建てるなんて考えたこともなかったから、どこから手をつければいいか困ってしまいました。

私たちは、どんな家を建てたいんだろう。私たちの暮らしに丁度いい広さ、必要十分の設備、心地よく感じる環境、したいことができる空間。これらを決めるためには、私たちがこれから、どんな暮らしをしたいのか、自分たちの「理想の暮らし」を具体化する必要がありそうです。

この作業、自分たちだけで考えていても「こんなものだろう」という枠から抜け出せず、なかなか形になりませんでした。理想の暮らしを考えるための選択肢をもっと広げたいと思って、いろいろな人や場所を訪ね、理想を具体化するヒントを集めました。それらを持ち寄り、自分たちのこれからにどう反映できそうか、家族会議をしたり、スクラップ帖を作ったりと手を動かして整理しながら、理想の暮らしを具体化していきました。

理想の暮らしを具体化する

ヒント集め——1

人と家を訪ねる

家を建てたいと思っている、という話をすると、いろいろな人が家を見せてくれました。お話を聞くと、住まい方や家との関わり方はそれぞれ違っていて、どうしてそれを選んだのかには、その家族の過ごし方や好きなもの、それまでの暮らしや経験に基づく理由がありました。自分たち以外の経験を収集することは、理想の暮らしを考えるためにとても役立ちました。

特に、小さい子どもがいる共働きの暮らしや、庭のある暮らし、動物のいる暮らしは私にとっては未知のものだったので、とても興味深くお話を聞きました。自分が使ったことのない建材（例えば塗装の壁や木のバルコニー）はどうメンテナンスするのか、使ってみての感想も、実際に暮らしている人の経験はとても参考になりました。

いろいろな暮らし方

自分たちと違った
日々の過ごし方や
暮らしのアイデアは、
新しい暮らしへの
ヒントとなった。

余暇の過ごし方

早起きして縁側で一人の時間を楽しむ人、庭で燻製をしながらのんびり本を読む人、時間があるとすぐバーベキューがはじまる家族など、みんな家で過ごす時間を楽しんでいた！

家事の話

家事は誰がやっている？ 今の家事の楽なところ、大変なところ。愛用の掃除道具は？ 間取りと家事のしやすさは？

住まいの選択肢

家作りの違いで、
自由度も、
かかる費用や
メンテナンスの
手間も様々だった。

住まい方

一戸建て／集合住宅、街中／郊外、新築／中古／リノベーションなど。

家作りの方法

工務店／ハウスメーカー／建築家／ハーフビルドなど。建材や設備選び、それらの調達の仕方。

将来を想像するヒント

未経験である、
将来の理想像を
イメージするのは
特に難しかったので、
とても参考になった。

働き方

仕事観、通勤のこと、定年後も働く？ 転勤になったら？ 職住一体、自営業の可能性は？

家族の変化・育児
子どもがいたら？

子どもはどこで遊ぶ？ どこで勉強する？ 個室はどうする？ 自分たちが歳をとったらどうなる？

植物・動物との関わり方

庭に木を植える？ 畑を作る？ 地面は舗装？ 植物？ 手入れはどれくらい？ 何のための庭？ 動物との関わり方は？

ヒント集め―2

書籍・ブログを参考にする

自分たち以外の経験を収集するという意味では、書籍やブログもとても参考になりました。趣味・家事・暮らしなどのキーワードで見つけた書籍やブログからは、自分と似た好みの人の家や暮らしを垣間（かいま）見ることができました。ブログの場合は、子どもが生まれて変化する暮らしを見られたり、家作りの費用や失敗談など、なかなか聞くことができない話題も読むことができたりと、身近な人を訪ねるのとはまた違った利点がありました。

ヒント集め―3

好きな場所に行く

よく行く好きな場所のいいところを取り込んで、家自体が一番好きな場所になればいいなと思って、足繁く通う場所の、どこが好きなのか、新居のどこに取り込めそうか分析し、撮影可能なところは写真も撮らせてもらいました。自分たちが心地よく感じる環境や雰囲気、過ごし方など、「好きなものの具体化」をしていきました。

好きな場所とその理由

よく行く図書館は落ち着くし作業が捗る。庭が素敵な喫茶店は気持ちいい風が抜け、緑も見えて話がはずむ。遠くても立ち寄りたくなる花屋さんは雰囲気が好き。その他、内装・インテリアや照明、日当たりや景色など、気に入っているところを書き出した。

どこに取り込める？

図書館みたいに大きな作業台と資料のある「作業室」。よく行く小さな花屋さんのように植物の並ぶ「玄関」。お気に入りの石鹸屋さんのような清潔感のある「洗面室」。よく行く生活雑貨のお店のように服を陳列した「服の部屋」。

聞いてみる

内装が素敵なお店は店主さんが自分で塗装などの内装工事に関わっていることが多く、快く経験を教えてくれることが多かった。また、店舗は住宅よりもハードな使い方をされるので、経年変化や汚れ方なども参考に。建材決定の際にも役立った。

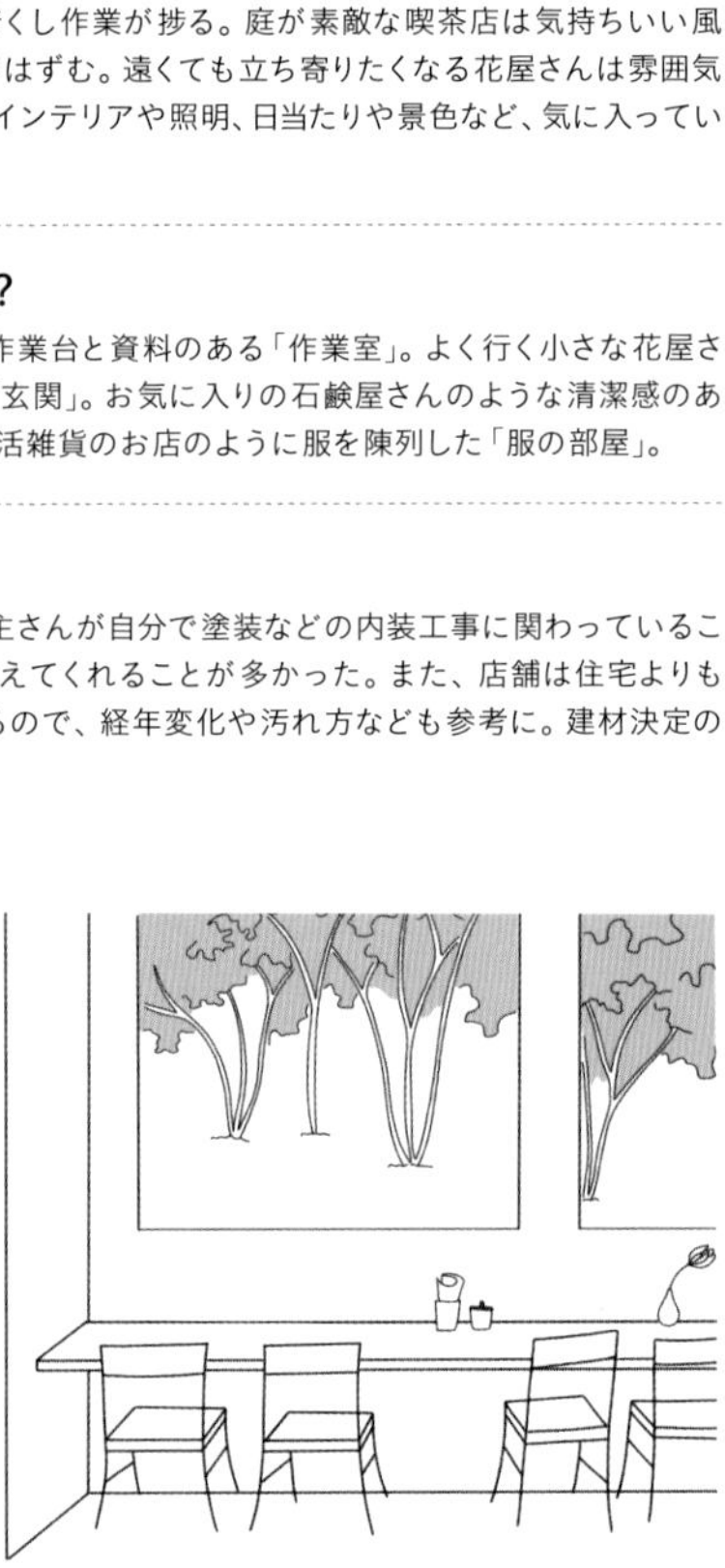

とある珈琲屋さん。窓越しに庭の緑が見えて会話も弾む。テラス席もある。このお店は密集地にあり、そんなに広い庭ではないのだけれど、それでもこういう雰囲気にできるんだと、勉強になった。

ヒント集め―4

工務店・ハウスメーカーの展示場やショールーム巡り

どこに建ててもらうかを検討しつつ訪れた展示場やショールームでは、自分たちの好みのものに限らずいろいろな間取り・テイスト・サイズ・性能の家を見ることができます。その場に身を置くと、これはいいね、これは違うかな、と自分たちにとって大切なもの・必要なものを見極めることができました。また暮らしの困りごとなどをそれぞれの工務店やメーカーではどのように解決するか相談してみると、どうやって私たちの家作りに寄り添ってくれるのかも見えてきました。

流行り（はや）や豪華さ、目新しいものは新鮮に、よく見えてしまうから、そういうものに流されないように注意は必要でした。

ヒント集め―5

家族会議を開く

ここまでに集めたヒントや情報を持ち寄って、私たちはどんな暮らしをしたいのか、何度も話し合いました。まだ実感がなく口数の少なかった夫も、小さな頃に過ごした家の好きだったところや学生時代の趣味などを切り口に話を聞いていくと、意見がたくさん出てきました。家はこういうものという思い込みを取り払って、自分たちの理想の家をまとめていきました。

子どもの頃に住んでいた狭い家は意外と居心地良くて好きだったな隣に鶏がいて…
今の暮らしはどう？仕事は？通勤は大変？家事はどう思う？
趣味はどう？
この先の働き方は？老後は？便利なところへ移りたい？
実は写真部で暗室が欲しい…
定年後は自営で…
!!!
「好きな場所」で会議をするとイメージが広がる

スクラップ帖で具体化する

集めた写真や資料はスクラップ帖にまとめていきました。内装やデザインなどの見た目を決めるヒントになるだけでなく、ここまで集めたヒントや考えも整理され、曖昧だった私たちの理想の暮らしが形になっていきました。

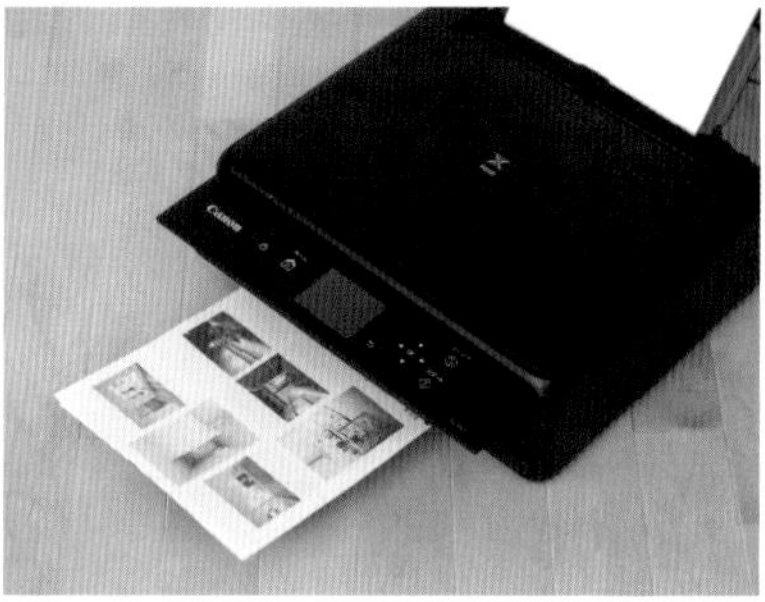

❶ 写真を集める

ちょっとでも気になった写真は、片っぱしから集めました。訪ねた所で撮ってきた写真、ブログなどで見つけた写真を印刷したり、カタログ・雑誌の写真を切り抜いたりして集めました。

❷ 分類する（分けることは分かること！）

集めた写真を、台所・寝室などの部屋別に分けたり、照明・窓・パーツ・家具などの切り口でまとめたり、収納など家事に関わるもの、外装や植栽や外構などを集めたりして、分類していきました。分類しながら、気になったポイントを書き込んだりしました。

❸ 再構成する

ざっくりと、分類ごとに写真を紙に貼っていきました。似た写真は近くにまとめると「こういう感じが好きなんだ」と分かるし、写真が少ないところはイメージが具体化できていないところなので、考えてみるきっかけになりました。

❹ 分析してみる

台所の写真を集めたら、みんなオープン収納にステンレスシンクばかり！ など発見があり、自分たちの好みが見えてきました。好きだけどこの写真だけ違和感があるな……というものをよくよく分析すると、これだけ窓に枠がある！ など微妙な違いにも気づけました。

スクラップ帖を作成してよかったこと

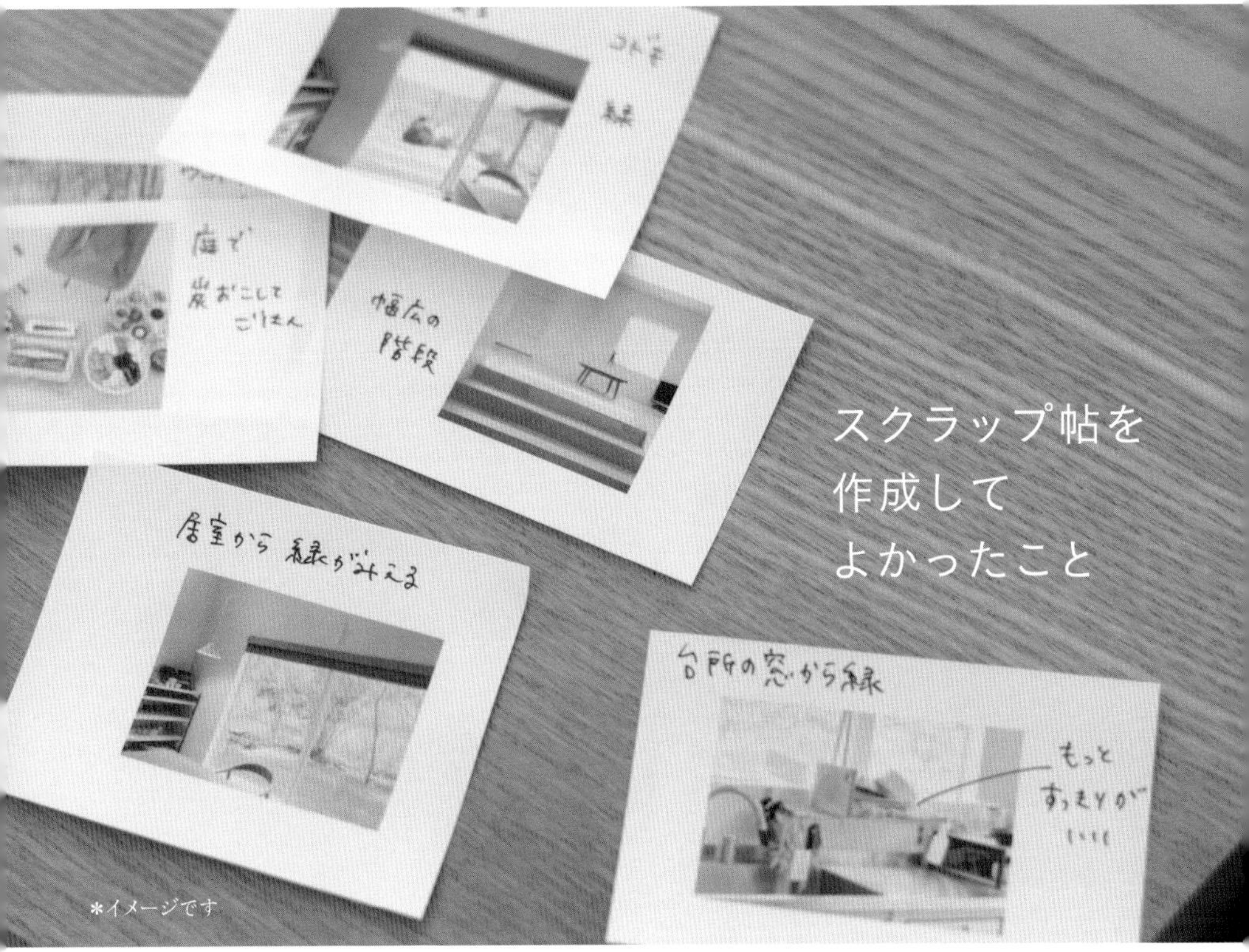

＊イメージです

好みが具体化される

なんとなく好きだと思った写真でも、スクラップ帖に貼ってみると「ちょっと違うな」と感じることも。複数の写真を並べると比べて考えやすい。また、好きだと思うポイントやちょっと違うと思うポイントをどんどん書き込んでいくと、考えがまとまりました。

職人さんにイメージを伝えやすい

床材や塗装の色や質感などの好みを職人さんに伝えるとき、どんな雰囲気が好きかを言語化するのは難しいけれど、写真を使えば一目瞭然。スクラップ帖の写真はマスキングテープで貼り付け、職人さんにお渡しする資料にはがして貼り付けられるようにしました。

どんなパーツを使うか

窓・蛇口・スイッチプレートなどは案外いろいろなデザインがあります。何も指定しなければ標準のものになるところも、いいなと思う写真を集めておくと、似たようなデザインのものを提案してもらえるかも。好みのパーツを使うと暮らしも楽しくなります。

家族に意見をもらいやすい

「この部屋の広さどう思う？」→「もっと狭い方が落ち着くかも」。「こんな庭が欲しいなぁ」→「草抜きが大変そう」→「なるほど…」。といった調子で、写真で見せるとイメージが湧くのか夫から意見をもらいやすかったです。

収納を具体化する

収納の写真を見比べて「見た目はすっきりだけど、調理中はまず取っ手を摑んで開けて、その前には手を洗わないといけないからちょっと面倒だな」と具体的に考えました。部屋の雰囲気を左右する収納の見た目と使いやすさの折り合いをどうつけるか考えました。

小物使いも参考になる

家作りの終盤でバタバタっと決めなければならないカーテンや家具、照明器具なども、いいなと思う写真を集めておくと、最後に慌てなくてすみます。照明やブラインドは早めに決めていたので設計に反映することができ、納まり良く仕上がりました。

私たちの理想の家と暮らし

理想を具体化する作業を通して、毎日の過ごし方、家の見た目や素材感など具体的なことから、これからの生き方など抽象的なことまで、イメージを描きました。

平日の過ごし方

よく眠りよく食べ
よく働きたい！

◎朝、すっきり早起きして身支度を整えてから台所へ行き、朝食をしっかり摂りたい。
◎必要十分かつ少量の家事をこなし、忙しくてもすっきり片付いた部屋で、やらなきゃに追われず過ごしたい。
◎夜も簡単に料理し、家事を終え、少ない自由時間でも楽しみ、しっかり眠りたい。

休日の過ごし方

◎休日ならではの家事を楽しんでこなし、すっきり整った部屋で過ごしたい。
◎それぞれ、ものづくりや読書、書きものなど好きな作業をして過ごし、お互いに干渉せず、でも同じ空間で過ごしたい。
◎気の向いた時にさっと庭やデッキで食事を楽しみ、作業の合い間に気分転換したい。
◎家をカフェに代わるゆっくり過ごせる空間に、図書館に代わる作業の捗る空間にしたい。

飲みものを用意して
一緒に休憩したい

将来のイメージ

子どもがいたら……
◎子どもの成長に合わせ、収納や家具を工夫し、模様替えをしたい。
◎庭で畑や植物のお世話、虫や鳥などの観察をしていっぱい過ごしたい。
◎大工仕事や手芸、料理など、一緒にもの作りをしたい。
◎子どもが大きくなったら、それぞれ作業に没頭して過ごしたい。

動物・植物との関わり
◎草を食べてくれるヤギや虫を食べ卵を産んでくれる鶏などを飼う？
◎動物は飼わずに、野鳥や虫を観察する？
◎庭木を楽しみたい。庭の植物を部屋にいけたい。

仕事の可能性
◎転勤・転職の可能性も考える。立地で選択肢が狭まらないようにしたい。
◎在宅での仕事や、テレワークも考えたい。家で仕事ができたらいい。
◎定年後もなんらかの仕事を続けたい。

家や庭、
日常の中にこそ
楽しみを
見つけたい

気持ちのいい家

◎明るい家。昼間は自然光で過ごしたい。
◎気持ちいい風が抜ける家。出来るだけ空調なしで過ごしたい。
◎窓から緑が見える家。

室内の雰囲気、内装・建材・色合わせ

◎白×木のすっきりとした内装にしたい。
◎長く使っても、傷や色の変化が味になったり、手入れをして使い続けられる素材を使いたい。

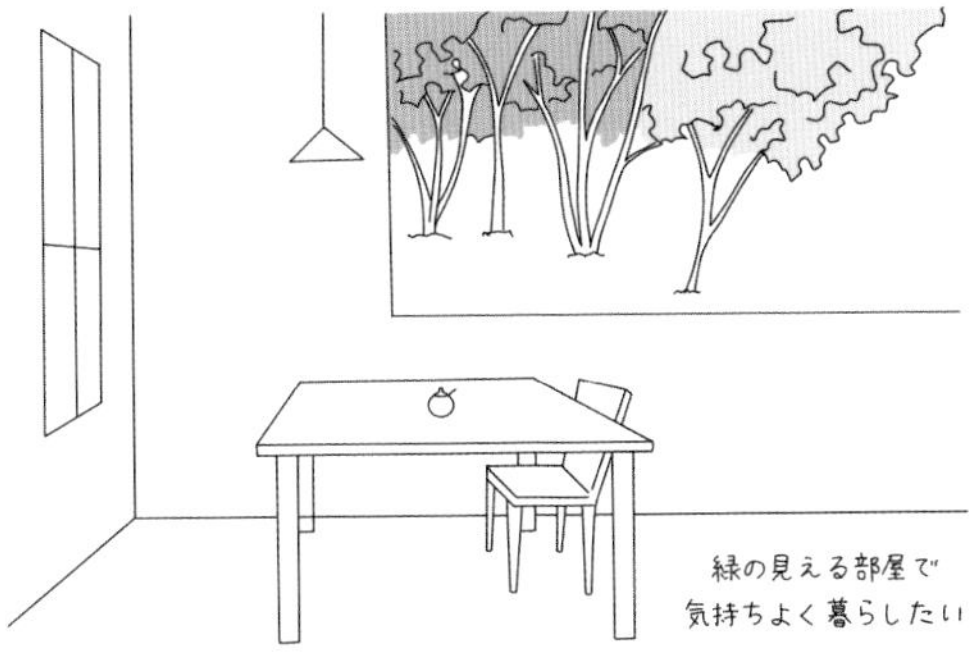
緑の見える部屋で
気持ちよく暮らしたい

なりたい自分のイメージ

気持ちよく整った暮らしをしたい

◎夜更かしせずよく眠って、すっきり目覚め、軽い体で朝から動きたい。
◎未明に起きてコーヒーを淹れ、夜明けを見ながら気持ちよく一日を始めたい。
◎しっかり食べて健康に元気に働き、やりたいことを楽しみたい。

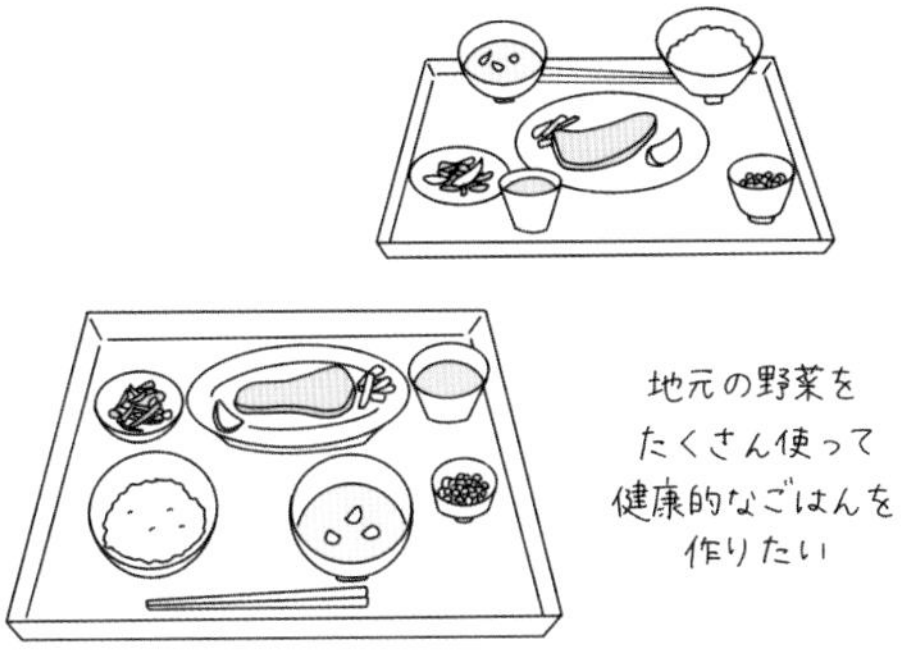
地元の野菜を
たくさん使って
健康的なごはんを
作りたい

リフレッシュできる術を持ちたい

◎家の中に、リフレッシュできる場所や時間を持ちたい。
◎朝、庭を眺めて、冷たい澄んだ空気の中、一日の計画を立て、気持ちを切り替えたい。

家事を淡々とこなしたい

◎家族に「手伝ってよ」とガミガミ・イライラせず、必要な家事を淡々とこなしたい。
◎家事をやらなくてはいけないことから、やりたいこと、すっきりして気持ちのいいものにしたい。
◎家事で部屋も気持ちも整えて、気持ちよく暮らしたい。

家事を気持ちよく
淡々とこなしたい

column 2

工務店で建てました

我が家を建ててくれたのは地元の工務店さんです。どちらかというと昔ながらの伝統的な家を得意とする工務店でしたが、地元の木を製材して建ててくれることや、標準から選択していくのではなく自分たちで考えたい私たちに付き合ってくださったことが決め手となりました。

設計士さんは、私たちが考えた間取りや寸法、ショールームに行って決めてきた設備を、相談に乗りながら図面にまとめてくださる方にお願いしました。

大工さんは、工務店の親方が私たちを見て相性の良さそうな方を選んでくださったそうです。よく意思疎通をとりながら進めてもらえたので、心配性の私も安心して家作りを進められました。熱心な仕事ぶりは印象的で今でも家族の会話で「○さんが建ててくれたからね、すごいよね、大事にしようね」とよく名前があがります。

複数のハウスメーカーも検討しましたが、比較した中では、お願いした工務店さんの自由度が高く、せかすことなく私たちのペースに合わせて親身に話を聞いてくださいました。

どこで建ててもらうかを決めるのはなかなか難しいことですが、家作りのあいだ中、そして家が建ったあとにも関係は続きます。家作りの進め方や住まいに対する考え方が合っているか、信頼して進められそうか、自分たちの要望を汲んで実現してくれるかどうかを重視しました。

3章

どんな家を建てたい？　どんな暮らしをしたい？

――現状分析編

理想に近づくために、現状をしっかり観察する

いろいろな家や素敵な場所を訪ねて理想を描き、わくわくしていましたが、仕事の師曰く「家を建てても人は変わらないよ」と。確かに家に帰って理想とはかけ離れた現実の部屋を見てみれば納得します。素敵な家を建てたところで、人が変わったように掃除し片付けて、きれいを維持し、理想の暮らしができるとは思えませんでした。一方で「住み替えをきっかけに暮らしが変わったよ！」という方もいました。ならば、しっかり今の暮らしに向き合って、理想の暮らしを叶えるにはどうしたらいいのか探りたい。

そこで現状の暮らしを徹底的に分析することにしました。自分たちが今どんな暮らしをしているのか客観的に捉えようと、朝・夜、平日・休日、家事・趣味とどのように過ごしているか、どんなものを持っていてどうやって使っているのか書き出してみることにしました。それから、散らかるところや汚れるところ、ケンカになるところ、困っているところも書き出し、解決策を考えました。いいところは見逃しがちですが、どうしてうまくいっているのか、どうしたらもっと良くなるかを考え、新居に持っていきたいと思いました。

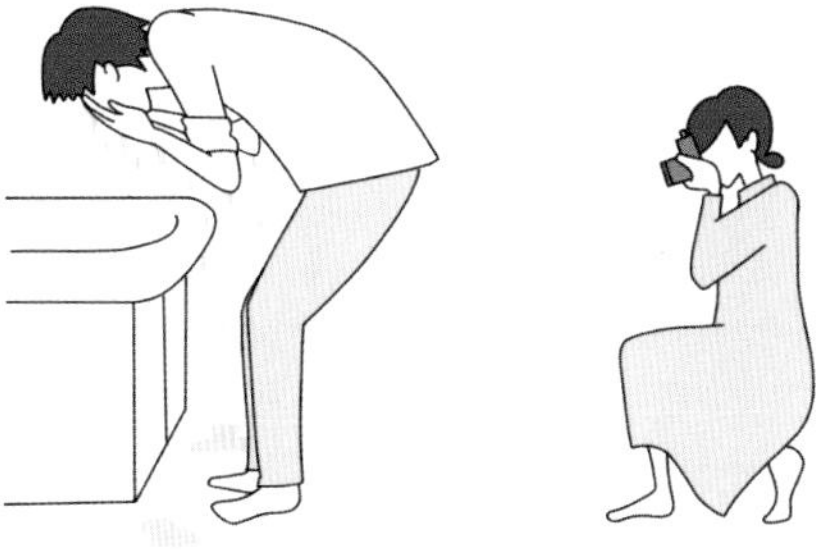

洗顔後にいつも水が床に垂れているのはなんで？　やってみてと現場検証。夫曰く洗面台が低すぎるとのこと。高さを変えてシミュレーションしたら垂れなかった！

現場検証と家族会議

まずは部屋ごとに夫と見ていくことにしました。ここはこのままが便利だよねとか、ここが使いづらいよねとか、ここの掃除が面倒だよねといった感じで一つずつノートに書き込んでいきました。
問題点は解決策も話し合います。ポイントは責めず怒らず冷静に。どうしてなのか？ どうやったら解決できそうかを、前向きに話し合いました。

間取りを見ながら、写真を見ながら

間取り図や写真に撮った部屋を見ながら話し合いました。間取りを見ると、部屋ごとに見ていては見えない人の動きや風通し、日当たりなども見えてきます。写真に撮ることで、より客観的に観察することもできました。どちらもノートに貼り付けて、気づいたことを書き出していきました。

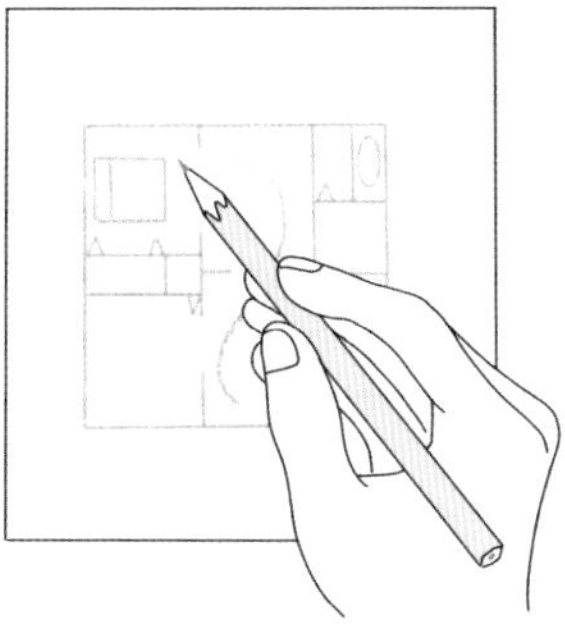

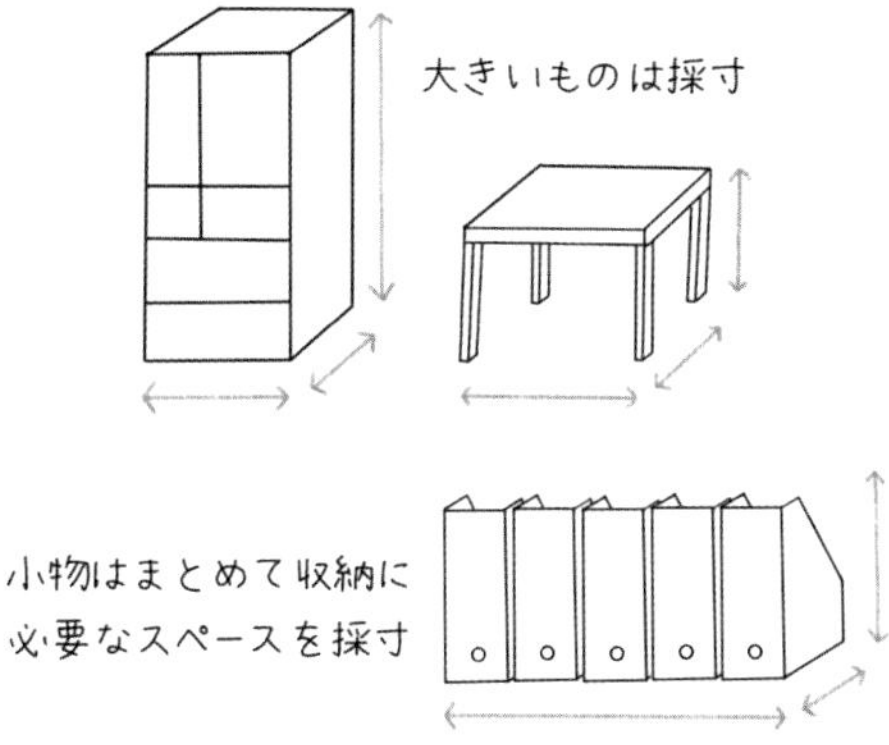
大きいものは採寸
小物はまとめて収納に
必要なスペースを採寸

ものと向き合う

新しい暮らしでは「必要なものを、ちょうどいい量、使いやすいところに置きたい」と思っていたので、持っていたものをノートに全部書き出しました。
書き出す際には、大まかな量やサイズもメモしておくと、この後の設計に反映しやすくなりました。また、仕方なくそこに置いてあるものは、どこに置いてあったら使いやすいかも話し合いました。

玄関／廊下

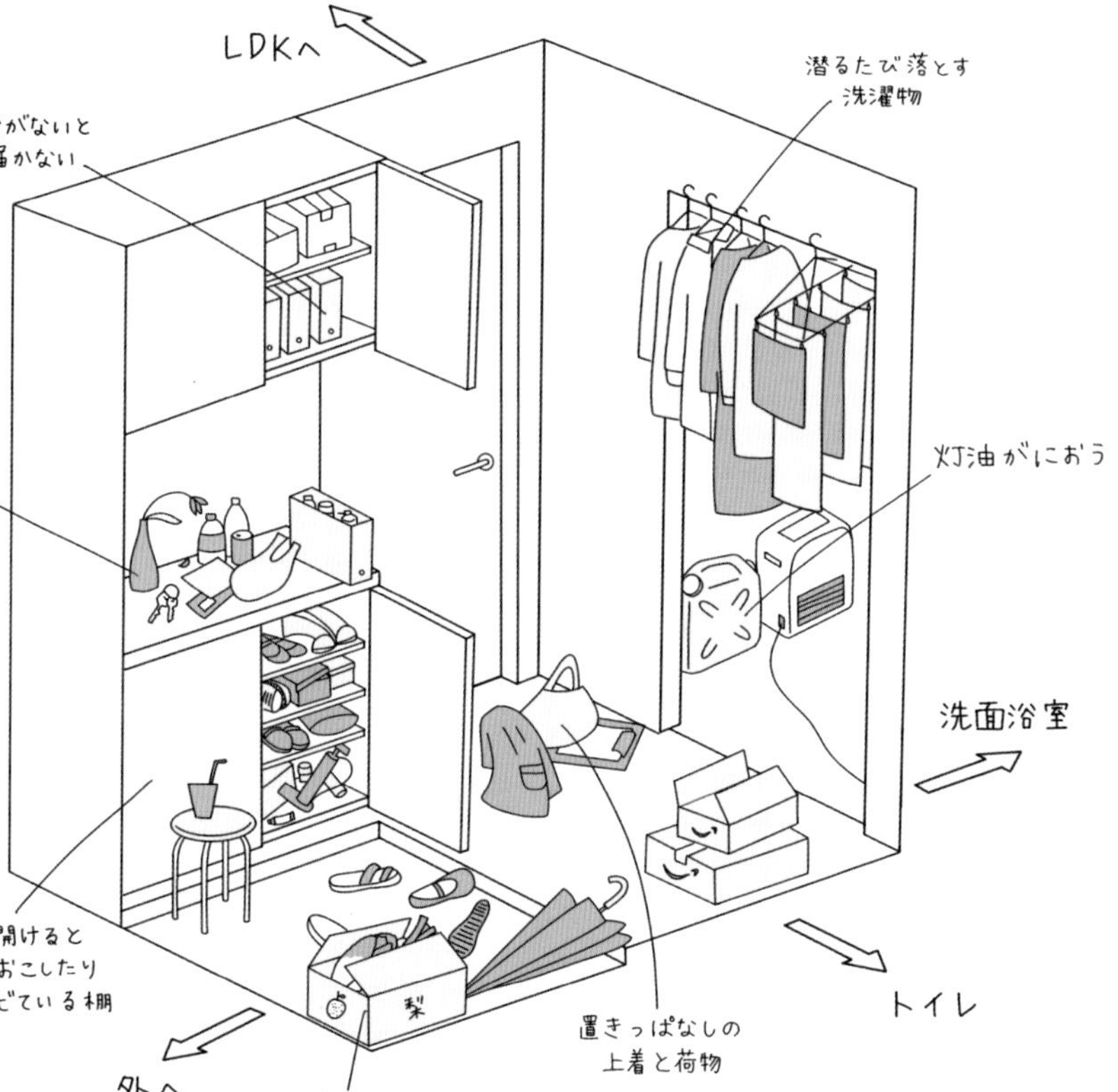

LDKへ
踏み台がないと
手が届かない
潜るたび落とす
洗濯物
ちょい置き
しやすい
一等地
灯油がにおう
洗面浴室
たまに開けると
なだれをおこしたり
靴がカビている棚
トイレ
置きっぱなしの
上着と荷物
外へ
冷暗所だし…と
そのままの野菜
梨

散らかるものには訳がある

当時の玄関と廊下はこんな感じ。土間と収納で半畳、廊下半畳の狭い空間。日当たりも風通しもなく、部屋干しの湿気と灯油の臭いもあいまって、あまり気持ちの良い空間とは言えませんでした。居室エリアとトイレ・洗面浴室をつなぐ要所でしたが、気を抜けば「とりあえず」と置いたものが増えていってしまいます。なんとかものを跨(また)いだり避けたりしてやり過ごし、急なお客さんは外で対応。

交通量やものの量に合わせて広さを確保し、採光や通風も間取りで解決するとして、ごちゃごちゃと置きっぱなしのものが増えてしまう問題はどう解決すればいいものか。散らかっている一つ一つのものの理由を分析して、新居でのものの定位置や動線を考え、新居ではすっきり片付く玄関にしたいと思いました。

高いところの収納の使い勝手

ファイルボックス収納はうまくいっていて新居にも移植したいけれど、踏み台がないと手が届かなかったので、使った踏み台や下ろしたボックスが出しっ放しになることが多かった。

▶ **住人にちょうどいい高さの収納にすれば出しっ放しにならないはず**

一等地は便利だけど散らかる

靴棚の上はものを置きやすい一等地。鍵や料金明細など大事なものと、持ち帰ったゴミや要らないDMが混在して、忘れ物や失くし物が増える原因にもなっていた。

▶ **収納の一等地に置くものを明確にし、機能させたい**

床に置きっぱなしになる理由は?

上着やカバンは汚れていそうだし明日どうせまた使うから。お届け物の箱はカッターを持ってくるのが面倒で解体できないから。灯油や水は重たくて運びたくないから置きっ放しに。

▶ **理由を聞き入れ、適した置き場所を確保する**

靴を履いてから忘れ物に気づく

ティッシュがない! マスクを忘れた! 電気を消してない! と、なぜか靴を履いてから気づく忘れ物。もういっそ、靴を履いてからすべてできるような家にしたい。

▶ **忘れ物がなくなる玄関に**

なぜかいつも
靴を履いてから
気付く忘れ物…
届かない…
靴を脱ぐのが面倒で
膝立ちで取りに行く

洗面室

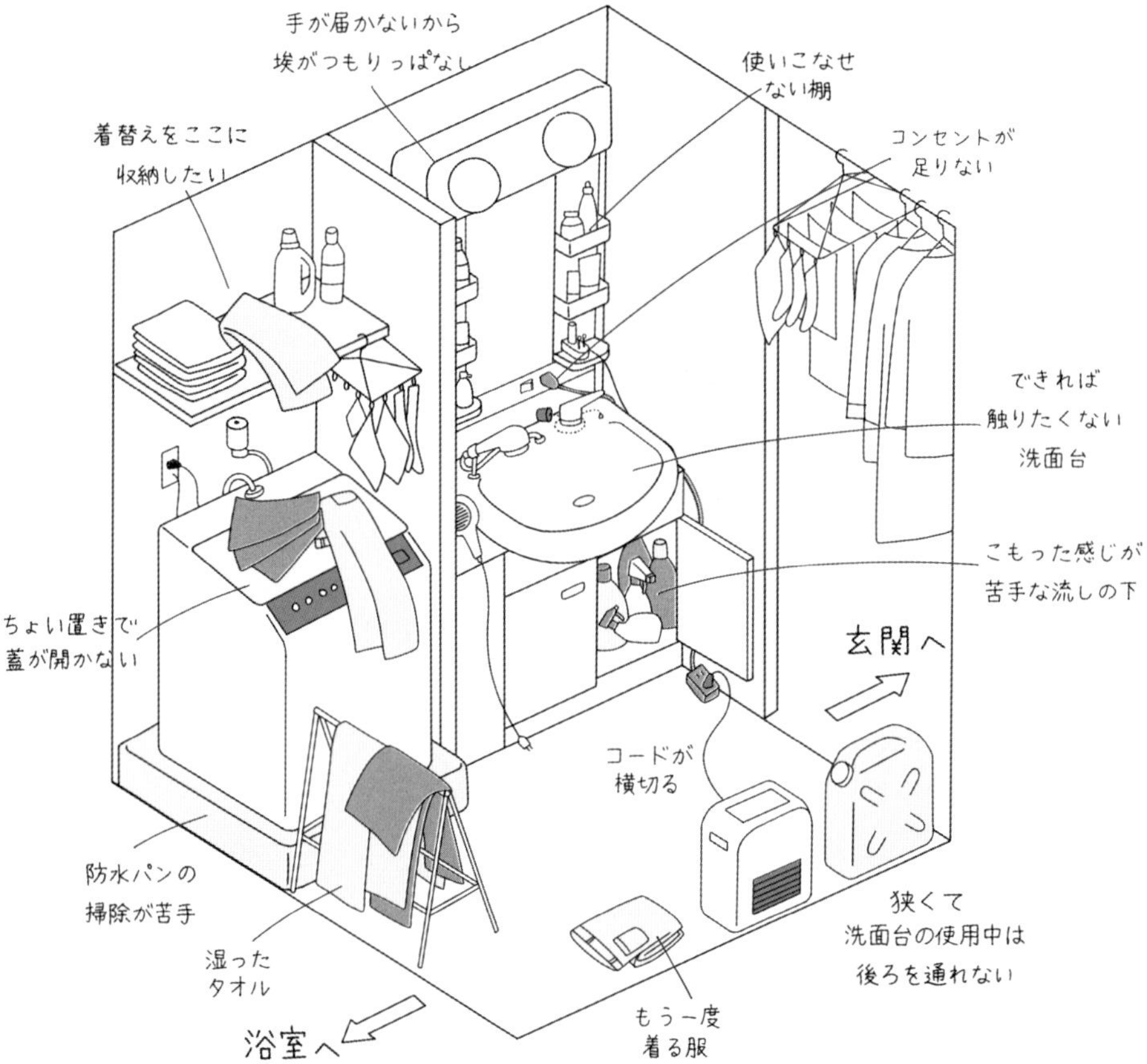

手が届かないから
埃がつもりっぱなし
使いこなせ
ない棚
着替えをここに
収納したい
コンセントが
足りない
できれば
触りたくない
洗面台
こもった感じが
苦手な流しの下
ちょい置きで
蓋が開かない
玄関へ
コードが
横切る
防水パンの
掃除が苦手
狭くて
洗面台の使用中は
後ろを通れない
湿った
タオル
もう一度
着る服
浴室へ

汚いのは、だらしのない住人のせい？

玄関の奥には2畳ほどの洗面室がありました。朝は身なりを整え、夜は寝支度をするところ。気持ちのいい空間が理想ですが窓もなく暗い部屋。ならばせめて掃除にいそしみ清潔感を維持したいところでしたが、なかなか掃除は行き届かず、掃除用洗剤の種類ばかりが増え、洗面台下収納を賑わせているのでした。

そもそも洗面室という割に、洗濯機がどどんと置いてあって、洗剤やら部屋干しした服やらがぶら下がっているし、脱衣室も兼ねているので脱いだ服や湿ったタオルが理由をつけて置いてある。まずは部屋の役割を整理した上で的確な広さを確保する必要がありそうです。

その上で、掃除が苦手な私が、忙しくても清潔を維持できるような洗面室に。欲を言えばちょっと素敵な雰囲気の洗面室にしたいと思いました。

手が届かないところは掃除しなくなる

洗面台の上の照明には埃がつもっているし、大きな鏡の端も何かが跳ねて汚れているのは知っているけれど、踏み台がないと手が届かないので見て見ぬ振りをしていた。

▶ **こまめに掃除したいところは手が届く寸法に**

びちゃびちゃするところは汚れる

水栓の付け根はいつも水浸しで、気づくとぬめりが。タオル掛けが洗面台から離れているので、手を拭くまでの間に水が滴り、床も濡れて、うす汚れていた。

▶ **そもそも濡れないようにして汚れを防ぎたい**

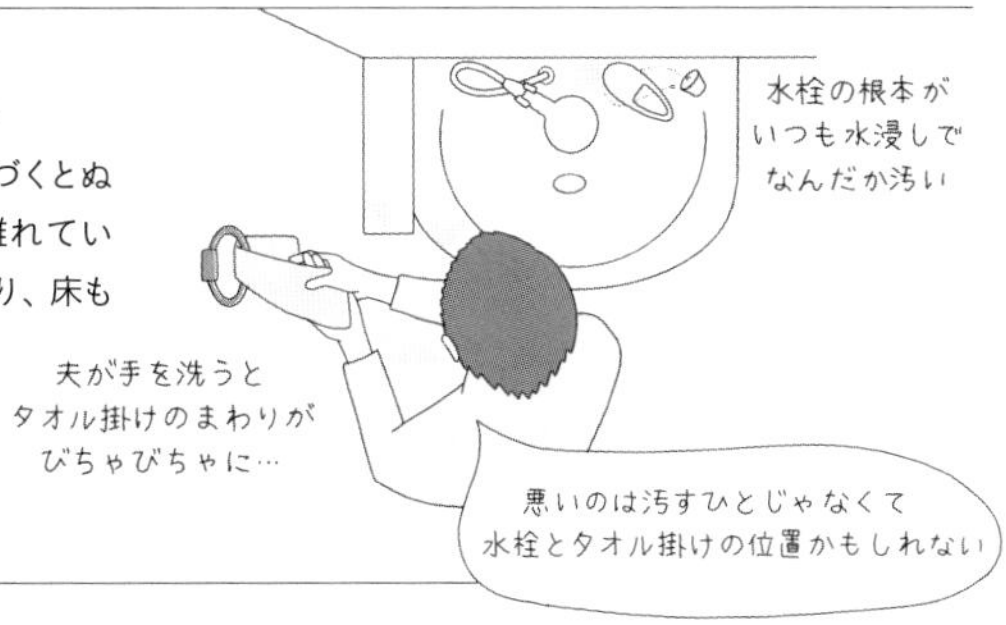
水栓の根本がいつも水浸しでなんだか汚い
夫が手を洗うとタオル掛けのまわりがびちゃびちゃに…
悪いのは汚すひとじゃなくて水栓とタオル掛けの位置かもしれない

いろいろなステータスの布もの

洗濯するまでは広げて置いておきたい湿ったタオル、もう一回着るつもりのジーンズや予洗いが必要な汚れたエプロン、手洗いが必要なウール、漂白したいシャツなどいろいろな状態の布ものが、管理しきれず溜まっていた。

▶ **布ものは分類して、適切な状態で一時置きしたい**

コンセントの数と位置

洗面台にはドライヤーや電動歯ブラシ、髭剃りの充電器。室内干しには除湿機やサーキュレータ。寒い時には小さな暖房。意外とコンセントが必要な洗面室。狭い部屋なのに、ここにこそというところにはコンセントがなくて不便だった。

▶ **数と位置を把握してコンセントを設置したい**

浴室

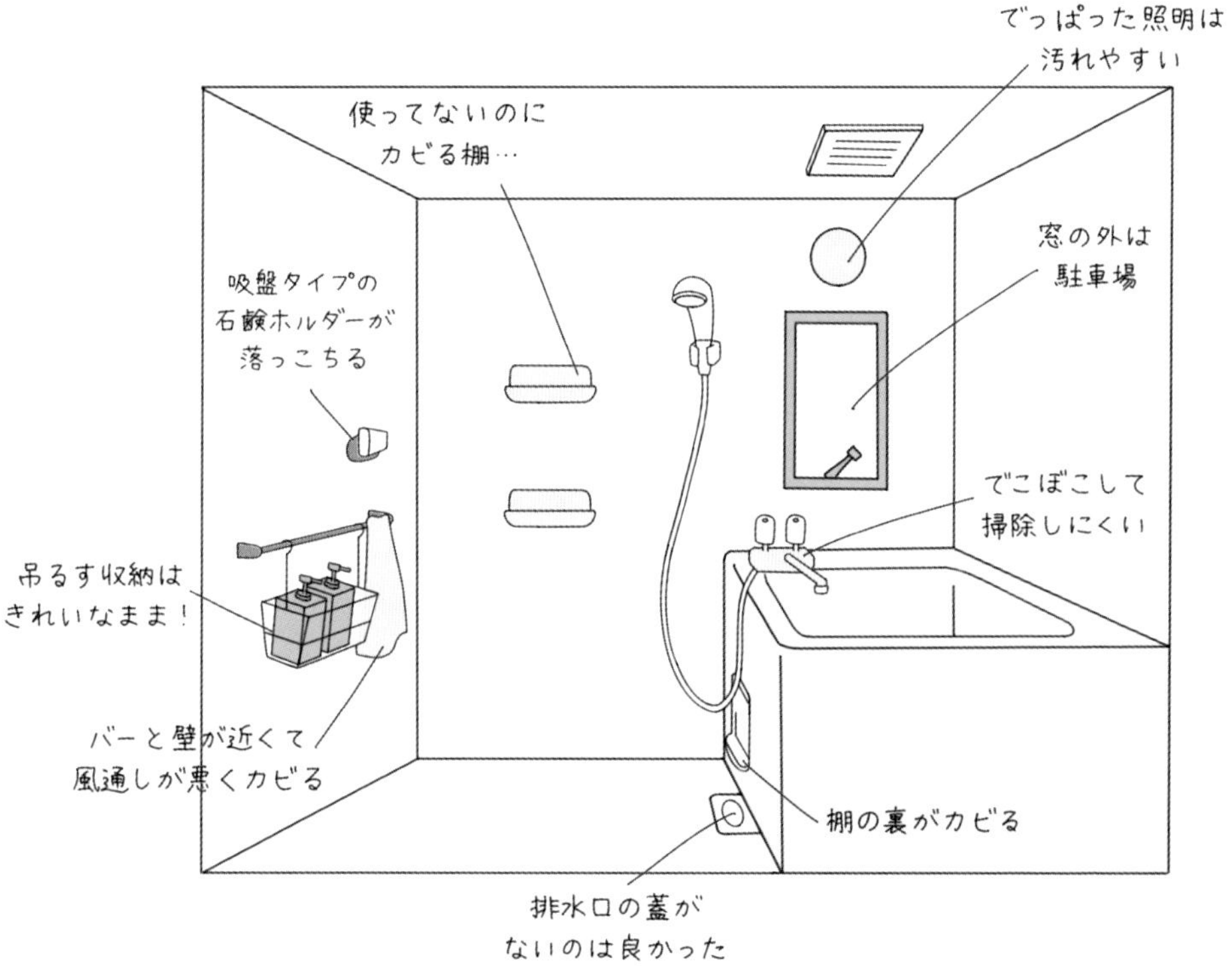
でっぱった照明は
汚れやすい
使ってないのに
カビる棚…
窓の外は
駐車場
吸盤タイプの
石鹸ホルダーが
落っこちる
でこぼこして
掃除しにくい
吊るす収納は
きれいなまま！
バーと壁が近くて
風通しが悪くカビる
棚の裏がカビる
排水口の蓋が
ないのは良かった

掃除には重装備と覚悟が必要…？

たまに徹底的に掃除するものの、気付けばカビやぬめりが出ていた浴室。くつろぐことができず、出来るだけどこも触らずにさっさと体を洗って出たいと思っていました。掃除に取り掛かるには使い捨ての手袋と、汚れがはね返ってきても大丈夫なようにエプロン、それから覚悟が必要。見過ごせないカビが出てきたり、排水の流れが悪くなったりすれば仕方なく掃除するという感じだったけれど、本当はきれいなお風呂にゆっくり浸かって疲れをとりたい。

　だから、新居に必要なのは素敵なお風呂ではなく私でも掃除できるお風呂。掃除したくないなと思う部分を減らし、カビやぬめりが発生しにくい環境を作って、簡単な掃除をこまめにしてきれいを維持したい。旧居のお風呂と汚れをしっかり観察して、目指すのはどんなに忙しくても清潔を維持できるお風呂です。

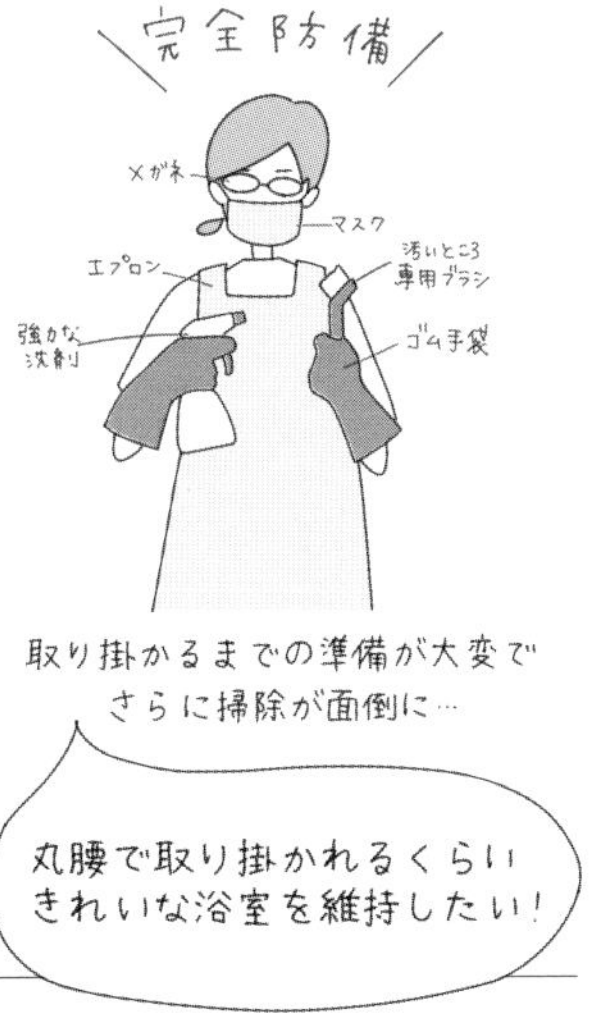
完全防備
メガネ
マスク
エプロン
汚いところ専用ブラシ
強力な洗剤
ゴム手袋
取り掛かるまでの準備が大変で さらに掃除が面倒に…
丸腰で取り掛かれるくらいきれいな浴室を維持したい!

無くしたい設備

鏡や浴槽の蓋、排水口の蓋がはじめからなかったこのお風呂。ならば、収納棚も長いカランも、掃除したくないものはなくしてしまいたい。

▶ **掃除したくないものはなくせないか検討する**

素材と掃除のしやすさ

シャワーや蛇口などのパーツがプラスチック製で、すべり止めのためかでこぼこギザギザ。水垢や黒ずみを取ろうとこすると傷がついたり、へこみはうまく擦れなかったり。きれいにするのに苦戦した。

▶ **自分が掃除しやすい素材や形を選びたい**

後付けしたものがいまいち

石鹸ホルダーは吸盤タイプのものを自分でつけたけど、たまに落っこちるのがストレス。前の住人が後付けしたタオルバーは、シール部分にカビが生えていたのが気になった。

▶ **必要な設備は、後付けせずはじめから設置したい**

窓があるのはいいけれど

窓のある浴室が好きなのだけど、窓の外は駐車場だから服を着ていないと窓の開閉ができないし、窓の開け閉めをしようとすると浴槽や蛇口に服が触れて濡れてしまい少し面倒だった。

▶ **欲しい設備は、位置決めまで慎重に**

寝室

照明のスイッチ位置が悪くて
いさかいの元に！
朝日が入る窓なのに
雨戸を閉めっぱなし
開けっぱなしの
折れ戸
布団を干す動線は
とても良い
コート掛け
取り込んだ服が
ベッドの上に…
ベッドの下に
埃がたまる
本棚の埃がすごい
本当は嫌だけど
冬用タイヤが
ここにしか入らない

ただ広いより、
狭くても「ちょうどいい」広さに

このアパートを選んだ理由の一つが、南東の角部屋だったこと。寝室は朝日の入る東向きの部屋にして早起きしたいと思っていたからです。ところが住んでみると東向きの窓は通りに面していたので夜は雨戸を閉める必要があり、朝は真っ暗。こんなことちょっと考えを巡らせれば事前に気づけそうなものなのに……。家作りでは事前に暮らしをよく想像しなくてはと思いました。

大きめのベッドを置いても余裕のある広さでしたが、窓や建具の位置から配置が限られ広さを活かしきれないところもありました。本棚を置いても寝室なのですぐに埃をかぶるし、消灯するにはベッドから出ないとならない。広い寝室で過ごして分かったのは、広いことよりも用途に見合ったちょうどいい広さであることが暮らしやすさにつながるのかもしれないということでした。

寝室から家中に埃が広がる

寝具やカーテンのあるこの寝室は埃の発生源。ベッド下や本、雑貨に積もった埃は掃除がしづらく、埃のかたまりがころがって、風や人の移動で家中に広がっていた。埃は発生源から移動させずに取り除き、掃除を楽にしたい。

▶ **汚れの発生源や広がりを把握して対策したい**

たまには電気を消してほしい

眠る前にベッドでそれぞれ本を読んだままうとうと。ベッドから出て少し歩かないとスイッチに届かなかったのだけど、大抵夫は眠ってしまい、たまには電気を消してよと不満が。せめて布団から手を伸ばしてスイッチに届けばいいのに……。

▶ **スイッチ位置の工夫で不満をなくしたい**

ワイヤーメッシュの棚板

以前住んでいた古いアパートは押入れのカビがすごかったけれど、このアパートの収納は棚板がワイヤーメッシュで風通しがよくカビとは無縁だった。

▶ **状態よく、ものを保管できる収納にしたい**

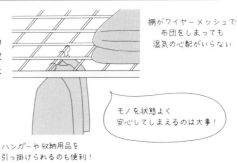

棚がワイヤーメッシュで
布団をしまっても
湿気の心配がいらない
モノを状態よく
安心してしまえるのは大事！
ハンガーや収納用品を
引っ掛けられるのも便利！

酔っ払いがベッドにごろんとする！

飲んで帰った夫が寝室にコートを掛けにきて、そのままベッドにごろんとするのでケンカに。コートは玄関に置き場を用意して、帰ったらまずお風呂に直行する間取りにしたい。

▶ **いさかいが減るように間取りを工夫したい**

居間

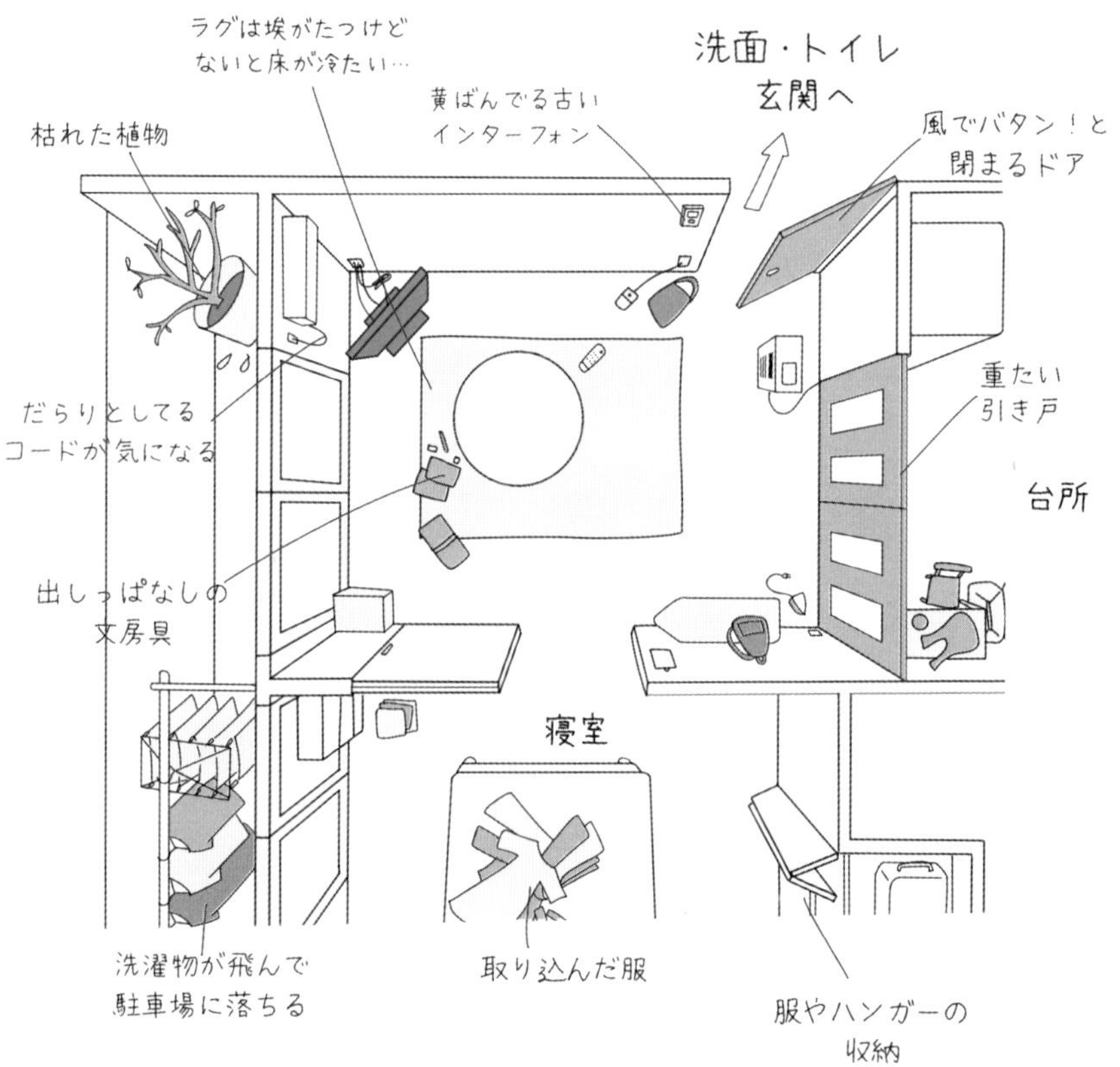

ラグは埃がたつけど
ないと床が冷たい…
洗面・トイレ
玄関へ
黄ばんでる古い
インターフォン
枯れた植物
風でバタン！と
閉まるドア
重たい
引き戸
台所
だらりとしてる
コードが気になる
出しっぱなしの
文房具
寝室
洗濯物が飛んで
駐車場に落ちる
取り込んだ服
服やハンガーの
収納

「場所・コト・モノ」を整える

北部屋の台所が暗くて寒かったので、南の居間にちゃぶ台を置いてご飯を食べていましたが、離れているので配膳が大変。夫がつまづいてラーメンを撒いてしまい大惨事になったことも。満腹になると食器を台所に片付けるのも億劫でしたが、夫は食後ゆっくりしたいというし私は片付かないとゆっくりできないので、渋々ひとりで片付けていました。洗濯もうまくいっていませんでした。ハンガーや服を持って家中をバタバタうろうろ。乾いた服はベッドや洗濯機の上にちょい置き。絡まるハンガーは片付けるのが面倒で置きっぱなし。それに家中、部屋干しだらけ。

　一つの「コト」をするのにあちこち「モノ」を持って移動するのは、面倒だしうまくいきません。新居は必要なところに必要なものがあって、スムーズに作業できる家にしたいと思いました。

居間が散らかるのは…

テレビを見ながらやろうなんて思って、爪切りや文房具や書類などあれこれ持ち込むから居間は散らかる。持ち出したものを戻すのは面倒でそのままになりがちだし、あれも必要と何度もものを取りに行くから効率も良くない。

▸ **居間になんでもかんでも持ち込まない**

テレビ見ながら…のものが集まってくる居間
部屋の四隅をモノが占拠
コンセントのあるところに転がる携帯
出しっぱなしのアイロン台の上にちょい置き

意外と重要な建具

台所と居間の間の引き戸はガラスで、視線や光が通るのが良かったけれどすごく重い。居間に入る開き戸は夫が閉め忘れることが多く、冬は寒いし、夏は風でバタン！　となるので、私がよく「ちゃんと閉めてよ」と小言を言っていた。

▸ **建具の性質や機能をよく考えて選びたい**

ベランダの植木を枯らしてしまう

緑のあるベランダに憧れて植木を買うも枯らしてしまうのは、洗面室から水を運ぶのが大変だから。通り道に滴った水を拭くのも面倒。同じ理由でベランダ掃除もなかなかできなかった。ベランダに水栓があれば……。

▸ **理想を叶えるのに必要な設備を用意したい**

居間でしたいのはだらけること？

この居間にいるとなんだかだらだらしてしまいました。テレビと暖房が点いていると立ち上がるのが億劫で、やることは後回しになる。まただらだらしてしまった、本当はやりたいことがあったのにとよく後悔していた。

▸ **やることをやって、やりたいことをしたい**

台所

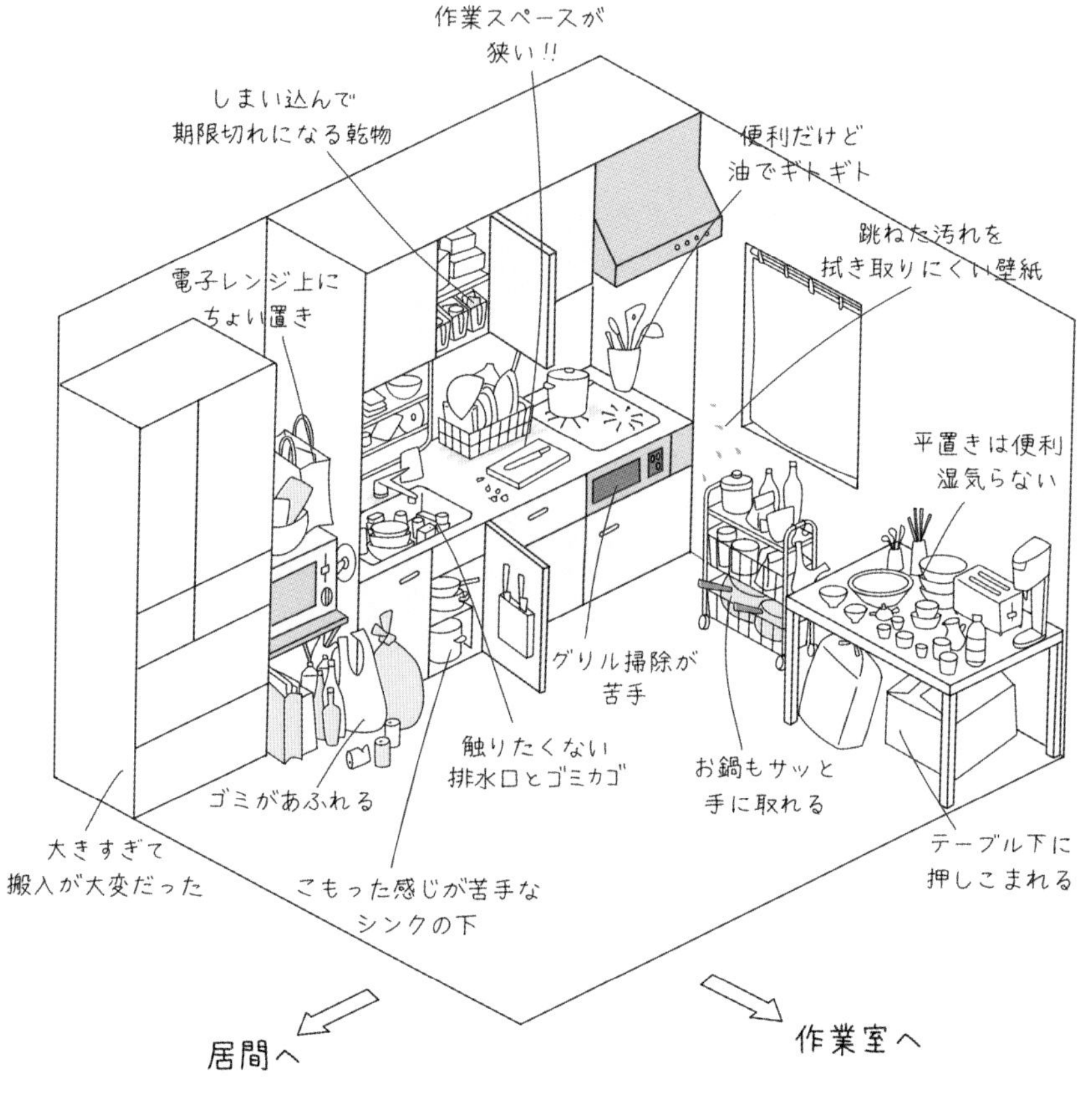
作業スペースが
狭い!!
しまい込んで
期限切れになる乾物
便利だけど
油でギトギト
跳ねた汚れを
拭き取りにくい壁紙
電子レンジ上に
ちょい置き
平置きは便利
湿気らない
グリル掃除が
苦手
触りたくない
排水口とゴミカゴ
お鍋もサッと
手に取れる
ゴミがあふれる
大きすぎて
搬入が大変だった
こもった感じが苦手な
シンクの下
テーブル下に
押しこまれる
居間へ
作業室へ

家事の渋滞ポイントはどこ?

起床後は朝食とお弁当、帰宅後は夕飯を作りそれらの後片付けもする、長時間過ごす台所。台所は寒くて居間に冷気が流れないように戸を閉めていましたが、一人で台所仕事をしているとなんだか損な気分でした。

台所は調理をするところ。清潔であって欲しいけど、毎日使い、よく汚れるところでもあります。料理だけでもやっとで掃除まで手が回らず、コンロやシンクは汚れていて、排水口は見たくもないくらい。換気扇やグリルの掃除も行き届きませんでした。ゴミもたくさん出るのにうまく管理できず大きなゴミ袋が直置き。資源ゴミは回収のタイミングをつかめず溜まっていました。

新居ではこんな私でもきれいを維持できて、ここで長い時間過ごしたいと思えるくらい、気持ちのいい台所にしたいと思いました。

シンク上の吊り棚が良かった！

ステンレス製のバーでできた吊り棚は、置いたものから水が滴っても大丈夫なので、洗ったものを置いたり吊るしたりととても便利だった。滴る水が水栓の根元を濡らしてぬめりが出てしまうのはちょっと残念だった。

▶ **欠点を改善して新居に移植したいお気に入り！**

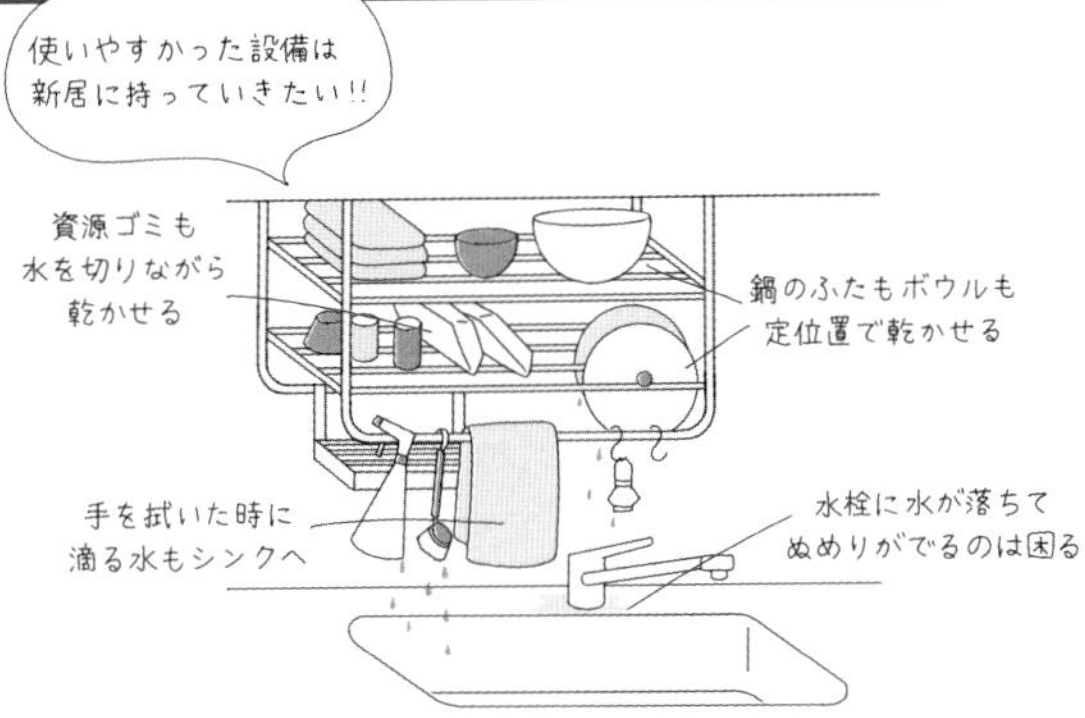

使いやすかった設備は
新居に持っていきたい!!
資源ゴミも
水を切りながら
乾かせる
鍋のふたもボウルも
定位置で乾かせる
手を拭いた時に
滴る水もシンクへ
水栓に水が落ちて
ぬめりがでるのは困る

億劫な家事が、やることを渋滞させる

水切りかごの食器を片付けるのが億劫で、シンクに溜まった洗い物を後回しにして台所仕事を始めると、途中で汚れた調理器具が洗えず置きっぱなしになり、作業するスペースが減る悪循環。億劫な家事は、家事全体が滞る原因になる。

▶ **渋滞ポイントは事前に対策して、スムーズに家事ができるように**

作業スペースが狭すぎる

コンロとシンクの間の作業スペース、ここでする作業はたくさんあるのにとても狭い。水浸しになったり油が跳ねたりして、なかなかきれいを維持するのも難しいスペースだった。

▶ **作業の量に見合ったスペースを確保したい**

使う収納、使わなくなる収納

扉付きの吊り棚にしまった乾物などは忘れてしまいがち。シンク下の収納のこもった感じも苦手。一方で、一覧性があってすぐ手に取れるオープンな鍋の収納や、平置きにした食器の収納はとても使いやすく、私にはあっていた。

▶ **私にはオープンな収納があっている**

作業室

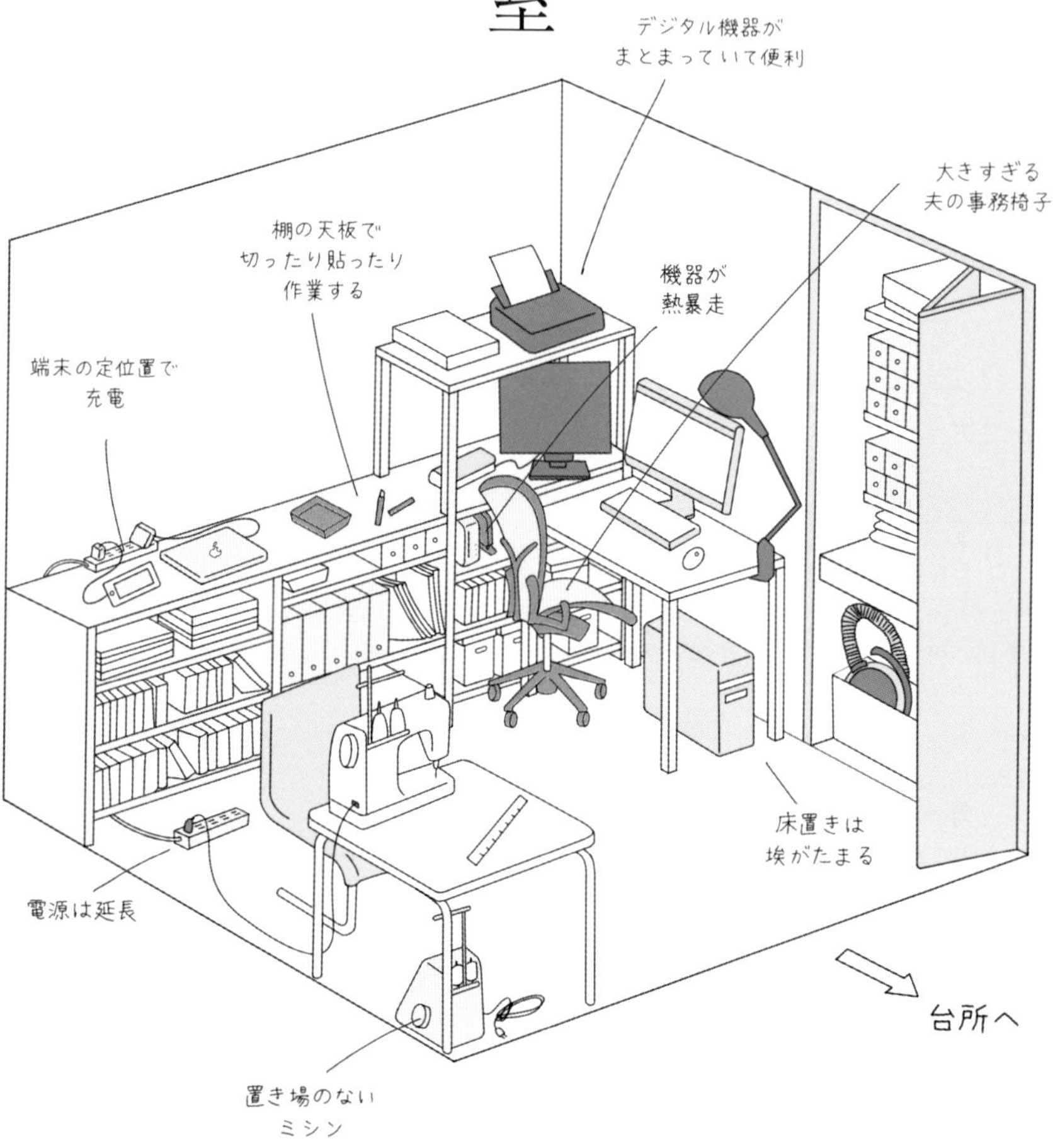
デジタル機器が
まとまっていて便利
大きすぎる
夫の事務椅子
棚の天板で
切ったり貼ったり
作業する
機器が
熱暴走
端末の定位置で
充電
床置きは
埃がたまる
電源は延長
台所へ
置き場のない
ミシン

「収納スペース＋作業スペース」が
散らからない

家を建てる前の二軒の賃貸で、夫の提案で作った作業室。本とコンピュータとデジタル機器を集め、作業に集中できる図書館のような部屋。壁一面に棚を設置して本や資料を収め、共有の文房具などもこの棚に。私も調べ物をしたりミシンをしたりして休日は過ごす時間が長かった部屋です。とっても気に入っていたのだけど二人で作業するには少し狭く、ものを取ったりするときには相手の作業を止めてスペースを融通してもらう必要がありました。

　北部屋の落ち着いた明るさは作業するのに良かったけれど、春先まではすごく寒かったし、夏は暑くて機器が熱暴走。機材が多く、電源コードは延長したりタコ足したり。作業室をもっと快適な部屋にできたら休日の過ごし方がぐっと良くなると夫が熱心に計画に参加していました。

棚の上で作業する

ハサミやノリのしまってある棚の上のスペースを空けておいて、そこに出向いて作業すると、ハサミやノリを持ち出さないから散らかったり無くなったりしなくなった。この仕組みを他のものにも当てはめたら、家全体が散らかりにくくなりそう！

▶ **ものの定位置に出向いて作業する仕組みを作る**

ものを分類して、適所に置きたい

この部屋は書類から医薬品、デジタル機器や裁縫道具など様々な分野のものがあって、適切なところに置くというよりはスペース的に置けるところに置くという感じでした。できれば分野ごとに分け、ゾーニングして、迷いなく便利に使えるようにしたい。

▶ **ものを書き出して把握し、ゾーニングして使いやすい場所に置きたい**

退（ど）いてもらわないとものを取れない

相手が集中しているときに、ちょっと退いてとお願いしないとものが取れないのは不便。声も掛けづらいし、ものを選んでいる間、相手の手を止めてしまうのも悪い気がして、後でいいかとタイミングを逃したりしていました。

▶ **十分な通路幅を確保して自分のペースでものを取りたい**

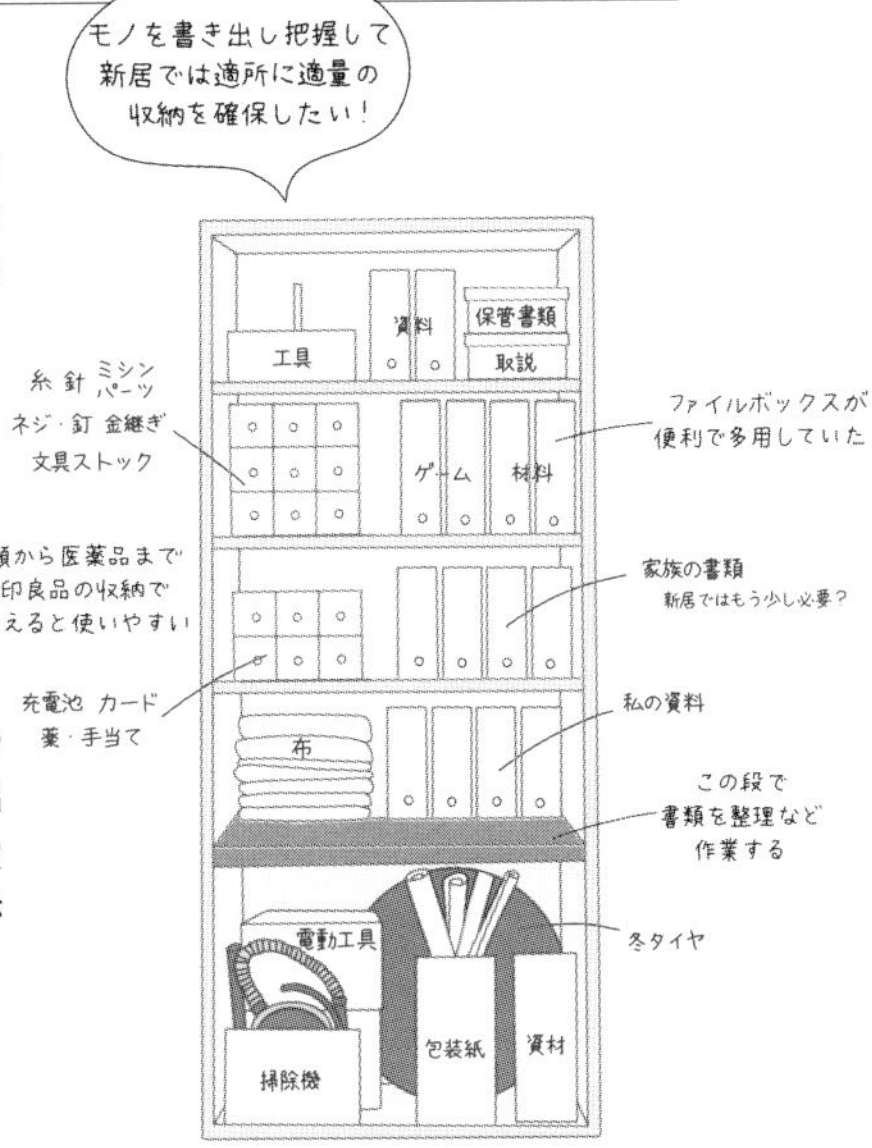

モノを書き出し把握して
新居では適所に適量の
収納を確保したい！
工具
資料
保管書類
取説
糸 針 ミシンパーツ
ネジ・釘 金継ぎ
文具ストック
ゲーム
材料
ファイルボックスが
便利で多用していた
書類から医薬品まで
無印良品の収納で
そろえると使いやすい
家族の書類
新居ではもう少し必要？
充電池 カード
薬・手当て
布
私の資料
この段で
書類を整理など
作業する
電動工具
冬タイヤ
包装紙
資材
掃除機

収納の基本単位はファイルボックス

書類だけでなくゲーム機や手芸材料なども無印良品のファイルボックスに収納。使うときはボックスごと持ち出し、終わったらボックスに入れて戻すという仕組みが定着していました。3段小物収納ボックスなどともサイズが揃ってすっきりします。

▶ **新居でもファイルボックスを多用したい**

間取りに書き込むと見えてくるもの

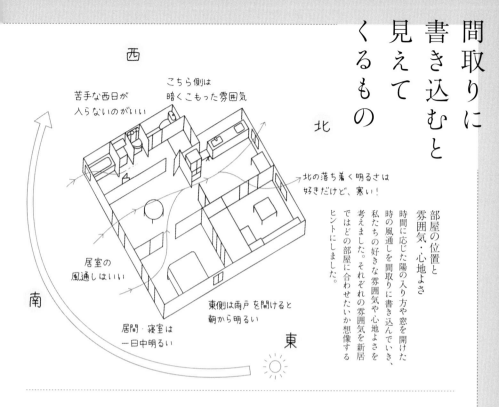

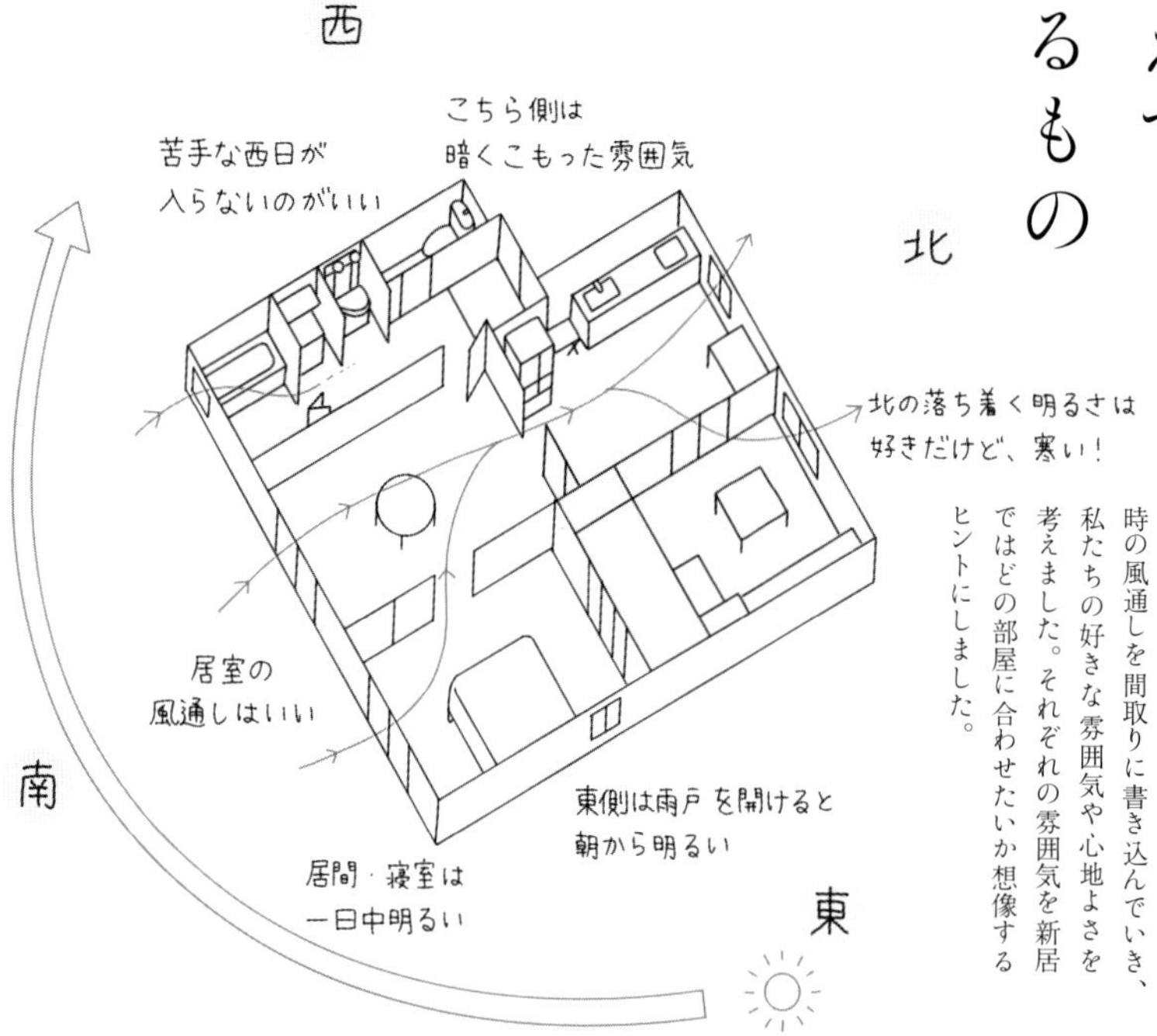
西
苦手な西日が
入らないのがいい
こちら側は
暗くこもった雰囲気
北
北の落ち着く明るさは
好きだけど、寒い！
居室の
風通しはいい
南
東側は雨戸を開けると
朝から明るい
居間・寝室は
一日中明るい
東

部屋の位置と雰囲気・心地よさ

時間に応じた陽の入り方や窓を開けた時の風通しを間取りに書き込んでいき、私たちの好きな雰囲気や心地よさを考えました。それぞれの雰囲気を新居ではどの部屋に合わせたいか想像するヒントにしました。

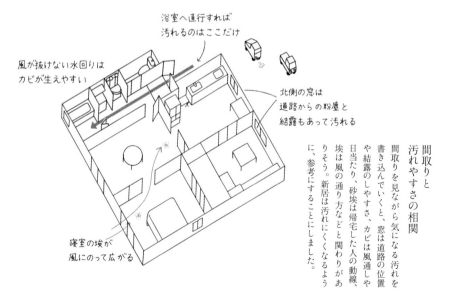

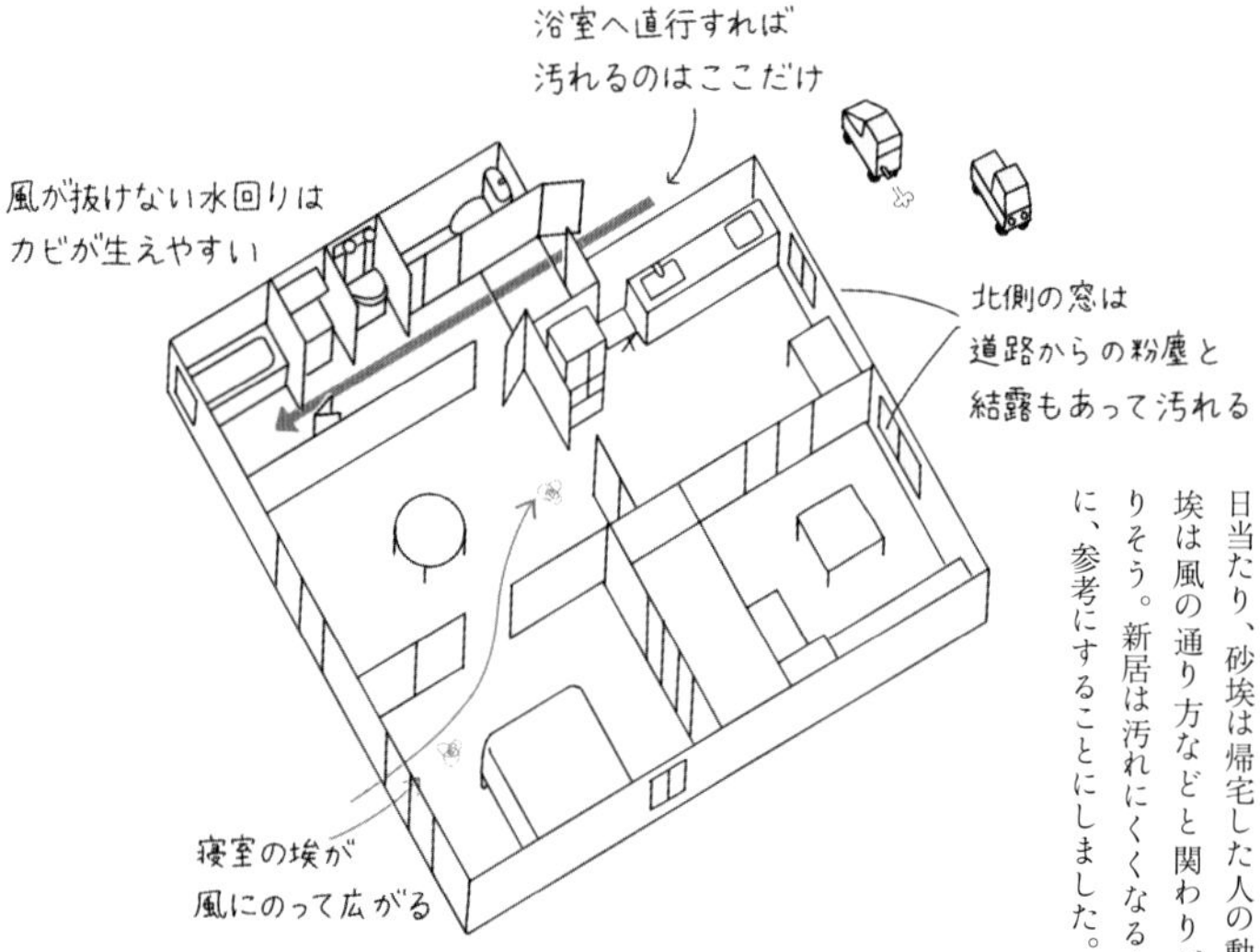
浴室へ直行すれば
汚れるのはここだけ
風が抜けない水回りは
カビが生えやすい
北側の窓は
道路からの粉塵と
結露もあって汚れる
寝室の埃が
風にのって広がる

間取りと汚れやすさの相関

間取りを見ながら気になる汚れを書き込んでいくと、窓は道路の位置や結露のしやすさ、カビは風通しや日当たり、砂埃は帰宅した人の動線、埃は風の通り方などと関わりがありそう。新居は汚れにくくなるように、参考にすることにしました。

間取りと家事・動線の相関

例えば「朝起きてから出かけるまで」の動線を間取りに書き込んでみると、驚くほどあちこち行ったり来たり。面倒に感じる理由を可視化できたので、ここが近ければ楽、ここが広ければイライラしない、などの解決策も見えてきました。

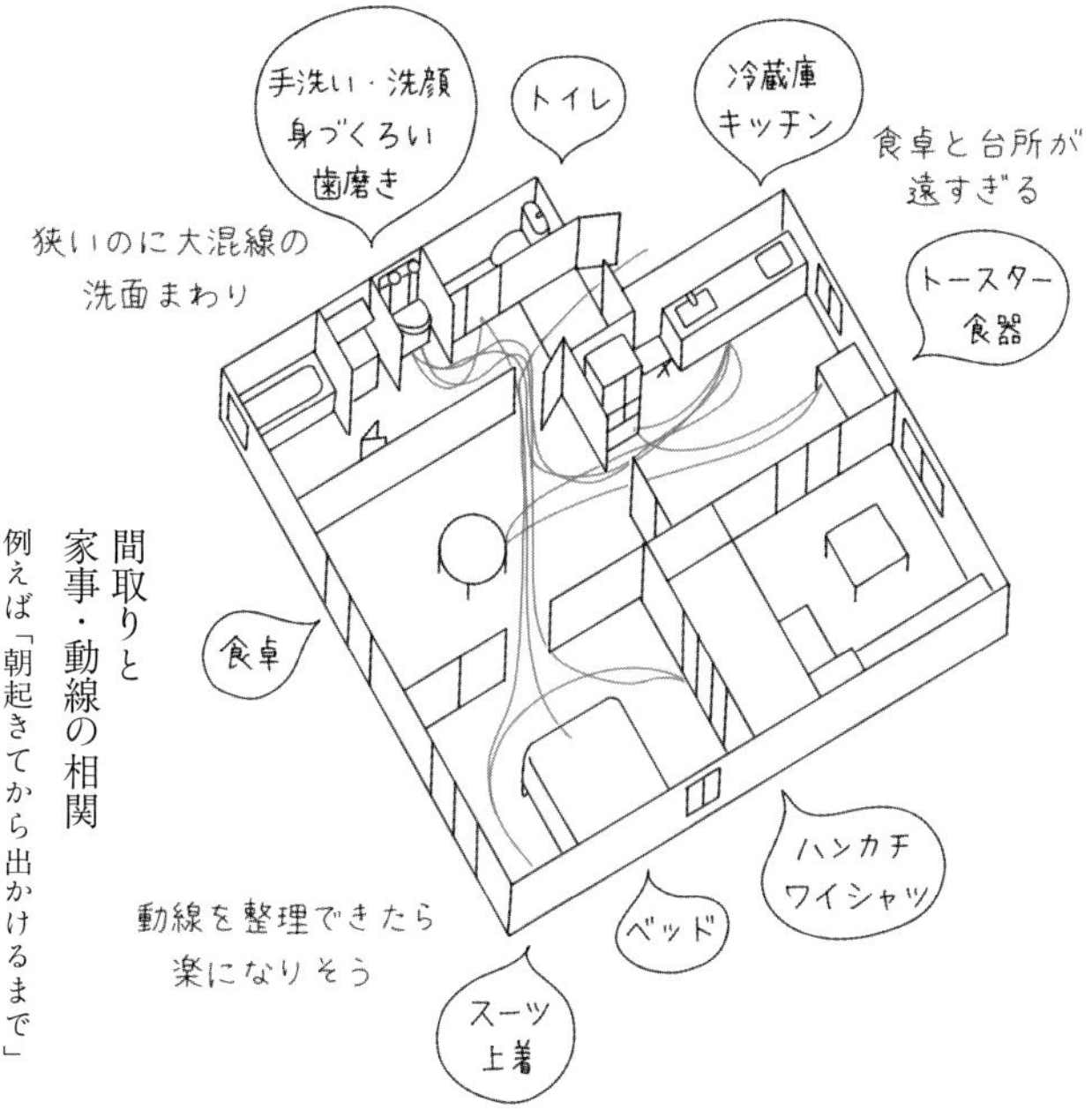

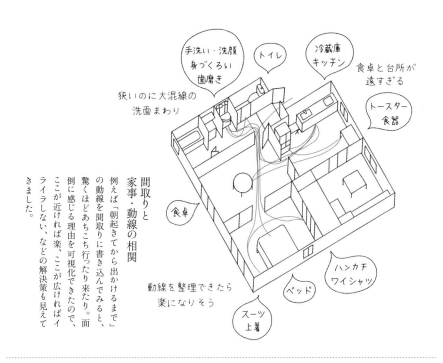

手洗い・洗顔
身づくろい
歯磨き
トイレ
冷蔵庫
キッチン
食卓と台所が
遠すぎる
トースター
食器
狭いのに大混線の
洗面まわり
食卓
ハンカチ
ワイシャツ
ベッド
動線を整理できたら
楽になりそう
スーツ
上着

間取りともの・散らかりの相関

散らかっているものと、その定位置を間取りに書き込んでみると、定位置が明確でなかったり両者が離れていたり。定位置を決め、持ち出さないことで解決できそうです。部屋の四隅にはものがたまりがちだったので、何がどうして置かれているのか分析しました。

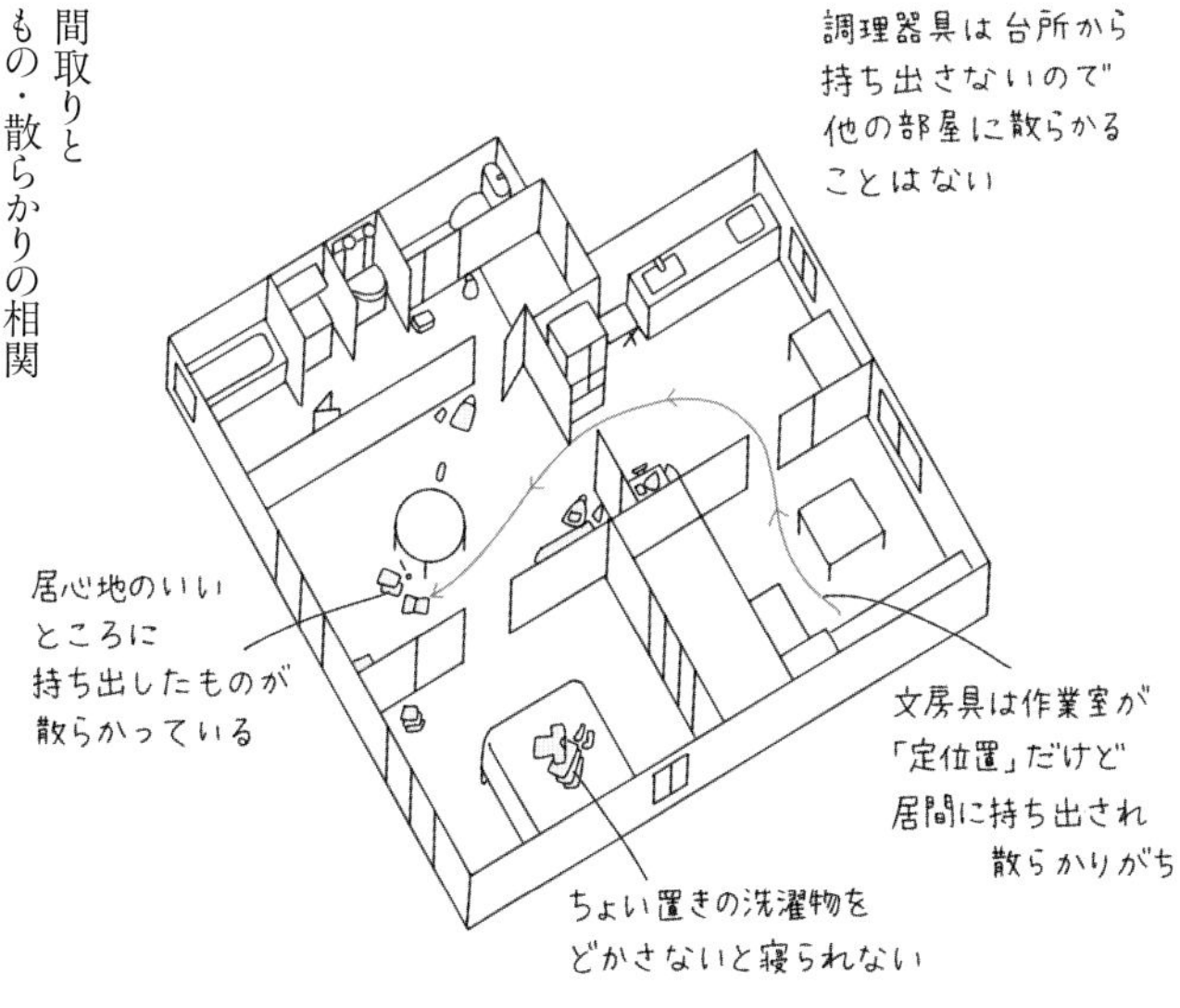

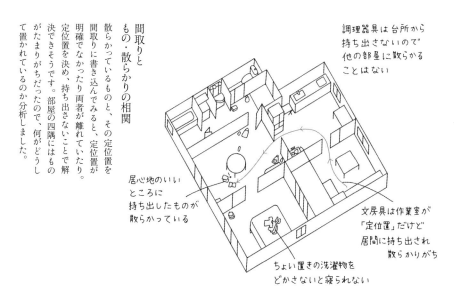

調理器具は台所から
持ち出さないので
他の部屋に散らかる
ことはない
居心地のいい
ところに
持ち出したものが
散らかっている
文房具は作業室が
「定位置」だけど
居間に持ち出され
散らかりがち
ちょい置きの洗濯物を
どかさないと寝られない

問題解決の会議

なくすという選択肢

あって当たり前と思っている「モノ」や「コト」も新居ではなくせないか考えてみる。面倒な家事はやらなくてすむ方法はないか、掃除したくないものはそもそもなくしてしまっても困らないかもしれません。

我が家の収納に
戸はいらない？
閉じれば中身を忘れるし、
カビさせてしまう
開ければなだれが起きるし、
そのまま開けっぱなしに…

とことん言い訳してみる

いつもここが汚い、これが散らかしっぱなしといった問題に対して「だって汚なそうで素手で触れないから」「部屋に持ち込むと砂埃が落ちるから」と言い訳していくと、それが解決の糸口に。〝言い訳〟と一蹴せず、とことん言い訳し、言い分も聞きました。

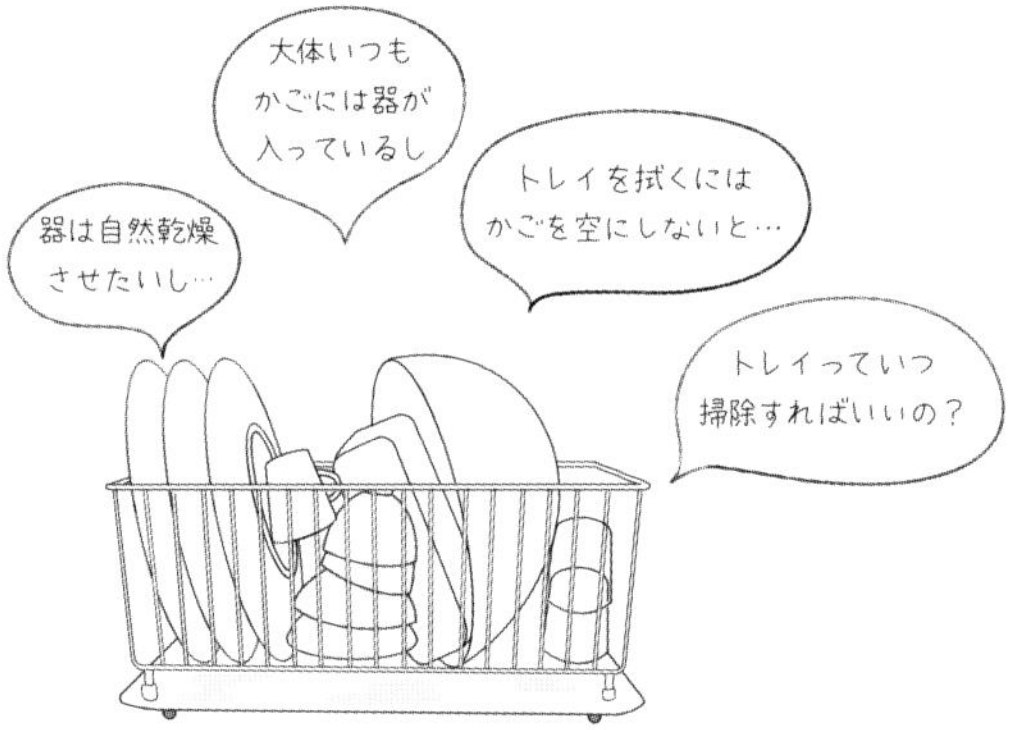
大体いつも
かごには器が
入っているし
トレイを拭くには
かごを空にしないと…
器は自然乾燥
させたいし…
トレイっていつ
掃除すればいいの？

人を変えずに解決する

いつも家族が汚すところを、気をつけてよ！と注意し続けてもなかなか改善には結びつかないし、言う方も言われる方も嫌になってしまう。それよりもどうして汚れるのかを考えて、設備やその位置を工夫する方が合理的。

この蛇口だと
びちゃびちゃになるけど
この蛇口なら
大丈夫！

住まう人を基準に

例えば「ものを出しっ放し」という問題。片付ける理由が「だらしないと思われるから」だとしたら、人から見えない位置に出しっ放すという解決策もあるし、住まう人が気にならなければ出しっ放しはそもそも問題ではないかもしれない。

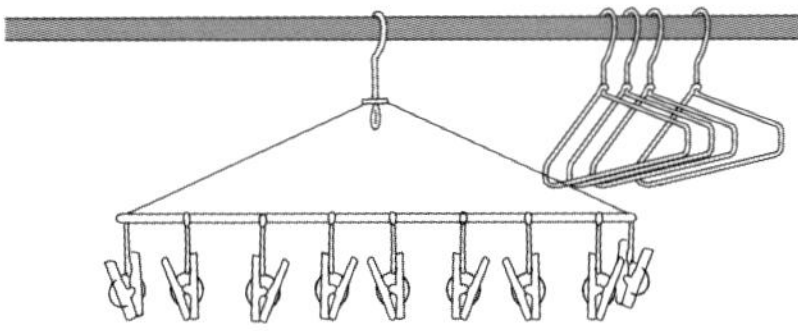
片付けるたびに
洗濯バサミが絡まるハンガーは
片付けなくていいと思う

頑張るは解決策じゃない

新居に引っ越したら頑張る！ という気持ちは悪くないと思うけれど、「頑張る」が前提になると、解決できなかった時に自分や家族の努力不足に矛先が向かってしまう。頑張る以外の方法で解決したいと思いました。

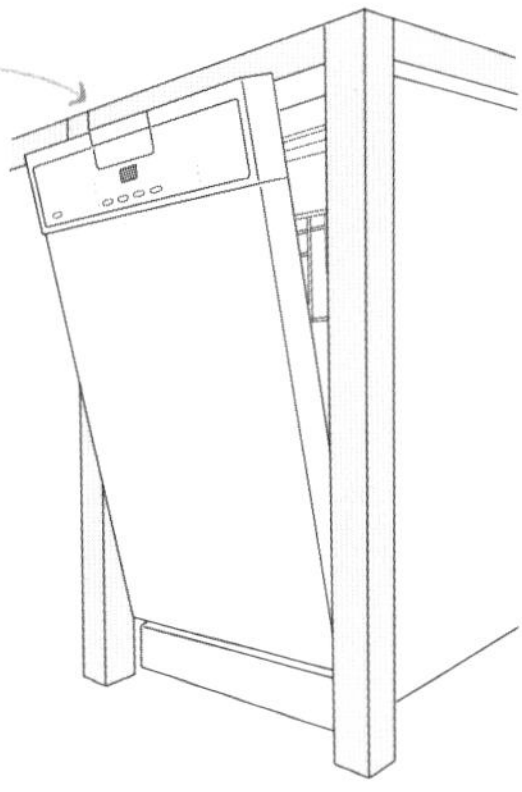
頑張らないと洗えない
五徳や水切りかごは
全部、食洗機に！

嫌なことは我慢しない

触りたくないものを嫌々触って掃除したり、面倒なのにきちんとしなきゃと無理して片付けたりするのを毎日続けるのは不健康。もっと根本的な解決を模索して、気持ちよく暮らせる家を目指したいと思いました。

未解決問題は大事にとっておく

この時点で解決策が見つからない問題は、忘れないように大事にメモ。展示場巡りで相談してみれば、その対応から会社が自分達に合いそうかを判断する材料にもなり、業者さんとの相性を見極めるヒントにもなりました。

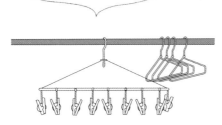

column 3

お願いするより自然とそうなる家に

この章を書きながら旧居を振り返ると、当時の私のガミガミとした声を思い出します。寒いからドアちゃんと閉めてよ（なんで私が代わりに閉めにいかないといけないの）。また床が濡れてるよ（何度もお願いしているのに）。食器下げてから一緒にゆっくりしようよ（自分ばっかり先に休んでずるい！）。

こんなにお願いしているのになんでやってくれないんだろうと不満に思いつつ伝えてみるものの、なかなか状況はよくなりません。

かく言う私もよく夫に、玄関に置きっぱなしのコートやカバンを指摘されていました。でもね、外で使ったコートやカバンは汚れているんだよ？　明日また使うんだよ？　なんて言い訳してみれば、夫にだって言い分があるのも理解できます。気にならないものは仕方ないし、変わらないものは変わらない。

だから、お願いしたり、誰かが頑張らなくても、問題解決ができればいい。人を変えずに、家を住む人に合わせればいいんだと気付くと、家の計画にも力が入りました。

勝手にゆっくりきちんとドアが閉まるクローザー。床が濡れない位置のタオル掛け。食器を楽に下げられる食卓とシンクの配置。

不満に思うこと一つ一つに向き合うとそれがヒントになる。お願いしなくても自然と解決する家を考えることで、新居はより快適になり、気持ちまですっきりするはずです。

4章

間取りをつくる

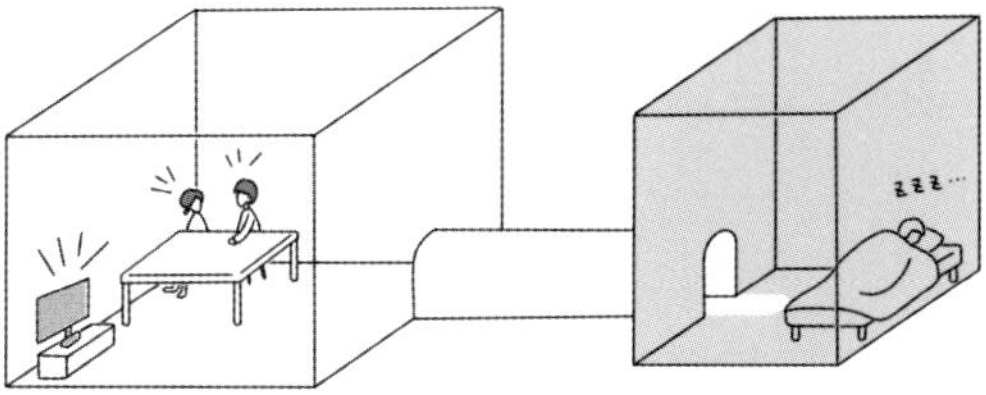

「あたりまえ」にとらわれず、自分たちにちょうどいい間取りをつくる

次は間取りに手をつけました。必要十分な部屋と広さ、気持ちよく動ける動線、快適に感じる日当たりや風通し……。賃貸時代はすでにある間取りの中から選び、間取りに合わせて暮らしていたのが、今度はある程度制約があるとはいえ、自分たちの考えや好みを間取りに反映できます。

間取りを考えるのはなかなか大変な作業でしたが、大きな構造はここで決まる、そう思うとがんばりどころ。パズルのように楽しむこともできます。いままでとこれからの家族の暮らしと向き合いながら、私たちにちょうどいい間取りを組み立てていきました。

「あたりまえ」にとらわれないために、「いわゆる間取り」の形から入るのではなく、家を「要素（部屋）とつながりからなる構造」で見て組み立てていくことにしました。私たちが間取りを考えた具体的な手順をご紹介します。

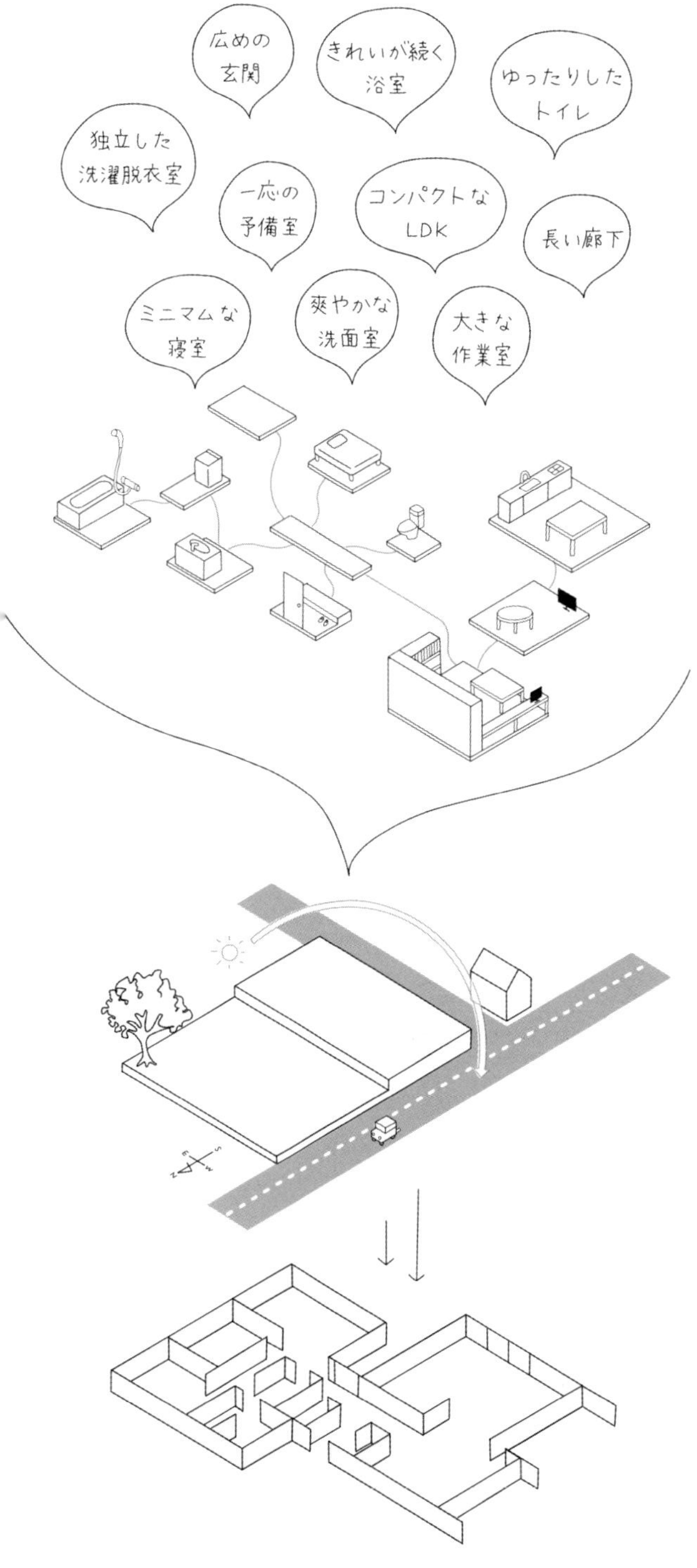

私たちが間取りを考えた手順

1. どんな部屋が欲しい？

新居に、何をするどんな部屋が欲しいのかを具体化しながら決めていきました。

2. 部屋の大きさを決める

どんな部屋か、が具体的に決まると、どれくらいの広さがちょうどいいかも見えてきます。

3. つながりを考える

どの部屋とどの部屋がつながっていたら家事がしやすいか、どの部屋が離れていたら過ごしやすいか、部屋同士のつながりを考えました。

4. 配置を考える

土地の方角や近隣との位置関係、見える景色などを当てはめながら、部屋の配置を考えました。

5. 間取りを考える

これまでのことをまとめて、いわゆる間取りの形にしていきました。

どんな部屋が欲しい？

まずは間取りの要素となる「新居に欲しい部屋」を具体化する作業をしました。

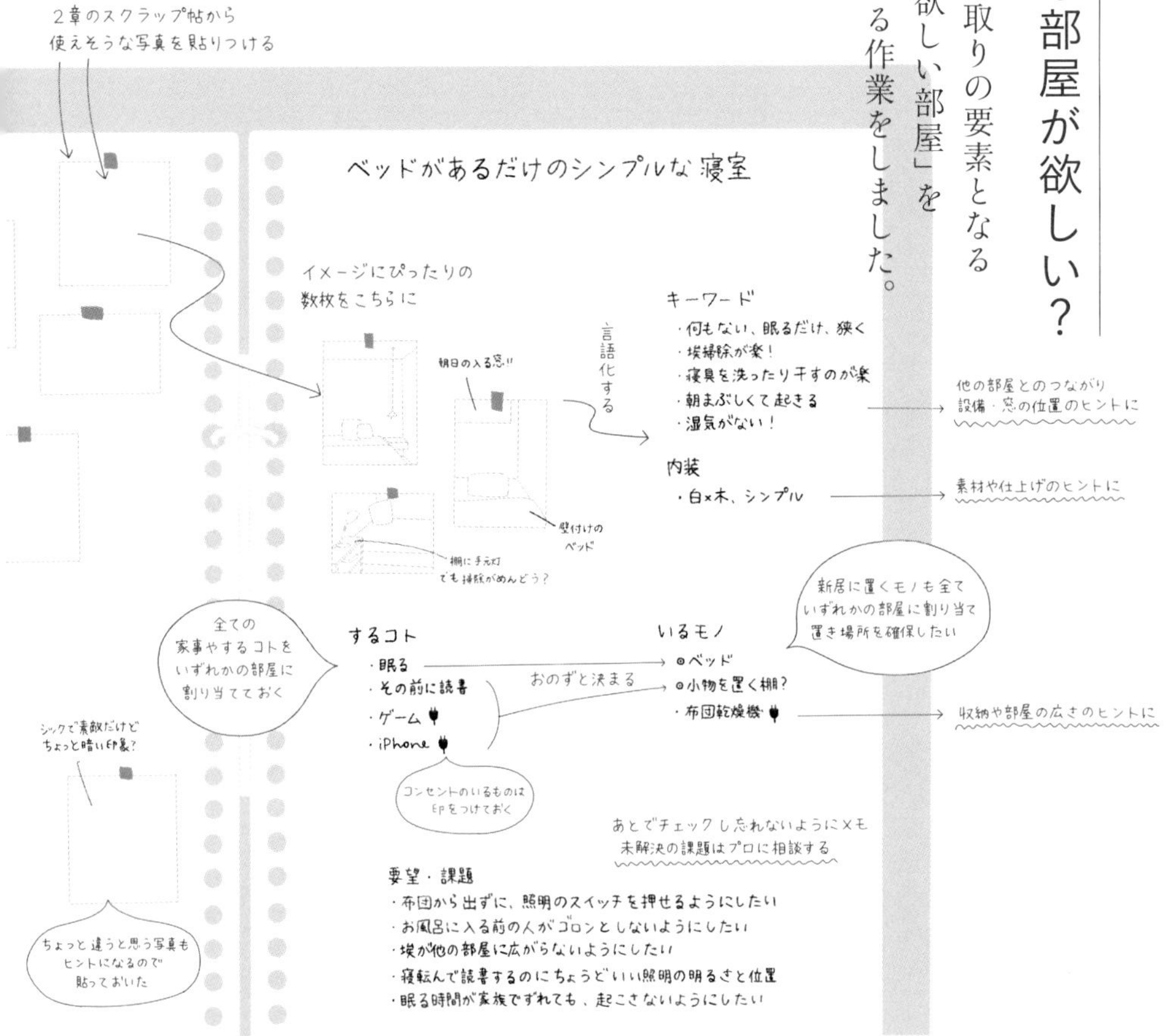

2章のスクラップ帖から
使えそうな写真を貼りつける
ベッドがあるだけのシンプルな寝室
イメージにぴったりの
数枚をこちらに
朝日の入る窓!!
壁付けのベッド
棚に手元灯
でも掃除がめんどう？
言語化する
キーワード
・何もない、眠るだけ、狭く
・埃掃除が楽！
・寝具を洗ったり干すのが楽
・朝まぶしくて起きる
・湿気がない！
他の部屋とのつながり
設備・窓の位置のヒントに
内装
・白×木、シンプル
素材や仕上げのヒントに
全ての
家事やするコトを
いずれかの部屋に
割り当てておく
するコト
・眠る
・その前に読書
・ゲーム
・iPhone
おのずと決まる
いるモノ
・ベッド
・小物を置く棚？
・布団乾燥機
新居に置くモノも全て
いずれかの部屋に割り当て
置き場所を確保したい
収納や部屋の広さのヒントに
コンセントのいるものは
印をつけておく
シックで素敵だけど
ちょっと暗い印象？
あとでチェックし忘れないようにメモ
未解決の課題はプロに相談する
要望・課題
・布団から出ずに、照明のスイッチを押せるようにしたい
・お風呂に入る前の人がゴロンとしないようにしたい
・埃が他の部屋に広がらないようにしたい
・寝転んで読書するのにちょうどいい照明の明るさと位置
・眠る時間が家族でずれても、起こさないようにしたい
ちょっと違うと思う写真も
ヒントになるので
貼っておいた

欲しい部屋を書き出す

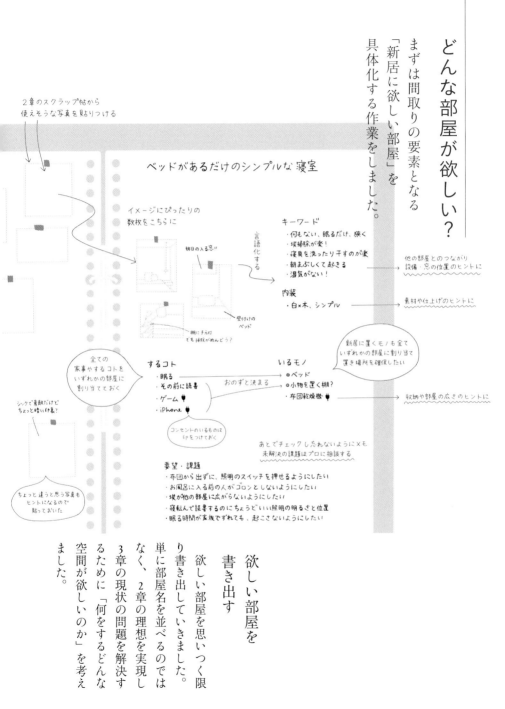

欲しい部屋を思いつく限り書き出していきました。単に部屋名を並べるのではなく、2章の理想を実現し3章の現状の問題を解決するために「何をするどんな空間が欲しいのか」を考えました。

部屋のイメージを具体化する

部屋ごとに紙を用意し、2章の理想を集めたスクラップ帖からイメージに合う写真を貼り付け、理想の部屋を具体化していきます。キーワードや内装、その部屋でするコト、そのために必要なモノ、想定される課題、そのほかの要望などを書き出していきました。

部屋を整理する

我が家の場合は、居間や各自の個室の紙は書き込みが少なかったので省いたりコンパクトにしたり。一方で洗濯物には旧居で四苦八苦していたから贅沢だけど洗濯室を独立させたい。でも脱衣室と洗濯室は兼ねられるかも。こんな具合に部屋を足したり分けたり、整理していきました。

「部屋・コト・モノ」が暮らしを整える鍵

「部屋・コト・モノ」を対応させておくと、家事をしやすく、片付けやすい家になって、暮らしが整うと思い、この段階では特にこの三つを明確にするように気をつけました。

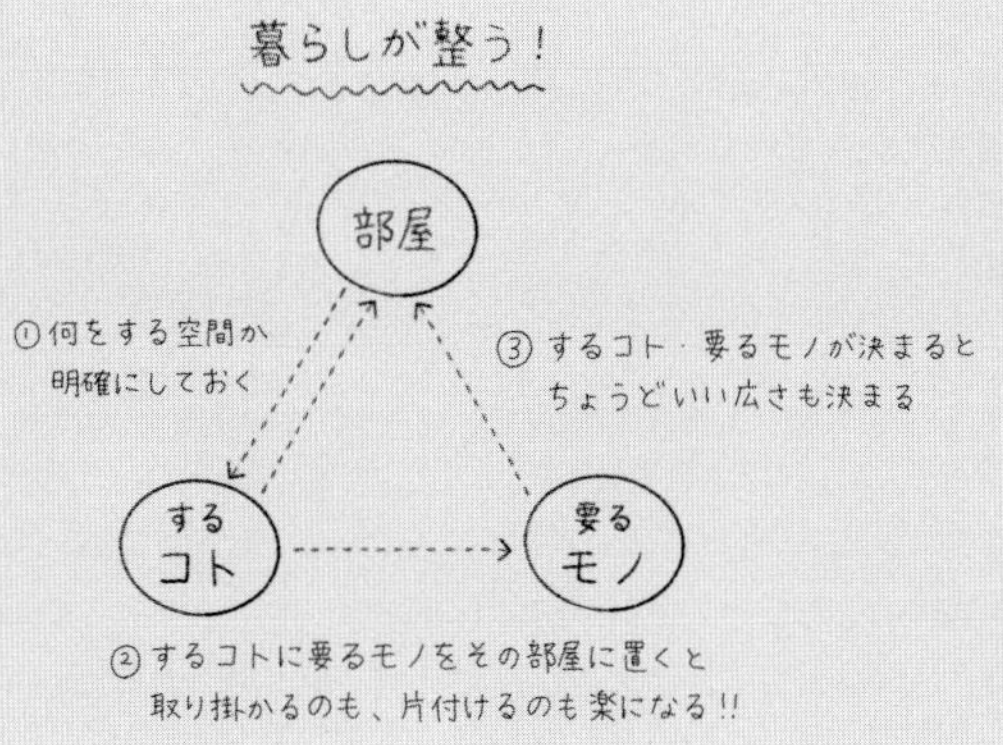
暮らしが整う！
部屋
①何をする空間か明確にしておく
③するコト・要るモノが決まると ちょうどいい広さも決まる
するコト
要るモノ
②するコトに要るモノをその部屋に置くと 取り掛かるのも、片付けるのも楽になる!!

決定！ 新居に欲しい部屋

引き続き欲しい部屋

・コンパクトにひとまとまりになったLDK
・複数人でも作業できる広い作業室
・すっきり片付く散らからない玄関
・脱衣室と分けた気持ちのいい洗面室
・掃除しやすいシンプルな浴室
・眠るだけの小さな寝室
・お客さんも泥んこの子も使いやすいトイレ

新しく欲しい部屋

・洗面から独立した洗濯脱衣室
・将来の子ども部屋などに備えた予備室
・廊下が好きなのでできれば欲しい
・服を収納し着替えもできる服の部屋
・十分な量の収納スペース
・汚れる作業も気にせずできる土間スペース
・ウッドデッキ・庭・駐車場などの外まわり

部屋の大きさを考える

どんな部屋なのかが具体化してくると、
自ずと必要な広さが決まってきます。
その部屋でするコトをできる、必要なモノを置ける、
希望の雰囲気を実現できる、
自分たちにちょうどいい広さを探っていきました。

広い方がいい？

モデルハウスを見ると広い方が雰囲気がいいなと感じたけれど、冷静に考えれば、広いほど建築費用、掃除する手間、空調のコストなどがかかります。また旧居ではＬＤＫが広く、台所から食卓までは距離があったので、配膳でこぼしたり後片付けが億劫になったりすることも。広ければいいというものではなさそうです。

「広々と感じる」ように

それでは広い方がいいのはどんなとき？　するコトが多くて複数人が同時に使用したり、置くモノが多い部屋は、それらに十分な広さがあった方が良さそうです。そうでなければ、天井高や視線の抜けなどの工夫で「広々と感じる」ようにする方が、私たちにはあっていると思いました。

ポジティブに、広く！狭く！

広い方がいいに決まっているという思い込みや、仕方なく狭くしようという諦めで広さを決めるのではなく、「ここはやっぱり広く！」「ここはあえて狭く！」とポジティブに考えることで、より使いやすくコストを抑えた、自分たちにちょうどいい間取りに近づいていきました。

二人で並んで台所仕事するには
少なくとも150cmはスペースが欲しい

柔軟性を持たせて決める

部屋の広さを何平米とか何畳とかとはじめから決めるのではなく、これらの家具を並べて置ける広さとか二人同時に料理できる幅とかといった具合に決めることで、間取りを考えやすくなりました。

狭くした！

洗濯脱衣室

あるだけでも贅沢な洗濯脱衣室。洗濯物から出る埃の掃除が楽になるように、また湿気を効率よく取り除けるように最小限の広さに。小さな空間に機能をぎゅっと詰め込みたい。

予備室

あまり必要性を感じなかった各自の個室はひとまずなしに。将来子どもがいるかどうかもわからなかったので、必要に応じて個室を作ることができる空間をとっておくことに。

ＬＤＫ

配膳や片付けが楽になるように、移動距離が少なくてすむコンパクトなＬＤＫに。広々と感じるように、窓や天井高などを工夫したい。

寝室

埃の発生源なので掃除しやすいようにあえて狭く。眠りに集中できるように単機能で狭い部屋に。

広くした！

玄関

複数人が同時に靴を履ける間口と、家に持ち込みたくないものがすっきり収まる収納も確保したい。

廊下

もったいない気もしたけれど、私は廊下が好き。部屋同士をあえて離すことで、移動で気持ちを切り替えたりしたくて、あえて長めの廊下を設けることに。

作業室

旧居でお気に入りだった作業室、普通はない部屋だけど、私たちは長い時間を過ごす部屋。複数人でもストレスなく同時に作業できるように、広い空間を確保したい。

トイレ

手洗い器をつけたりしたいので少し広めに。狭い空間は少し広くするだけでもぐっと広さを感じそう。

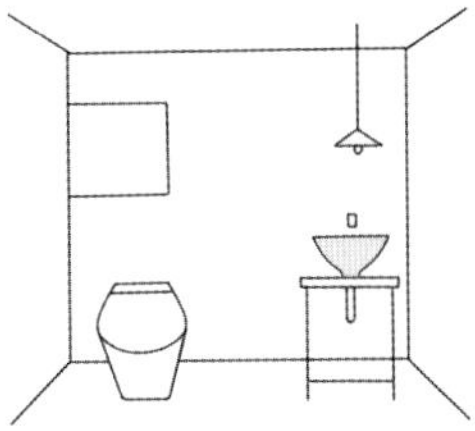

つながりを考える

次は、暮らしやすい家になるように、どの部屋がつながっていたら便利だろうか？　逆につながっていると困るだろうか？　と、部屋のつながりを考えていきました。

つなげる

家事や身支度など家の中での人の動きを想像して、気持ちのいい動線になるように部屋をつなげていきました。旧居で、距離や移動が面倒で億劫になったことを洗い出し、部屋同士をつなげたり近づけたりすることで解決します。人だけでなく、ものの動きも考え、移動距離を短くすることで、置きっ放しになったものが散らかるのを防げないかも考えました。

距離をとる

全ての部屋同士が近ければいいかといえば、そうでもないと思います。来客から見えない方がいいものはＬＤＫから遠くにしたり、騒がしい部屋と静かであってほしい部屋のように性質が異なる部屋同士は距離を置くことで気遣いを減らせそうです。

構造を見る

離れている部屋同士はその距離を面倒に感じないか、つながりの多い部屋は混雑緩和に通路幅の工夫や迂回路を用意した方が良さそう。末端にある部屋と中心にある部屋では性質が異なりそう。性質が似ている部屋同士は近くにあったほうが暮らしやすそう。部屋をつないだり離したりしてできた構造を観察しながら、より良いつながりを考えました。

玄関と浴室は近くにして
泥んこの移動距離を短く！

汚れ・埃・湿気・臭いの動線

広げたくない汚れ・埃・湿気・臭いは、発生源とその動き・流れを想像して、部屋同士を近づけたり離したりすることで、掃除やモノの管理が楽になるように考えました。

つなげたい・近づけたい

家事の連続性がある部屋

洗濯機のある場所と洗濯物を干す場所が近ければ楽。家事が複数の部屋をまたぐ場合には、それらの部屋がつながるように。

めんどうな家事は
移動距離を短くして解決！

ものの動線も考える

布団を持って移動するのは大変だから寝室と干し場は近く。買ってきた重たい水を運びたくないから水は玄関に置き場を。収納と使う場所は近くに。ものの移動距離は短く。

流れるような動線に

毎日することは、流れるような動線だと気持ちがいいし楽。家族にも「これをしてからあれをして」とお願いするより、楽な動線になっていれば自ずとそうしてくれるはず。

分けたい・離したい

来客に見せないところ

お客さんを通すＬＤＫから、室内干しや衣類の収納、寝室などは見えない方がお互い気を遣わなくてすみそう。手を洗う場所やトイレも、気を遣わずに使える位置に。

隣り合っていると困るところは？

勉強机の隣にお布団があったら寝ちゃうかも。酔っ払って帰ってきた夫の目の前にお布団があったらお風呂に入らず寝ちゃいそう。旧居の困りごとも部屋のつながりで解決したい。

性質の異なる部屋同士

家族で集まって過ごす場所と眠ったり一人になりたい時の部屋は離したい。子どもが寝ている部屋には家族の物音が聞こえない方がいい。部屋の明るさや騒がしさを考慮したい。

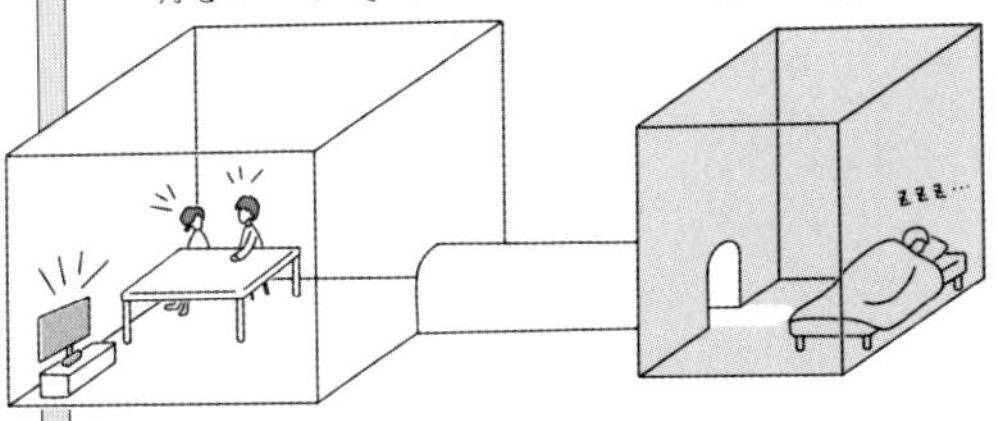
明るい・にぎやか
暗い・静か

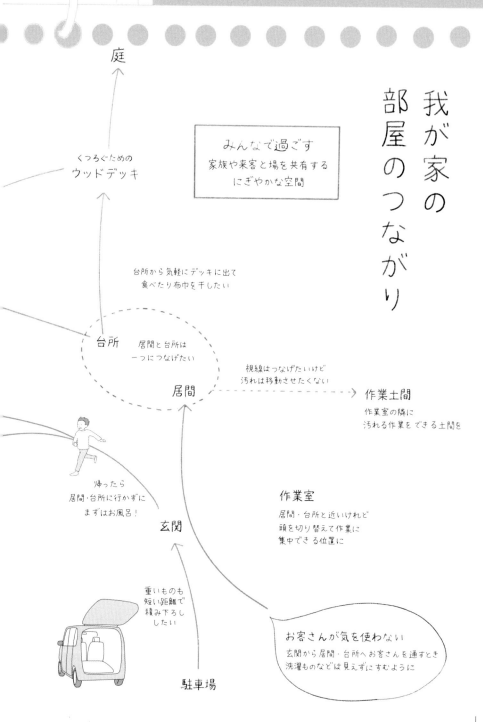

我が家の部屋のつながり

みんなで過ごす
家族や来客と場を共有する
にぎやかな空間

庭

くつろぐための
ウッドデッキ

台所から気軽にデッキに出て
食べたり布巾を干したい

台所

居間と台所は
一つにつなげたい

居間

視線はつなげたいけど
汚れは移動させたくない

作業土間

作業室の隣に
汚れる作業をできる土間を

帰ったら
居間・台所に行かずに
まずはお風呂！

作業室

居間・台所と近いけれど
頭を切り替えて作業に
集中できる位置に

玄関

重いものも
短い距離で
積み下ろし
したい

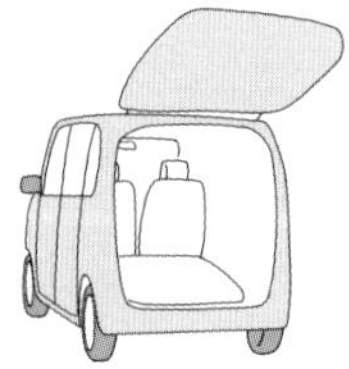

駐車場

お客さんが気を使わない

玄関から居間・台所へお客さんを通すとき
洗濯ものなどは見えずにすむように

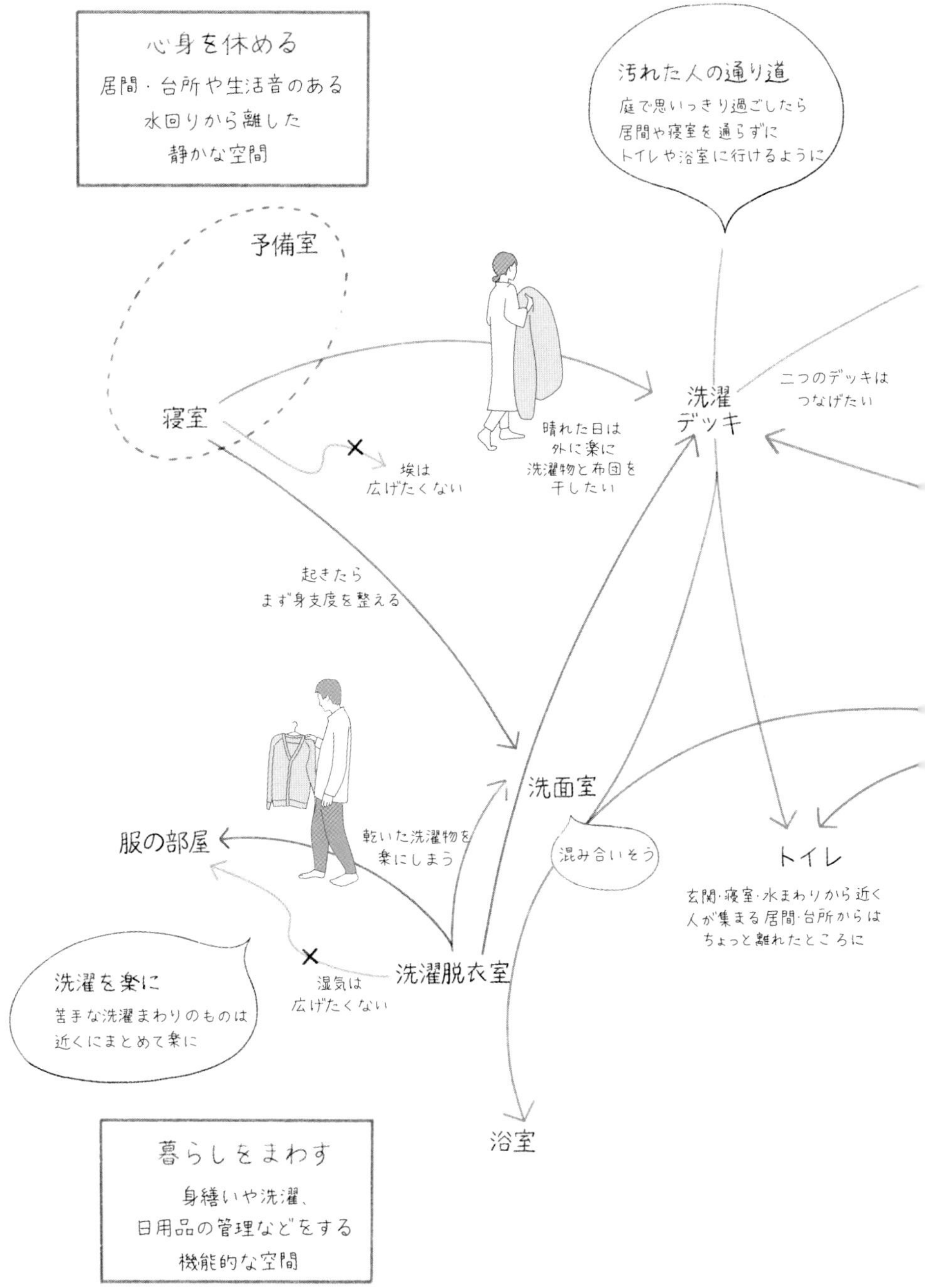
心身を休める
居間・台所や生活音のある
水回りから離した
静かな空間
汚れた人の通り道
庭で思いっきり過ごしたら
居間や寝室を通らずに
トイレや浴室に行けるように
予備室
寝室
洗濯デッキ
二つのデッキは
つなげたい
晴れた日は
外に楽に
洗濯物と布団を
干したい
埃は
広げたくない
起きたら
まず身支度を整える
洗面室
混み合いそう
トイレ
玄関・寝室・水まわりから近く
人が集まる居間・台所からは
ちょっと離れたところに
服の部屋
乾いた洗濯物を
楽にしまう
洗濯脱衣室
湿気は
広げたくない
洗濯を楽に
苦手な洗濯まわりのものは
近くにまとめて楽に
浴室
暮らしをまわす
身繕いや洗濯、
日用品の管理などをする
機能的な空間

配置を考える

今度は、居心地のいい家になるように、方角や近隣の位置関係、見える景色などを当てはめながら部屋を敷地に配置して、間取りに近づけていきました。

我が家の敷地

購入した土地の近隣の民家や道路の位置、通行人の数や交通量、どこから人が入ってくるかなどを現地で確認したり、間取りを考える上での制約を設計士さんに確認してから、部屋の配置を考え始めました。

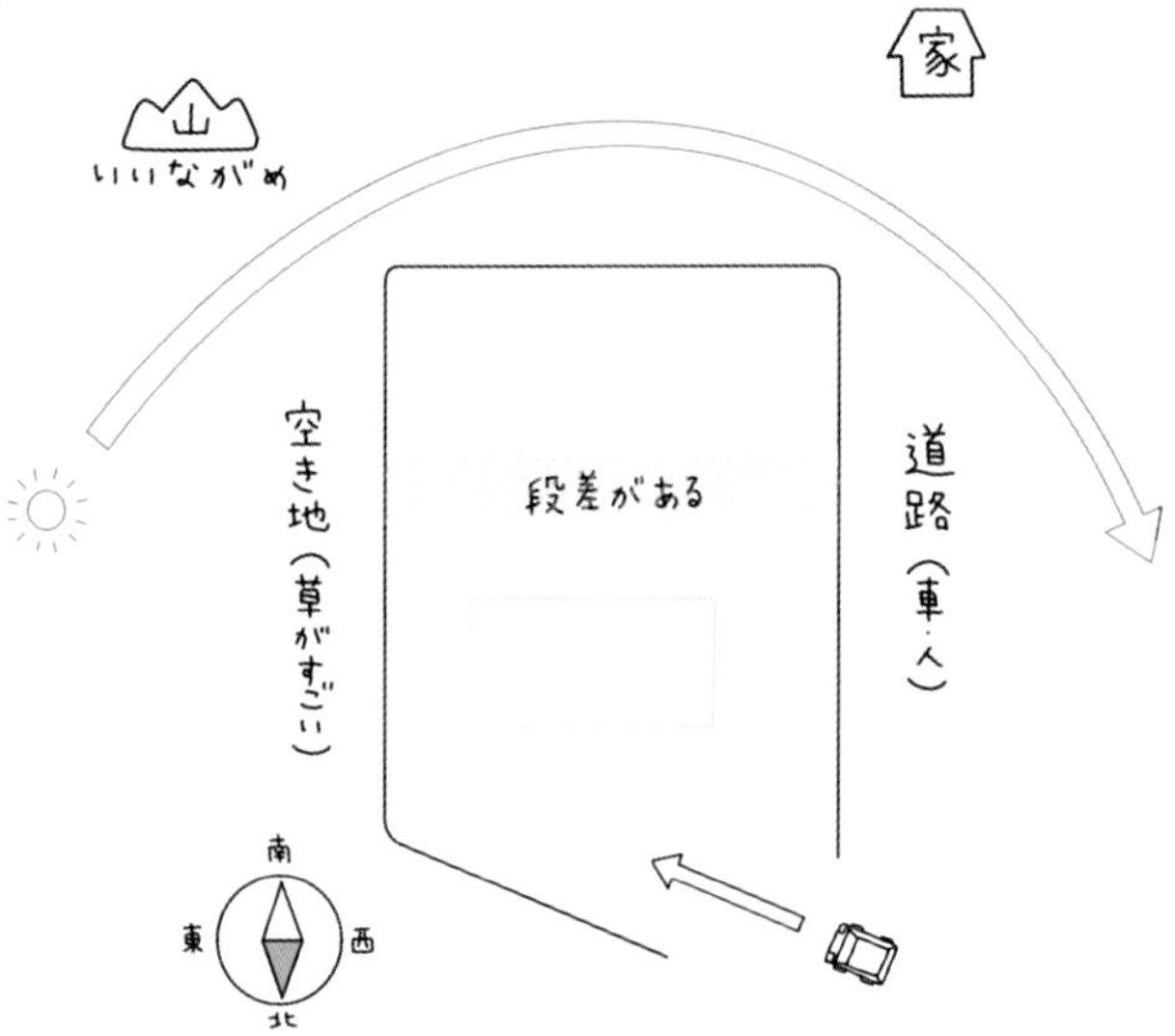

家
山
いいながめ
道路（車・人）
段差がある
空き地（草がすごい）
南
東
西
北

光の入り方を考える

これまでいろいろな家に住みましたが、部屋の向きによって光の入り方や時間帯が全く違っていて、気分や過ごし方にも大きく影響しました。それで、例えば台所は早朝から日中までずっと明るい方がいいから東南の角に、寝室は朝だけ光が入ればいいから東向きにといったように、どの部屋がどちらを向いていたら過ごしやすいのかを、その部屋でいつ何をするのかをもとに考えていきました。

風通しを考える

風が通る家で暮らしたい。気持ちがいいし、夏の空調のコストも減らせるし、カビも防げる。窓の配置を工夫することで風通しをコントロールできると聞いたので、どこからどこに風が抜けたら気持ちいいかを考えました。

一方で埃の多い寝室や砂埃の多い玄関、臭いの気になるゴミ置場やお手洗いが風上になって、家中に汚れや臭いが広がってしまわないように気をつけました。

景色をとりこむ

購入した土地に立ってしばらく過ごし、気に入った景色があれば、それをどの部屋からどんな時に眺めたいか考えると間取りがより具体化しました。ただし敷地外の景色はこの先変わってしまうこともあるので、隣地がどういう土地でどうなる可能性があるのかも調べたり想像するようにしました。

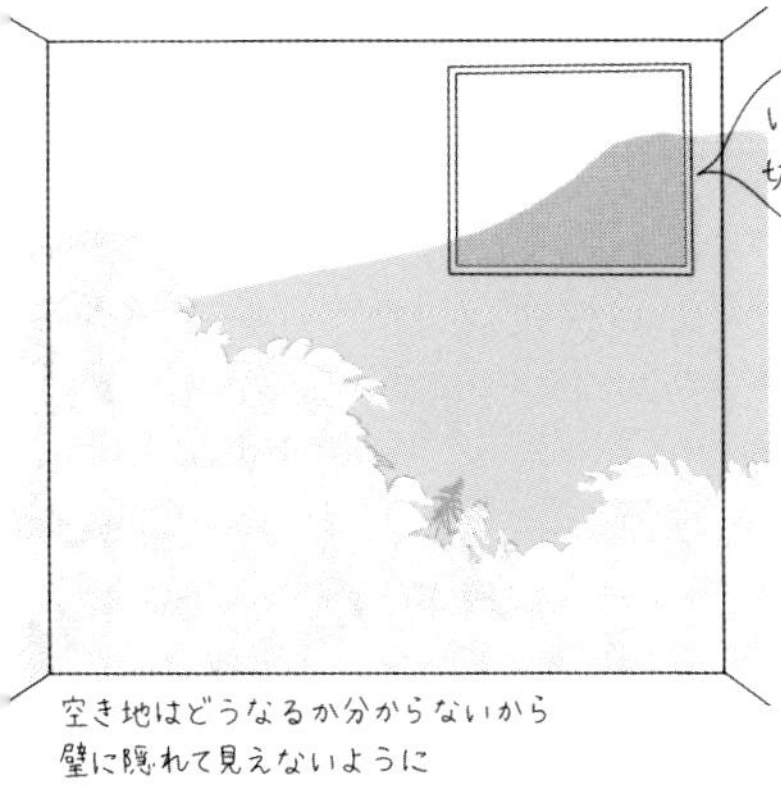
いい景色だけ
切り取る窓
空き地はどうなるか分からないから
壁に隠れて見えないように

外の人の動きを想像する

窓を開け放したときや庭で過ごすときにゆっくり過ごせるように、敷地の周りを通る人からどう見えるか、隣家の窓や庭などの位置からお互い過ごしやすい配置かどうか考え、部屋の配置に反映しました。郵便配達や検針で敷地に人が入ってくる場所も、道路と玄関やメーターの位置から想像することができます。

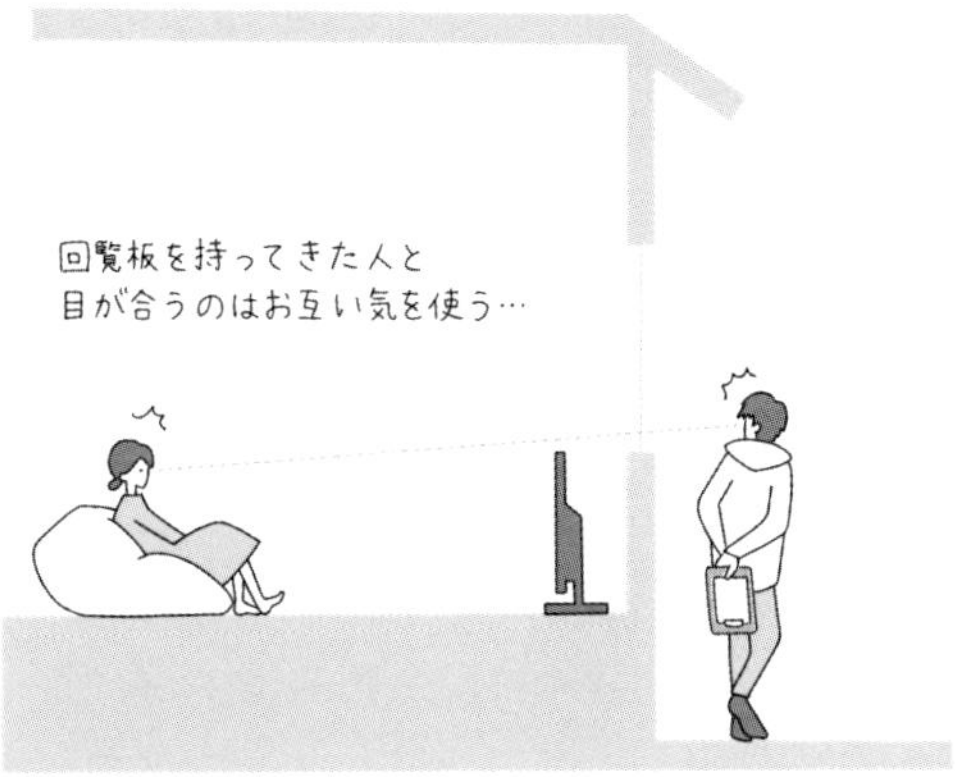
回覧板を持ってきた人と
目が合うのはお互い気を使う…

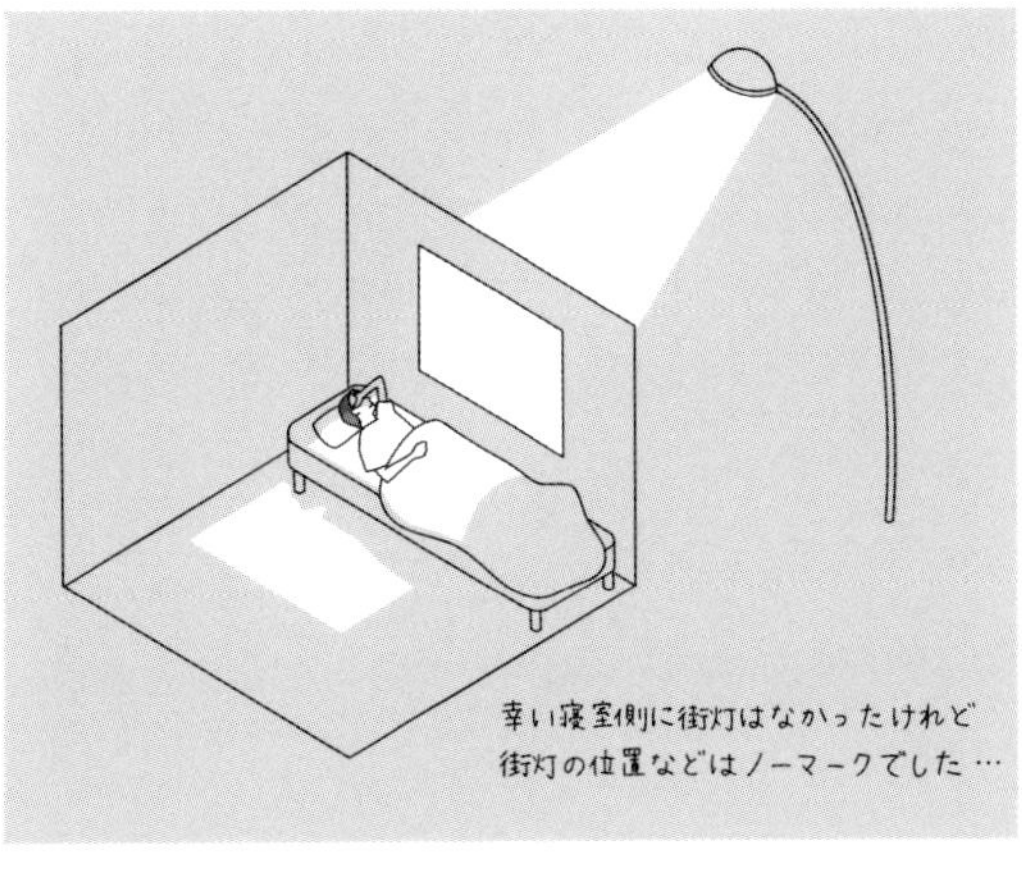
幸い寝室側に街灯はなかったけれど
街灯の位置などはノーマークでした…

夜の様子も確かめる

盲点だったのは夜の現地の様子。住んでみると、夜中に通る車のヘッドライトや信号機の灯りが思ったよりも窓から入ってきました。街灯の位置や音なども計画段階で調べるのがおすすめです。

我が家の部屋の配置

南側は庭

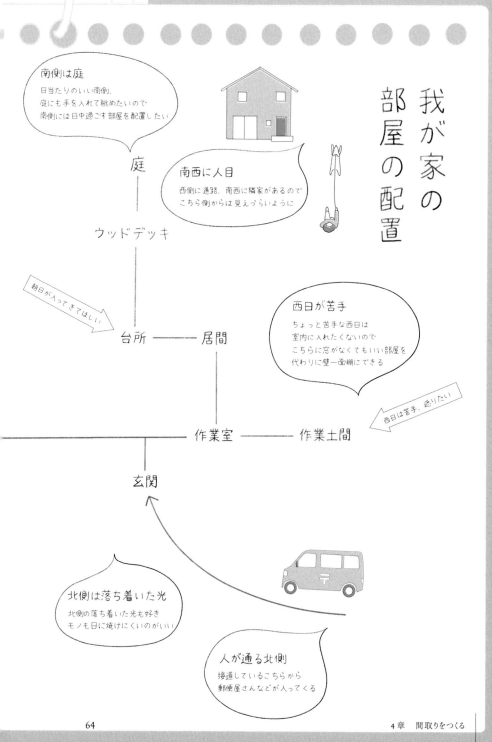

日当たりのいい南側、
庭にも手を入れて眺めたいので
南側には日中過ごす部屋を配置したい

南西に人目

西側に道路、南西に隣家があるので
こちら側からは見えづらいように

庭
|
ウッドデッキ
|
台所 —— 居間
|
作業室 —— 作業土間
|
玄関

朝日が入ってきてほしい →

西日が苦手

ちょっと苦手な西日は
室内に入れたくないので
こちらに窓がなくてもいい部屋を
代わりに壁一面棚にできる

← 西日は苦手、遮りたい

北側は落ち着いた光

北側の落ち着いた光も好き
モノも日に焼けにくいのがいい

人が通る北側

接道しているこちらから
郵便屋さんなどが入ってくる

山を眺めたい

こちらの隣地は空き地で
これからどうなるか分からないけれど
遠くには山が見える

朝日が入る東側

すっきり目覚めたい寝室や
朝着替えをする服の部屋は
東側がいい。どちらも朝以外は
日が入らなくても大丈夫

人目が気にならない位置に
洗濯物を干したい

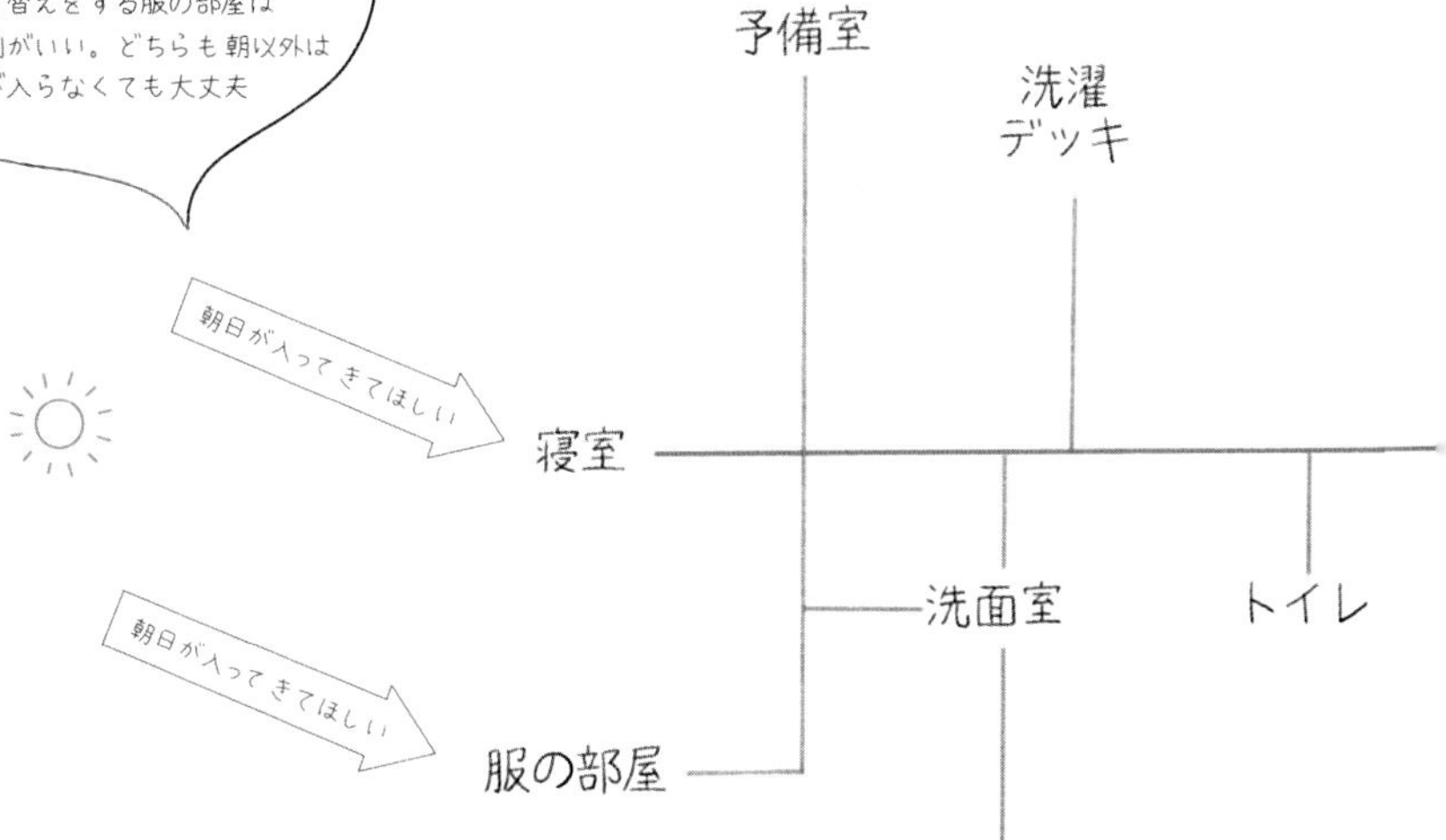

自然光で過ごしたい

晴れた日中は基本的に照明をつけず
どの部屋も自然光で過ごしたい

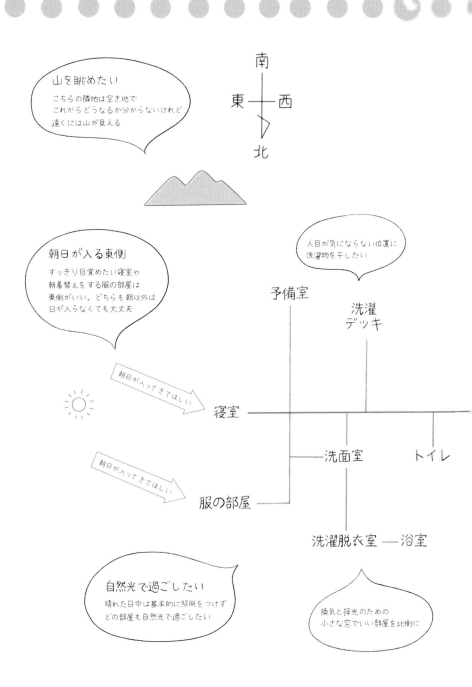

換気と採光のための
小さな窓でいい部屋を北側に

完成した我が家の間取り

部屋や大きさ、つながり、配置の希望を調整しながらまとめると、こんな間取りができました。

私たちは4章の作業を、設計士さんに相談しながら自分たちで行いましたが、多くの場合は要望を設計士さんに伝えて間取りを提案してもらうことになると思います。要望を伝える際の、あるいは提案された間取りを手直しする際のご参考になれば幸いです。

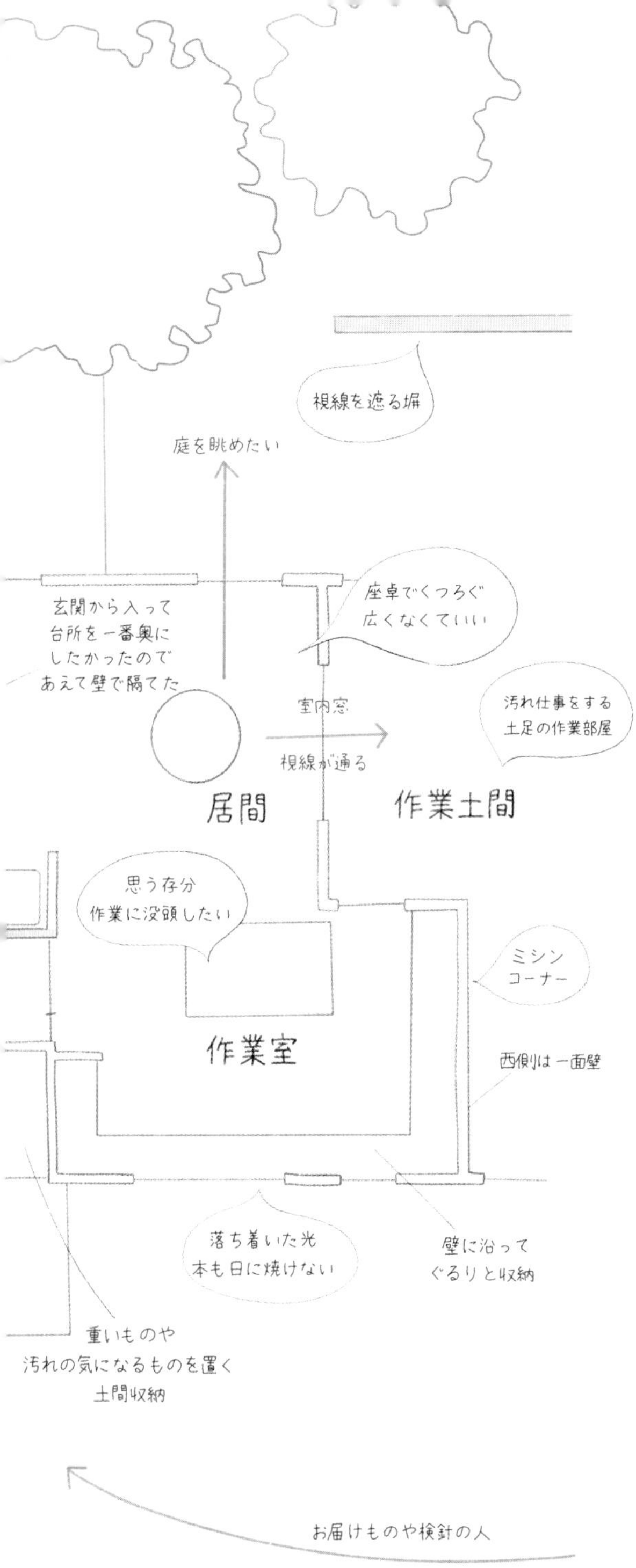
視線を遮る塀
庭を眺めたい
玄関から入って
台所を一番奥に
したかったので
あえて壁で隔てた
座卓でくつろぐ
広くなくていい
室内窓
視線が通る
汚れ仕事をする
土足の作業部屋
居間
作業土間
思う存分
作業に没頭したい
ミシン
コーナー
作業室
西側は一面壁
落ち着いた光
本も日に焼けない
壁に沿って
ぐるりと収納
重いものや
汚れの気になるものを置く
土間収納
お届けものや検針の人

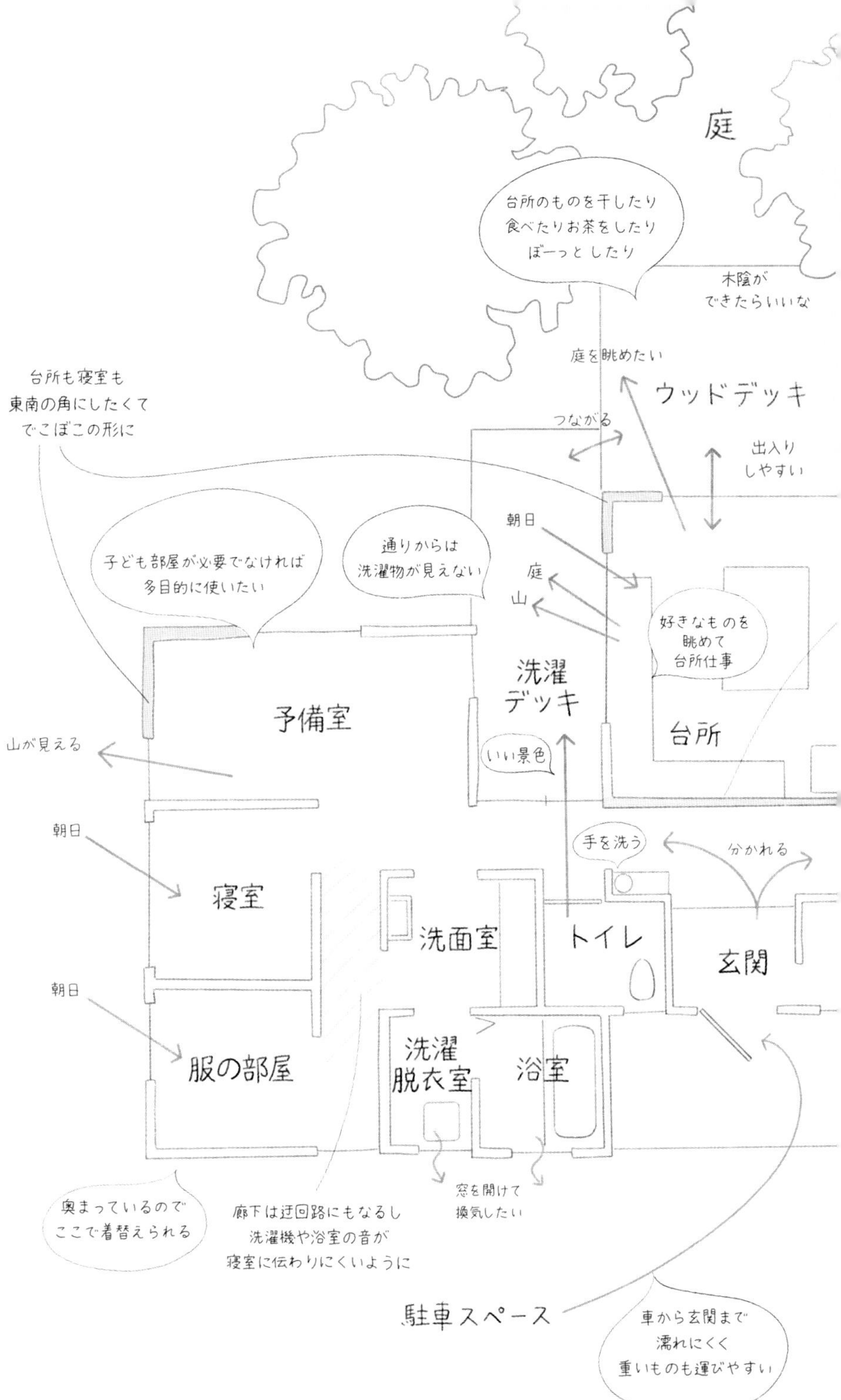
庭
台所のものを干したり
食べたりお茶をしたり
ぼーっとしたり
木陰が
できたらいいな
庭を眺めたい
ウッドデッキ
つながる
出入り
しやすい
台所も寝室も
東南の角にしたくて
でこぼこの形に
朝日
子ども部屋が必要でなければ
多目的に使いたい
通りからは
洗濯物が見えない
庭
山
好きなものを
眺めて
台所仕事
洗濯
デッキ
予備室
台所
山が見える
いい景色
朝日
手を洗う
分かれる
寝室
洗面室
トイレ
玄関
朝日
洗濯
脱衣室
浴室
服の部屋
奥まっているので
ここで着替えられる
廊下は迂回路にもなるし
洗濯機や浴室の音が
寝室に伝わりにくいように
窓を開けて
換気したい
駐車スペース
車から玄関まで
濡れにくく
重いものも運びやすい

column 4

情報を整理する

なんとなく家作りを意識し始めた頃から情報収集は始まります。撮った写真や、雑誌やwebで目にとまった写真、カタログなどの資料。それに加えて、見聞きした話や自分のアイデア、家族の意見、新居に置きたいもののリスト、解決したい問題、最後に忘れずチェックしたい事項……家作りにまつわるあらゆる情報が、様々な媒体、粒度、タイミングで集まってきます。私は整理整頓が苦手で、それでいて不意に思いつく小さなアイデアだって逃したくありません。どうしたものかと考え、ルールを決めることに。

まずはフォーマット。写真はデジタルのものも印刷し、雑誌やカタログは参考になりそうなところだけ切り抜いて集めます。見聞きしたことやアイデアなどは付箋にメモ。デジタルに保存したものなども付箋に書き写します。全てアナログの、ある程度かたちの揃った状態で集めることで扱いやすくなりました。

今度はこれをスクラップ帖に大まかに分類して貼り付け。こうすると集めた情報を紛失しません。メモや写真ははがして貼りなおせば、新しい切り口での再構成も簡単にできます。家作りが進むにつれて、図面に反映したり、不要になった情報は処分して整理していきました。

この方法がいいのかは分かりませんが、集めた情報を活かしきれないまま家が建ってしまうのはなんとも残念です。収拾がつかなくなる前に、ルールが定まると楽になると思います。

5章

図面で暮らしてみる

図面の中で暮らしてみる

新居に入居してすぐ、ここはこうすれば良かったというところに気づくのはちょっと残念。それで、間取りができたら具体的に図面の上で、暮らしの色々なことをしてみました。朝起きたらここを通って……とシミュレーションしていくと、スイッチがここだと面倒だな、ここが散らかりそうだななどと気づきがあります。2章で分析した理想の暮らしができそうか、3章で気づいた現状の問題は解決できそうか、ひとつひとつ考えながら間取りをアップデートしていきました。

想像の中で一度暮らして、よりよく直してから建てる！　という気持ちで。この作業はこの家で暮らす人だけにできる作業。設計士さんにはできません。これから長く暮らす家、今なら変更がきくのだからと、何度も見直しました。

まだ見ぬ家と暮らしを想像するための道具立て

平面で白黒の図面から暮らしを想像するのは難しく感じますが、家具や人やものや設備を書き込むことで具体的に想像できるように。ここでは便利だった道具をご紹介します。

平面図と展開図

天井から見下ろす視点の「平面図」は、動線やものの配置を確認するのに便利でした。部屋の真ん中に立って四方の壁を見た「展開図」は、平面図では分からない垂直方向の位置も確認できるし、その部屋にいるような気分で想像することができます。

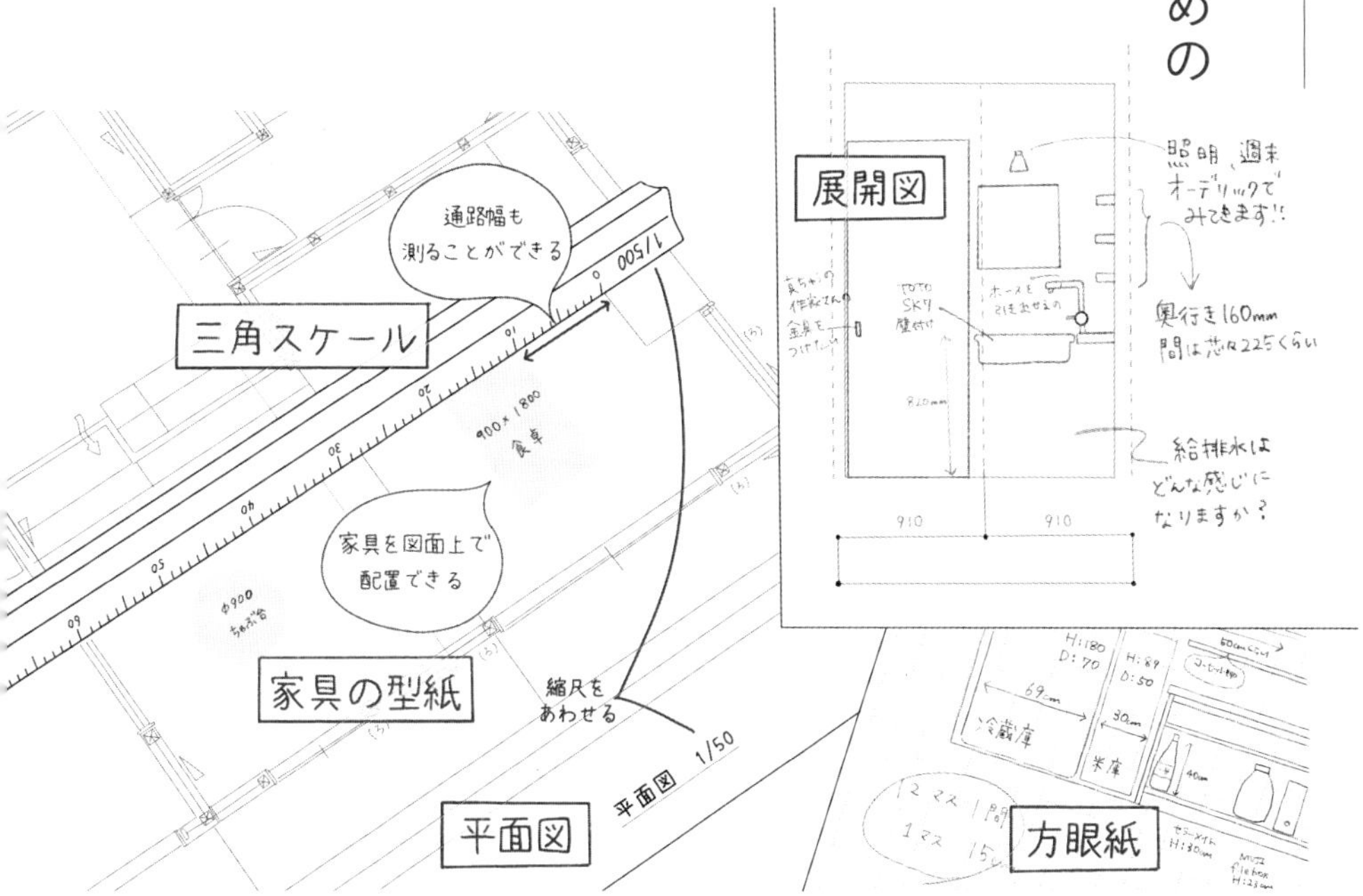

三角スケール

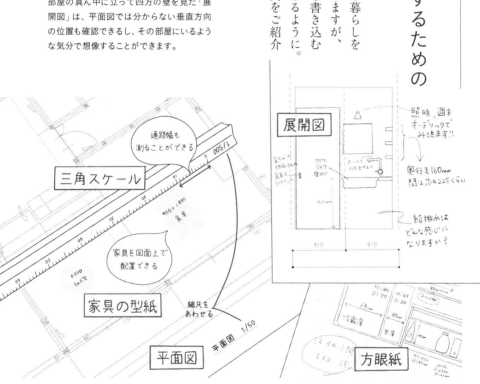

図面と三角スケールの縮尺を合わせると、図面に正確な寸法で書き込んだり、図面上の長さを測ることができてとても便利。検討中の家具や設備を書き込んだり通路幅を測ったりしました。

家具や住人の型紙

家具や住人は、書き込むだけでなく大きさを再現した型紙を作り図面上を動かしました。図面上で模様替えをしたり、移動させるのに通路幅は大丈夫かなど、直感的にわかります。

方眼紙

ざっくりとした図を書くのには、方眼紙が便利でした。定規なしのフリーハンドである程度正確に図を書くことができます。

具体的に想像する方法

図面に暮らしを書き込む

新居にものを置くように図面に設備やものを書き込んでいくと、より具体的に新しい暮らしを想像することができました。絵が適当でも、ある程度サイズを正確に文字で補足しながら書き込んでいくことで、具体的にイメージすることができました。

曖昧なところが見えてくる

例えば、物干し竿一つ図面に書き込むにも、どんなものを？（↓好みの見た目のものを探したい）長さは？（↓今の洗濯量を参考にしよう）高さは？（↓背の低い私でも楽々干せる高さは190cmまで）といったように具体的に考える必要があります。見落とす箇所も減り、今決めるべきことも明確になります。

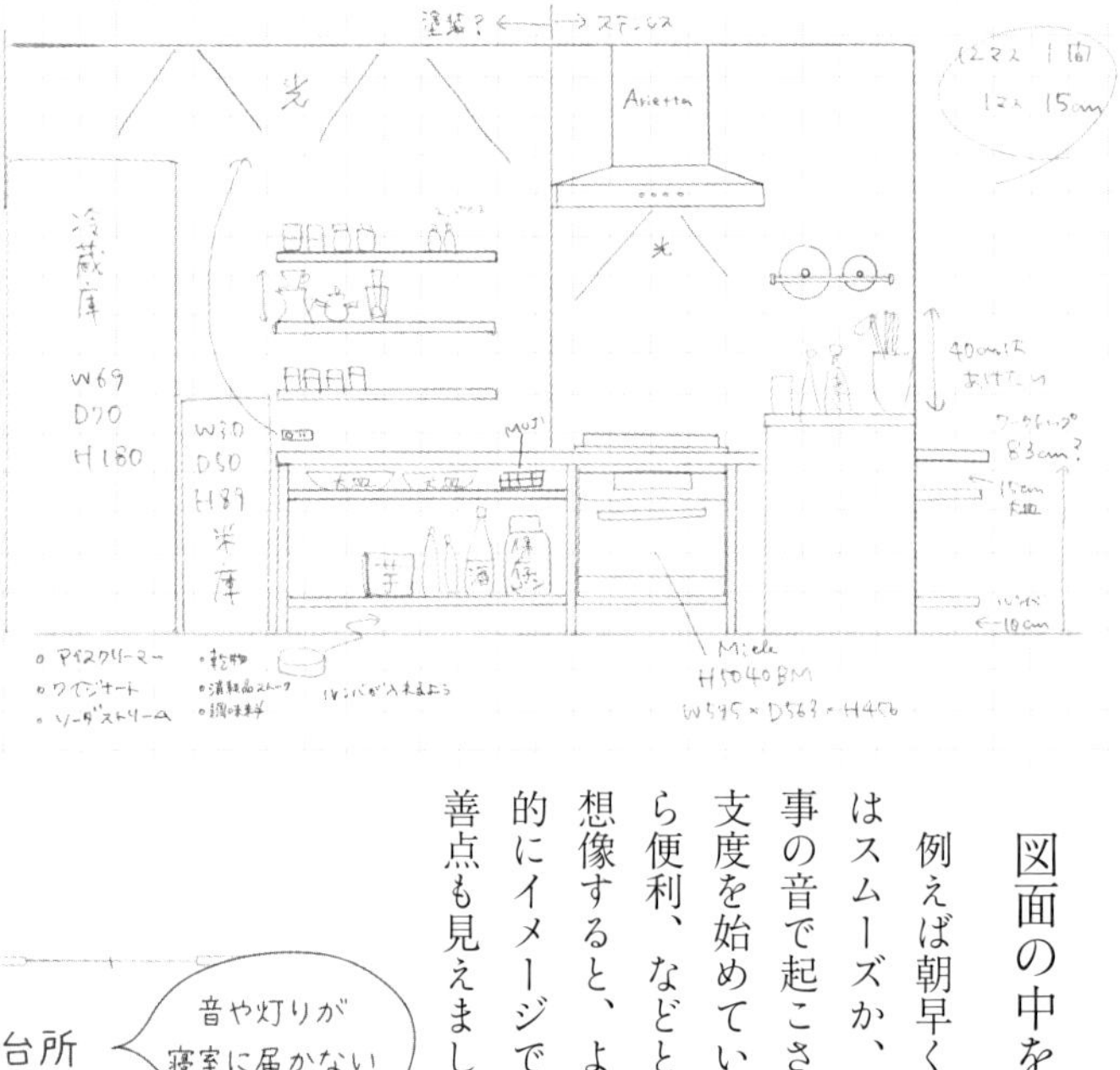

塗装？ ←→ ステンレス
光
Arietta
冷蔵庫
W69
D70
H180
W30
D50
H89
米庫
Miele
H5040BM

図面の中を動く

例えば朝早く起きて、身支度の動線はスムーズか、寝ている家族を台所仕事の音で起こさないか、夫が起きて身支度を始めているかが台所から見えたら便利、などと図面の中を動きながら想像すると、より具体的にイメージでき、改善点も見えました。

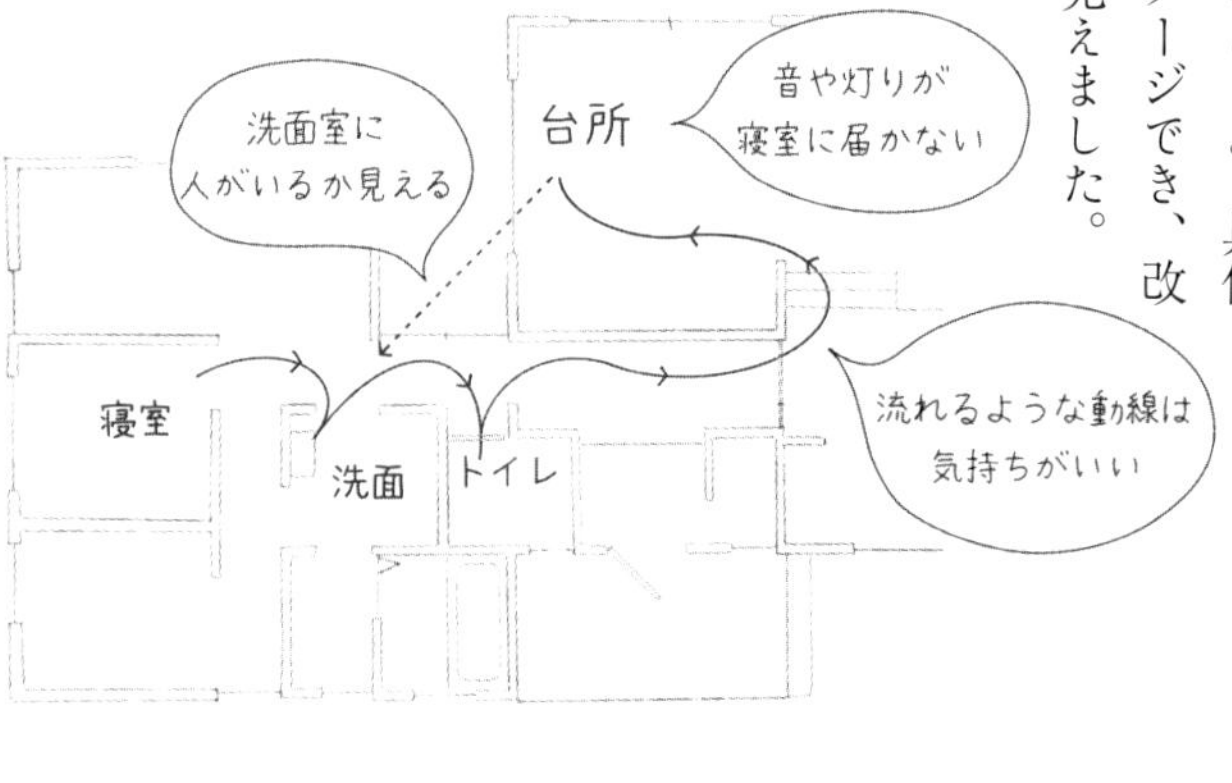

洗面室に人がいるか見える
台所
音や灯りが寝室に届かない
寝室
洗面
トイレ
流れるような動線は気持ちがいい

部屋に再現する

広さや寸法を具体的に想像するために、マスキングテープで壁に線を引いたり、手持ちの家具を移動してみたり。気になるところは、旧居の部屋に新居の部屋をできるだけリアルに再現して、実感を持って考えられるようにしました。

壁や床にマスキングテープを貼って、広さや窓の位置を再現して確かめる。

なんとかハンドルに
手が届きそうだ

これくらいあれば
ギリギリ大丈夫そう
狭い？

退いてもらわずにすむ通路幅を、手持ちのテーブルを棚に寄せて測ってみる。

このくらいが
ゆったりしてていい

階段の高さなどの寸法に迷ったら、箱や本を積んで、よりリアルに想像する。

ショールームで想像する

ショールームではただ眺めるだけでなく、重い鍋をコンロに置いてみたりシンクの中で器を洗ってみたり。メジャー片手にいろいろな設備で夫と家事をするフリを試してみると、使いやすい寸法を実感をもって決めることができました。特にＩＫＥＡは施主支給品の購入も兼ねて何度も足を運びました。

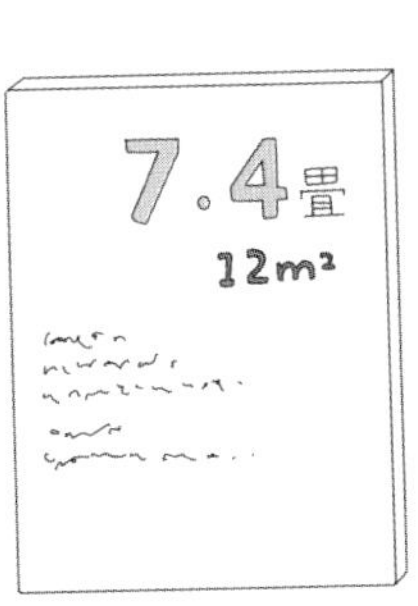
7.4畳
12m^2

IKEAは小物がたくさんあるし、部屋の広さも書かれているのでより具体的に想像できた。

図面で家事してみる

家事から暮らしを整える

新居では家事をさっと終え、
整った部屋で
気持ちよく過ごしたい。
当時はいつも家事に
追われていたから、
家事という暮らしのベースを
整えることは家作りでの
最重要課題でした。

まずは家事の書き出し

まずは家事を一通り書き出して、それらを一つずつ図面上でシミュレーション。3章の分析を参考に、家事が滞る原因となるところはないか、見落としがないように考えました。

家事にも定位置を

どの家事も、する場所を曖昧にせず「家事の定位置」をイメージしました。そうすることで作業のスペースや、使う「ものの定位置」もいい場所に確保できるから、家事にさっと取り掛かれ、片付けも簡単です。

家事のリスト

料理（買い出し→運んで収納、食材を洗う→切る→煮炊き→盛り付け→配膳、下げる→洗う→台所掃除、器の収納）

洗濯（日々の洗濯、繊細なものの手洗い、靴や泥だらけのもの洗い、つけ置き洗い、布団・カーテンなど大物洗い、アイロンがけ）

掃除（掃除機、埃取り、窓・壁・棚・照明・床掃除、洗面・風呂・トイレ掃除、洗車、外回りの掃除）

片付け、資源分別、ゴミ出し、換気、布団の乾燥

書類仕事、家計簿、設備の手入れ、水やり……

家事動線を整理する

洗濯物や布団を持って干し場まで大移動するのは本当に大変。こういう問題は一度図面に家事動線を書き込めば洗い出すことができます。設計段階であれば、部屋や設備や収納を移動することで解決できます。

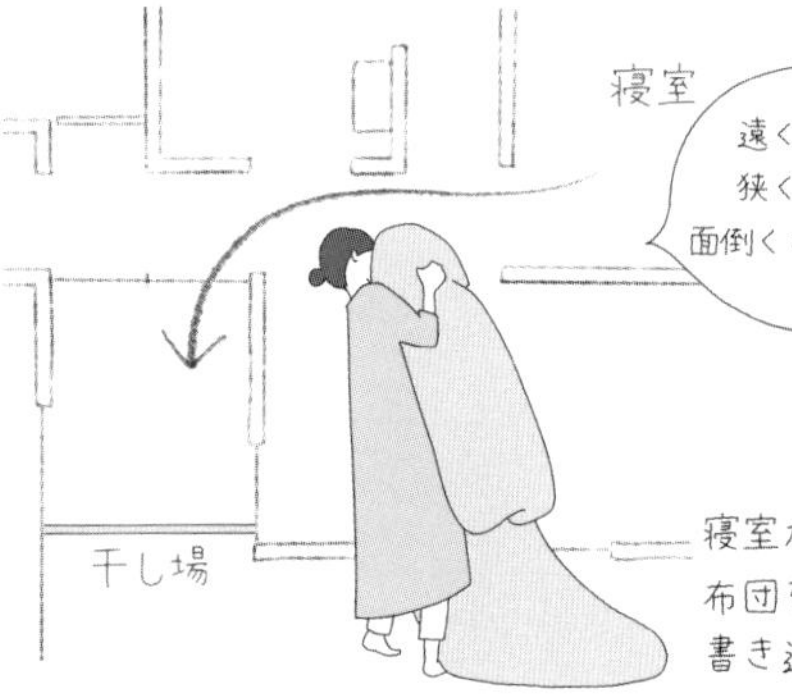
寝室
遠くない？
狭くない？
面倒くさくない？
干し場

寝室から干し場まで布団を運ぶ動線を書き込んでみる

うまくいかない家事を「家」で解決しておく

旧居でもそれなりに家事を頑張っていたけれど、どうしても億劫になったり、後回しになる家事がありました。どうしてなのか、どうやったらうまくいくかを分析し、設計段階で解決できないか考えました。

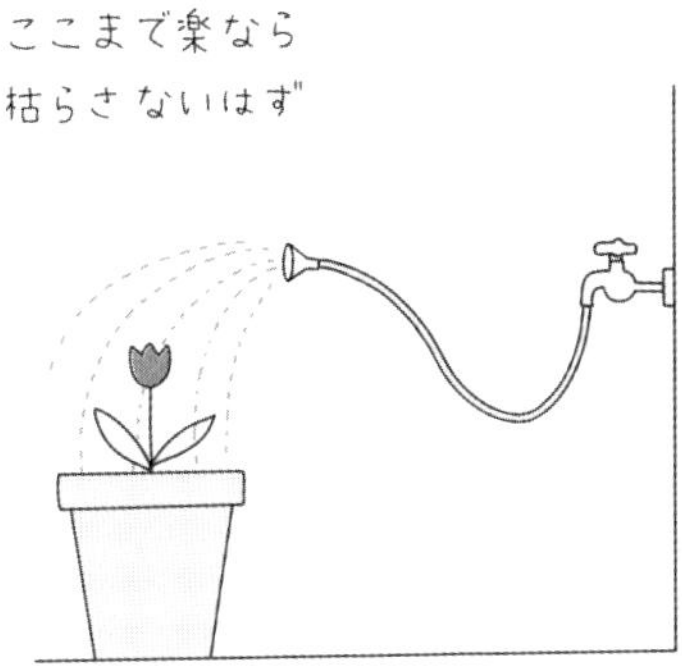
ここまで楽なら
枯らさないはず

この上なく楽にしておく

植物にジョウロで水やりするのが面倒なら、植木の横に蛇口をつけておくくらいしておけばさすがに水をやれるはず。

気持ちよく、の工夫

押し付けあっていた皿洗いも、庭を眺めながら気持ちよくできたら取り合いになるかもしれない。

設備で解決しておく

どうしてもいやなら、洗濯干しは乾燥機、洗いものは食洗機、掃除機はロボットを導入、あるいは電源や配管を考えておく。

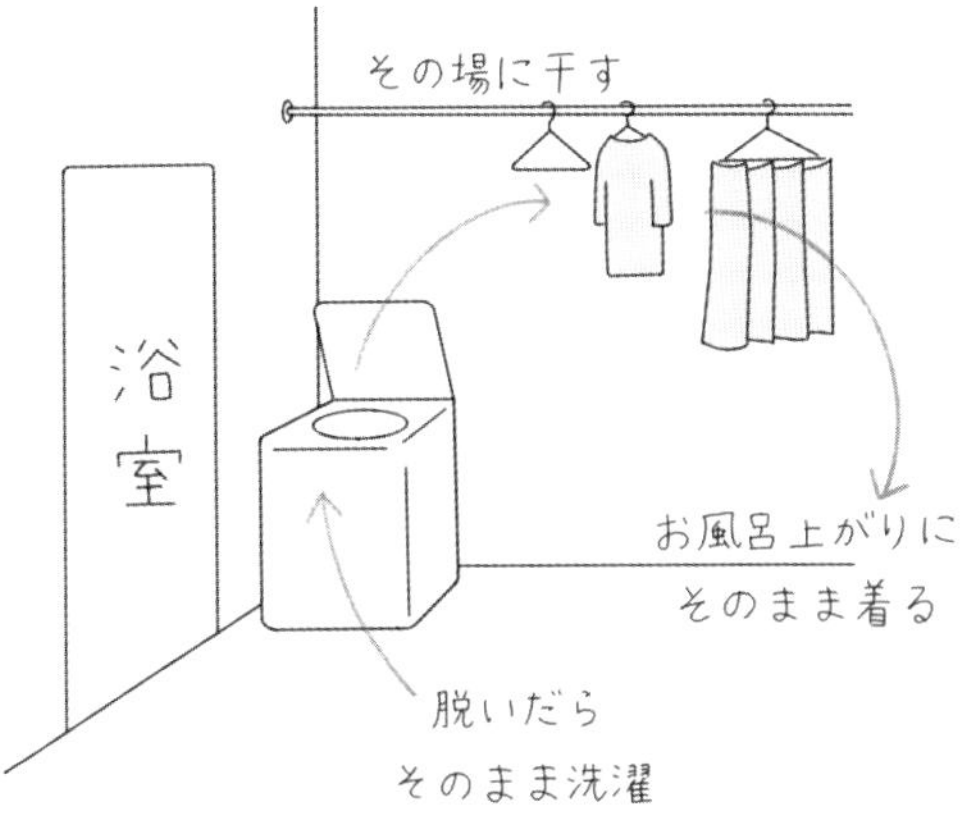
その場に干す
浴室
お風呂上がりに
そのまま着る
脱いだら
そのまま洗濯

やらない、を許容できる間取り

洗濯物を畳みたくないなら畳まない。干したままのものをお風呂上がりに着られるように。部屋干しが邪魔にならず目に触れなければいい。

家族を巻き込む

苦手なアイロンがけは夫担当にしてくれないか打診。場所も道具も夫に決定権を渡して新居に取り入れたら、全部やってくれるように！

新居で家事を頑張らない

新居に行ったら家事を頑張るんだ！と意気込んでいましたが、道具まで揃えた浴室の水切りと拭き上げはほぼ続かず。新居で家事を頑張るよりも、家事を頑張らない計画を頑張ったほうが、ずっとうまくいくと感じました。

図面で掃除してみる

どうやって掃除する?

図面上で想像ですらしたくない掃除を新居で日々できるわけがない。そう思って一通り想像し、掃除を楽にできないか考えました。

洗面台を洗ったあと
隅の泡はどうやって流す?
コップで何度も?
きっとできない!

想像するだに 面倒くさい…
ブラインド?
いっそなしに?!

掃除したくないものはなくす

水垢がつく浴室鏡、大きくて洗いづらい風呂蓋、カビる浴室の棚、チェーン付きのゴム栓。掃除するのを想像して、ない方がいい! と思うものは、なくすメリットとデメリットを整理し、あらかじめなくせないか検討しました。

汚れを発生させない工夫

掃除を楽にするには、汚れが発生しなければいい。ぬめりが発生しそうなところはそもそも濡らさないか、濡れても簡単に拭けるように。埃は布から発生するので、布ものは最低限に。カビがいやなら換気や通風を考える。カビの原因になる結露は、窓の材質で対策しました。

掃除するところを狭く・少なく

掃除の苦手な浴室は狭く、洗面台も小ぶりに、埃の発生源になる寝室は埃が積もる場所を少なく。同じ掃除をするのにも、数が多かったり、面積が広かったりすると大変になるから、汚れやすいところや掃除が苦手なものは、狭く・少なくできないか検討しました。

自分たちが掃除しやすいものを選んでおく

旧居での掃除を振り返ると、素材や形によっては掃除が嫌ではなかったりむしろ楽しいと感じたりするところもあることが分かりました。そうであれば新居は徹底的に、自分たちが掃除しやすいと感じる素材や形、色のものを選びたいと思いました。

掃除しやすい素材

経験上、水垢はプラスチックよりクロムメッキの方が落としやすい。プラスチックは静電気で埃もつきやすく、擦ると傷もついてしまうから掃除しにくく感じる。

掃除しやすい形

デコボコしたり継ぎ目があるところは汚れがたまりやすく掃除しづらいけど、平らだと拭き掃除もさっと一拭き、擦るときも力が入りやすく楽で、汚れ落としも楽しい。

掃除が楽な設備

設備は機能や見た目でなく掃除のしやすさを第一に。自分にとってネックになるポイント（パーツが大きすぎると洗いづらいなど）をクリアしているかで選びました。取扱説明書を見れば掃除の仕方を知ることができます。

未知のものは慎重に

台所に木のワークトップ、水回りの床に無垢材。どんなふうに汚れるのか未経験の素材と場所の組み合わせには用心して、調べたりプロに相談したりしました。素敵だけど汚れが気になって使えないというのでは本末転倒。

賃貸・実家で掃除修行

古くても手入れしやすい設備、蓄積すると落としにくい汚れ、材質と劣化の関連。賃貸や実家を掃除した経験からはたくさんの発見がありました。実家では掃除の頻度や仕方など、そこに至る経緯も聞けて参考になるし、何よりよろこばれます！

気になる汚れだけ目立つ色

サッシは白いと汚れが目立つので清潔に保ちたいなら白、知らぬが仏ならば黒っぽい色が気にならない。すぐに気づいて掃除したい汚れは目立ち、あまり気にならない汚れは目立たないような色や模様を選ぶとストレスなく暮らせそう。

		浴室の汚れ	
		カビ	水垢
浴室の色	黒っぽい	目立たない	目立つ
	白っぽい	目立つ	目立たない

こっちに！

		床のゴミ	
		髪の毛	ホコリ
床の色	暗い	目立たない	目立つ
	明るい	目立つ	目立たない

こっちに！

図面で収納してみる

全て収納するつもりで！

せっかく収納を
一から計画できるのだから、
私たちにとって
最適な位置に収納を作り、
楽に片付く家にしたい！
新居に持っていくもの、
新たに購入するものについて、
図面上でできるだけ
全てを収納してみました。

使うところに定位置を

基本はこれに尽きると思います。使うところに使うものがあればすぐに作業に取りかかれ、ものを持ち出さなければ片付けるのも簡単になるので散らかりにくくなります。

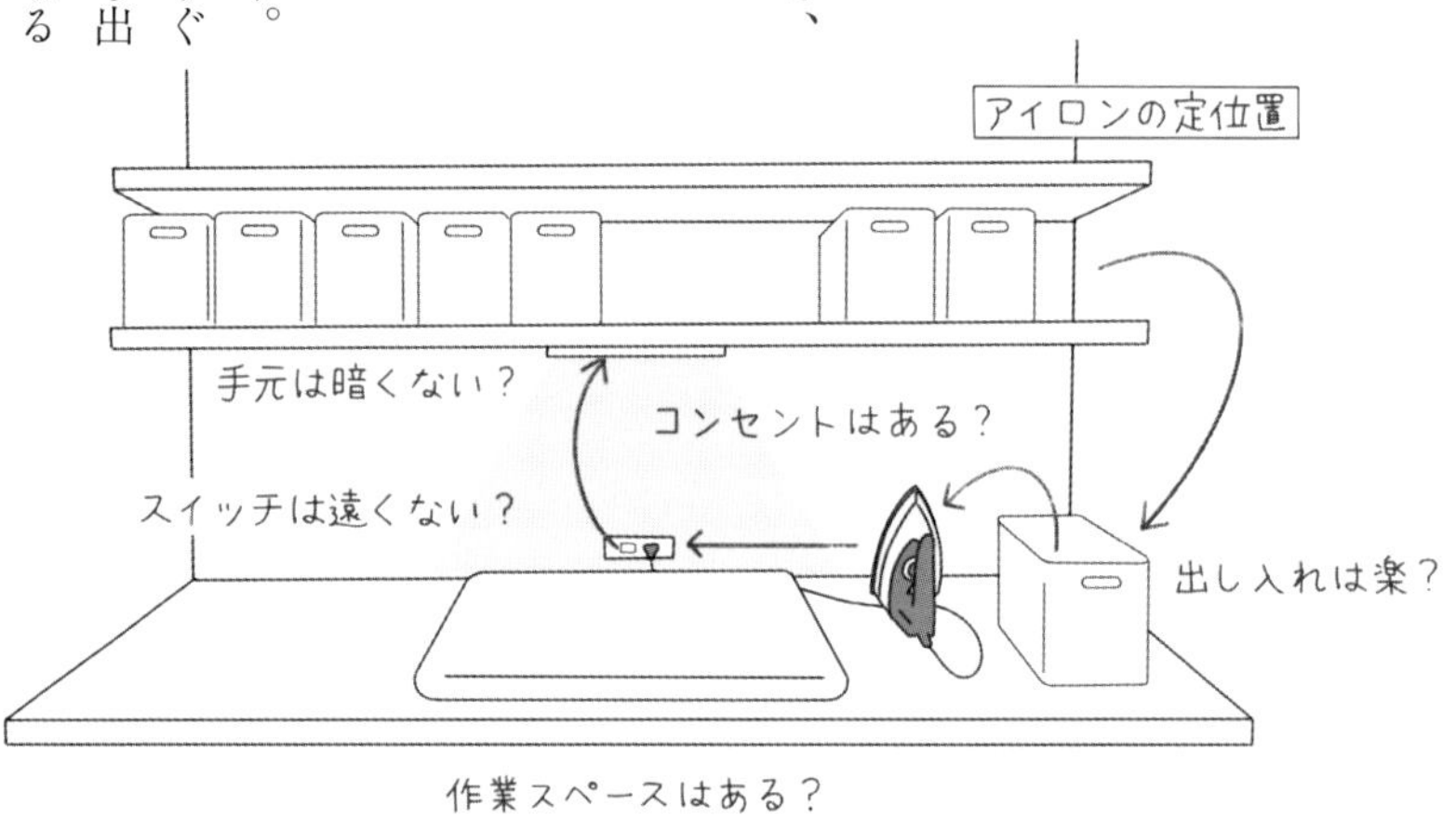

アイロンの定位置
手元は暗くない？
コンセントはある？
スイッチは遠くない？
出し入れは楽？
作業スペースはある？

アイロンがけの定位置

本当にそこで使えるか

使うところにものの定位置を決めたのに、コンセントがなかったり手元が暗くて使いづらかったり。そんな理由で持ち出して散らかしっぱなしになるのが目に見えたので、電源など作業環境も確認しました。

大まかで良いから一通り

全てのものを図面に絵で描くのは難しいので、文字で箇条書きし、そこに何をしまうかを文字で箇条書きし、その量や大きさのものがそこに収まりそうかを一通り確認しました。

旧居の散らかりを分析して個別に対応を考える

3章で書き出した「もう一度着るつもりの一度着た服」、「置きっ放しのＤＭ」「泥つき野菜」、「収まりきらない資源ゴミ」……これらは新居を乱す可能性大。理由にじっくり向き合って解決策を考えました。

旧居で収納されなかった
理由を思い出す
コンセントがない！
また着る！
重い

最適な収納を考える

全てに対して万能な収納法や一等地はなく、材質や使う頻度、住まう人によってもどんな収納方法がいいかは変わってくると思います。「しまっておいた礼服がカビてしまった……」など旧居での苦い経験を参考に、最適な収納を考えました。

	オープン収納	クローズ収納
見え方	ひと目で見える	すっきり見える
取り方	ワンアクション	ツーアクション
埃	かぶる	かぶらない
日当たり	日に焼ける	日が当たらない
風通し	風が通る	こもる
地震のとき	ものが落ちやすい	ものが落ちにくい

オープンか、クローズか

この二つはどちらも一長一短。それぞれの特徴と収納するものの性格を考えて、どちらにするか決めていきました。

ものの動きも考える

ものは、家に入ってきて最終的には出て行きます。家にある間の置き場所だけでなく、いつどこから入ってきて出て行くのか、ものの動きも考えると、片付きやすいと思います。

ものの性質にあった環境に

収納を考える上で、ものを状態良く管理できるかどうかは重要な視点。紫外線で劣化する本は日陰に、服は風通しよく。ものの重さや、ついている汚れ、熱や蒸気を出すなどの性質も考慮しました。

使う頻度と収納

使用頻度の高いものはオープン収納でも埃をかぶりづらい。使用頻度の低いものは、出し入れのしやすさよりも、状態良く保管できることを優先するなど、収納するものの使用頻度が、収納方法の性格と合致しているかも考えました。

理想量ではなく必要量を

少ないもので暮らせたら管理が楽になると思いつつ、理想をもって新居の収納を減らすのは危険。そう考えて必要量の収納を考えました。新居で暮らしながら物を減らせば、収納に余白が生まれ、すっきりと使いやすくなるはずです。

寸法を詰める

問題解決する寸法

標準とされる寸法は多くの人にとって使いやすい寸法、あるいは効率よく製造できる寸法。ちょうどいい寸法というのは住まう人によって違うものだから、私たちの旧居での問題を解決し、より暮らしやすくなる寸法を検討しました。

手は届くか

頻繁に拭き掃除したいところは踏み台なしで手が届くように。よく使うものの定位置は手が届くところにすれば、さっと片付けることができます。掃除や、出し入れの頻度が高いものは手の届く高さか確認しました。

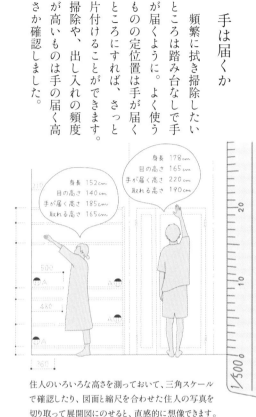

身長 178cm
目の高さ 165cm
手が届く高さ 220cm
取れる高さ 190cm
身長 152cm
目の高さ 140cm
手が届く高さ 185cm
取れる高さ 165cm
500
480
360
1/500

住人のいろいろな高さを測っておいて、三角スケールで確認したり、図面と縮尺を合わせた住人の写真を切り取って展開図にのせると、直感的に想像できます。

メンテナンスのしやすさ

年に一度、十年に一度の掃除・交換であっても、脚立（きゃたつ）で対応できる高さかどうかは重要。高いところの窓も自分で拭き掃除したいし、シーリングファンなどの故障や交換などの際に足場が必要になるかどうかは費用を大きく左右するから、広々感とメンテナンスのしやすさのバランスがちょうどいい寸法を検討しました。

目は届くか

頻繁に使うもの、掃除したいものは目に触れる高さに。逆に目が届かない高さは使い勝手が悪そうにも思えますが、使用頻度の低いものは使わないときに目に入らない高さだと目にうるさくなくてすっきりします。

使いやすい高さ

台所のワークトップや洗面台、作業用のカウンターなどは、台の高さと使う人の身長によって使い勝手が違ってきます。首や腰が痛くなる、力が入らないといった問題は高さで解決できました。

汚れにくい高さ

水に濡れると水垢やぬめりやカビが出るから、浴室の棚を水に濡れない高さに。洗顔時に肘から滴る水が床を汚すから洗面台の高さを工夫する。寸法の工夫で汚れを防ぐことができないか検討しました。

掃除が楽な寸法

大きな換気扇の整流板はシンクに入る寸法にしておけば楽に丸洗いできるし、手洗いが面倒な台所道具も食洗機に入る大きさと素材ならこまめに洗えます。掃除機をかけるのが面倒なベッド下は掃除機ロボットが入れるように。

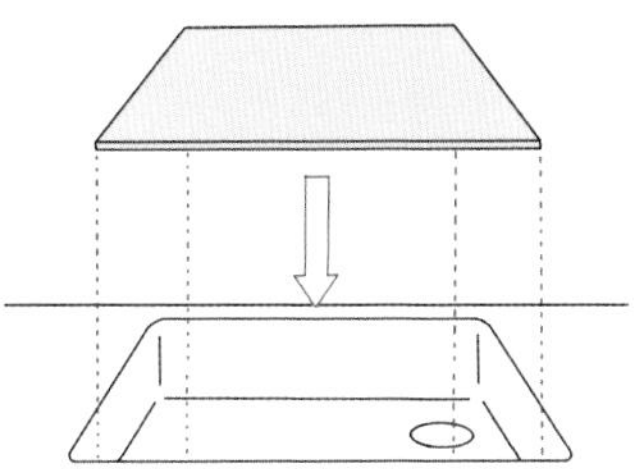
大きなパーツも
シンクにすっぽり収まれば
丸洗い・つけ置きできる！

大物は事前に採寸

新居に置くもの、特に旧居で置き場に困ったアウトドアグッズなどの大物は忘れずに採寸し、気持ちよく収まるように計画しました。除湿機などの重い家電も使わない時にしまっておけると、通路を塞(ふさ)がず、すっきりします。

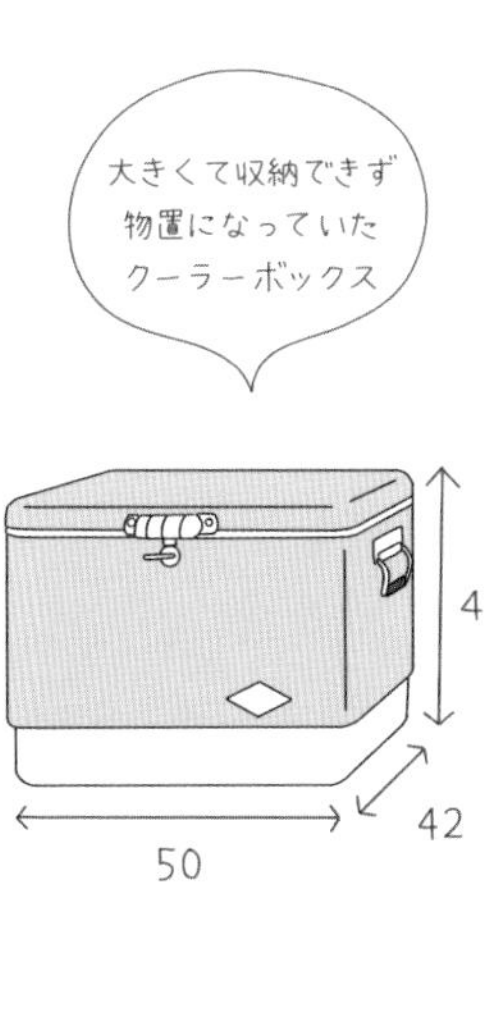
大きくて収納できず
物置になっていた
クーラーボックス
41
42
50

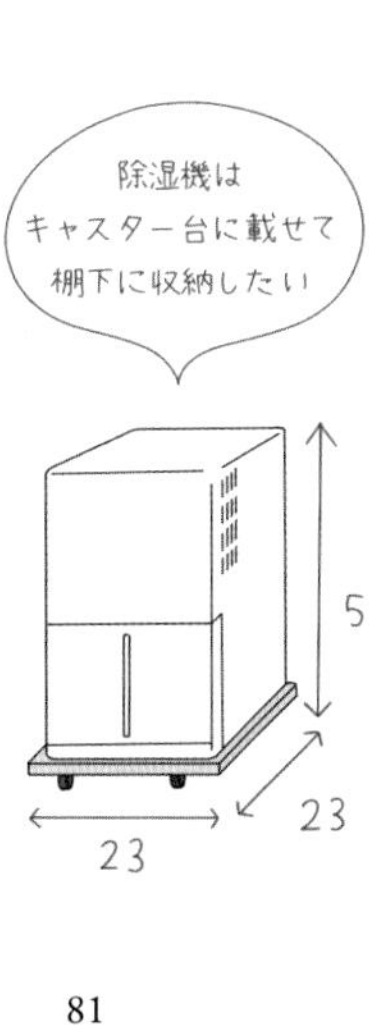
除湿機は
キャスター台に載せて
棚下に収納したい
50
23
23

どこによくいるか

図面上で過ごして想像する

家で過ごす時間によくいる場所はだいたい決まっています。
どこからでも眺めのいい窓とか、
全ての部屋の建材のランクを上げるのは難しくても、
よくいる場所からの眺めをよくしたり床材をいいものにしてみたり、
その場所の居心地を
とびきりよくしたいと思いました。

誰がいつどこによくいるか

一つの居心地のいい場所を家族で取りあうのもいやだし、居心地よく感じる場所はそれぞれ違うかもしれない。時間帯や場面を具体的に想像し、それぞれの好みも反映して、心地よく過ごせるように考えました。

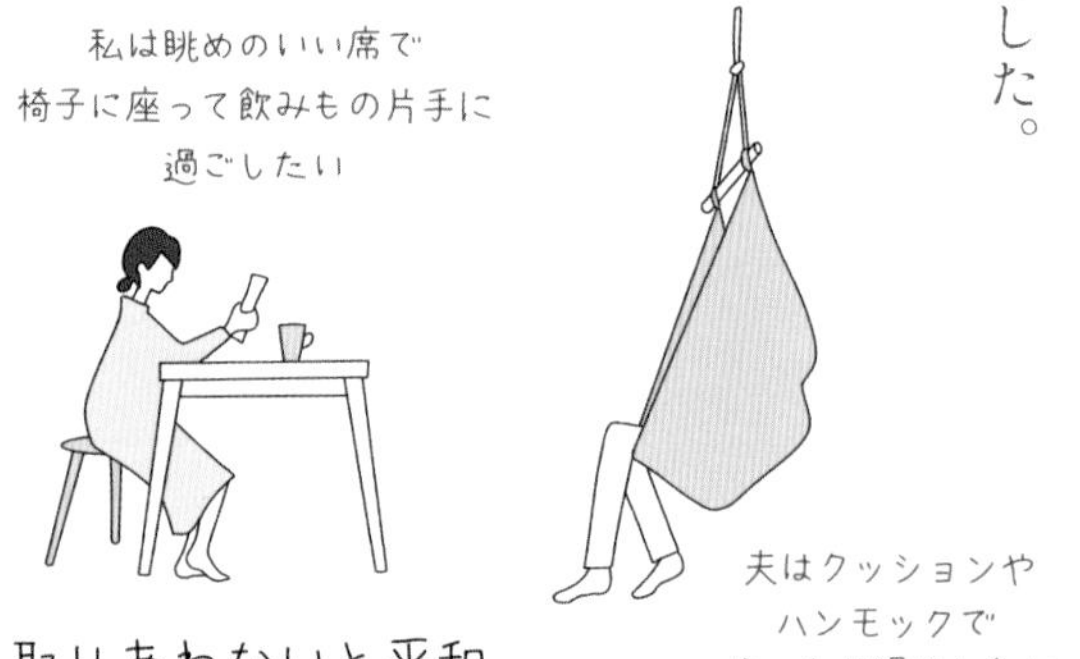
私は眺めのいい席で
椅子に座って飲みもの片手に
過ごしたい
夫はクッションや
ハンモックで
ゆったり過ごしたい
取りあわないと平和

視線が抜けるように

視線が抜けると広々と感じて気持ちがいいので、よくいる場所からの視線の抜けがよくなるように考えました。

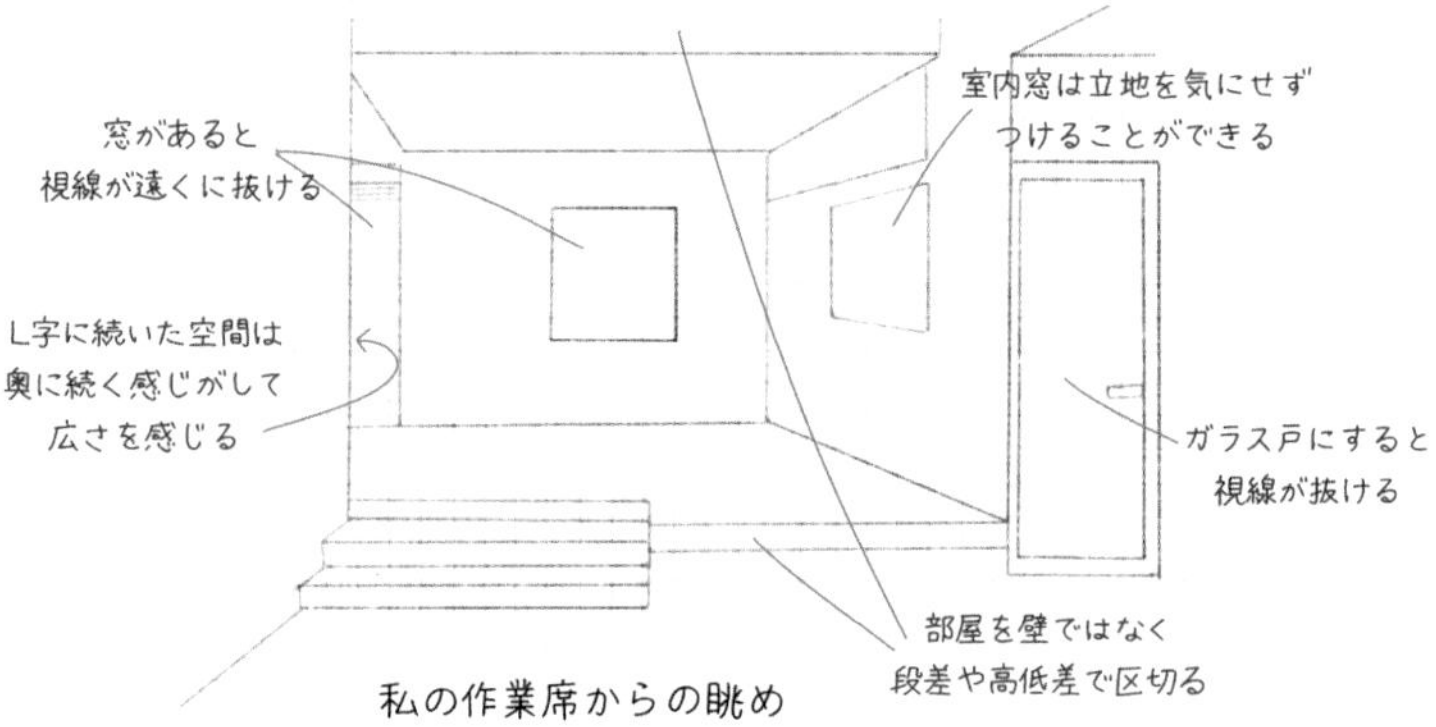
窓があると
視線が遠くに抜ける
L字に続いた空間は
奥に続く感じがして
広さを感じる
室内窓は立地を気にせず
つけることができる
ガラス戸にすると
視線が抜ける
部屋を壁ではなく
段差や高低差で区切る
私の作業席からの眺め

何が見えるか考える

図面に線を引くと、そこから何が見えるか・見えないか、見当をつけることができます。窓や壁をちょっとずらしたら、見たいものが見えたり、見たくないものを隠したりできるかもしれません。

暮らしはじめれば部屋が散らかっていることも、先にお風呂を出た子どもが脱衣室の戸を全開で出て行ってしまうこともあるかもしれません。どこから・誰から、何が見えたら困るのかも具体的に想像して、解決策を間取りに反映しました。

見たいもの

・窓が切り取る気持ちのいい景色
・お気に入りの照明器具や家具
・早朝の作業室から、子どもの眠る姿
・台所から、家族が起きて身支度しているか

見えない方がいいもの

・ぐちゃぐちゃした家電の配線
・デザインが選べない窓のハンドルや換気口
・出しっぱなしの方が便利な未処理の書類
・仕事中に気が散る、やり残した台所仕事

見せたくないもの

・玄関を訪ねた人から家の中
・来客から部屋干しスペース
・服の部屋や脱衣室での着替え

この図は平面図ですが、断面図に目線を引けば垂直方向に見えるものも見当をつけられます。その場合は身長によっても見えるものが違います。

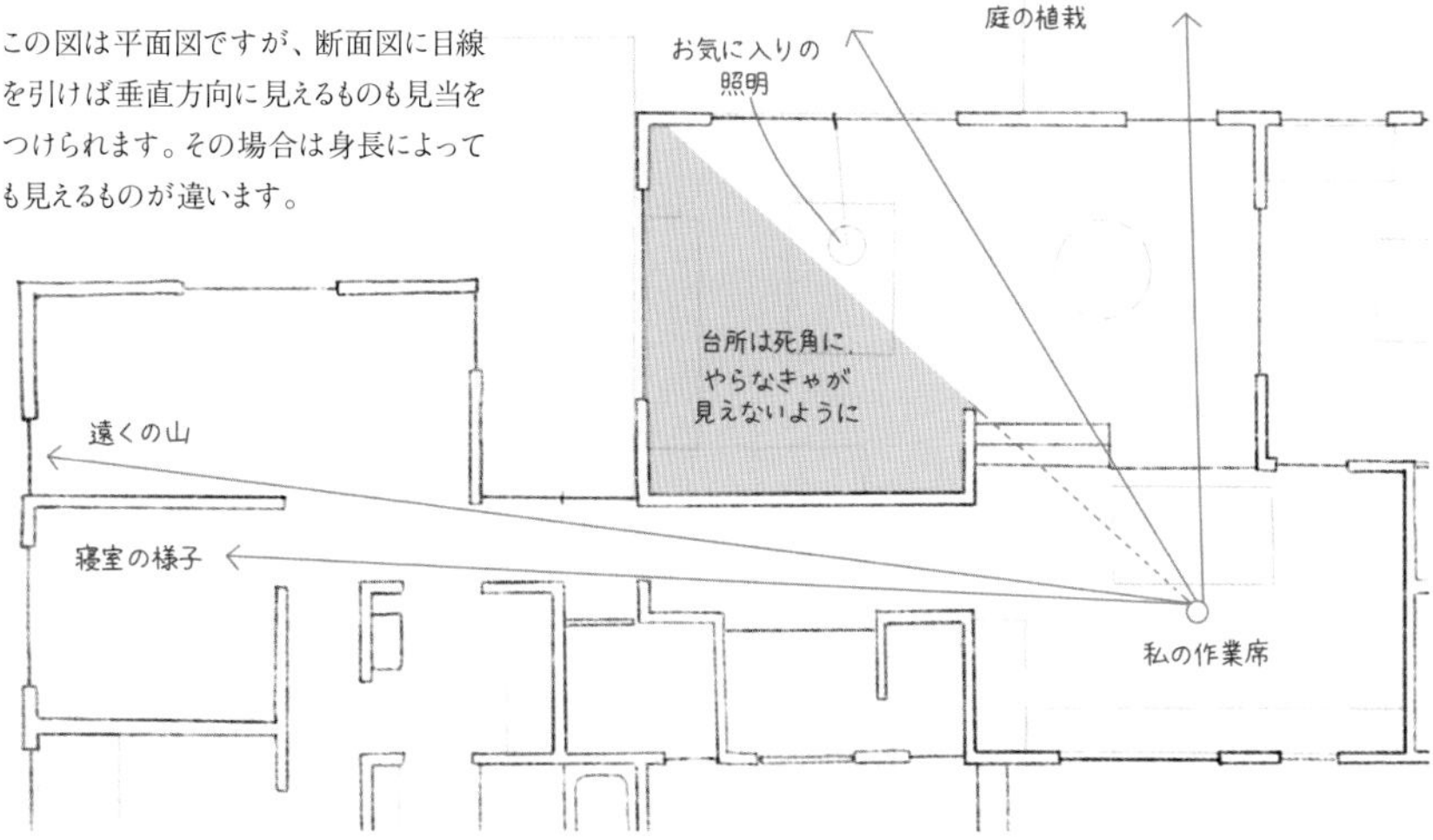
庭の植栽
お気に入りの照明
台所は死角に、やらなきゃが見えないように
遠くの山
寝室の様子
私の作業席

部屋の雰囲気を決めるもの

冷静に好みを見極める

白黒の図面から
色と質感のある
新居の雰囲気を
想像するのは
とても難しいけれど、
心地よさを決める
重要な要素なので
じっくり検討しました。

イメージを固める

2章で集めた写真からこれだと思う雰囲気の写真を集め、イメージを固めました。服と一緒でテイストや色数を絞ると失敗しないのではと考え「すっきりとして気持ちのいい家」を目指して色味は白と木に絞りました。

色合わせも重要

それぞれは素敵でも、組み合わせるとなんだか変となるのは残念だから、サンプルを並べ、色や素材のコーディネートを確かめました。

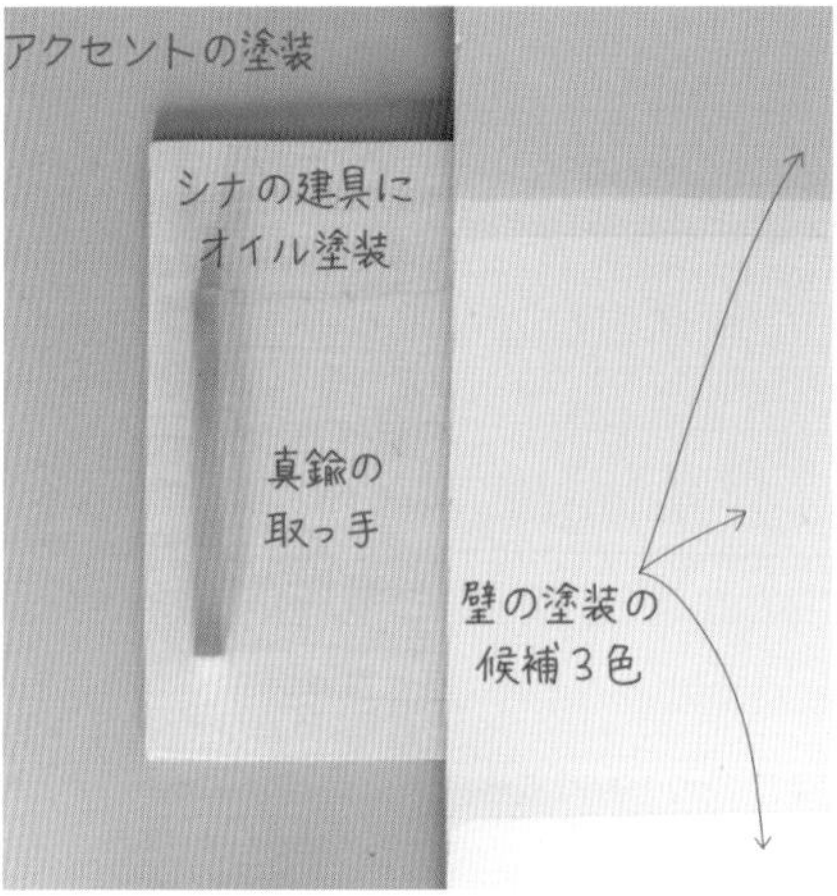

アクセントの塗装
シナの建具に
オイル塗装
真鍮の
取っ手
壁の塗装の
候補3色

実物を見て決める

雰囲気や質感は印刷のカタログではわからないので、建材は出来るだけサンプルを出してもらったり、壁の色は小さなサンプルではよくわからなかったので施工してある店舗などを教えてもらい、見に行きました。

木材は塗装の種類によっても雰囲気が変わるので、先に決定していた床材を塗料メーカーに郵送し、候補の塗料をいくつか塗って返送してもらい比較しました。

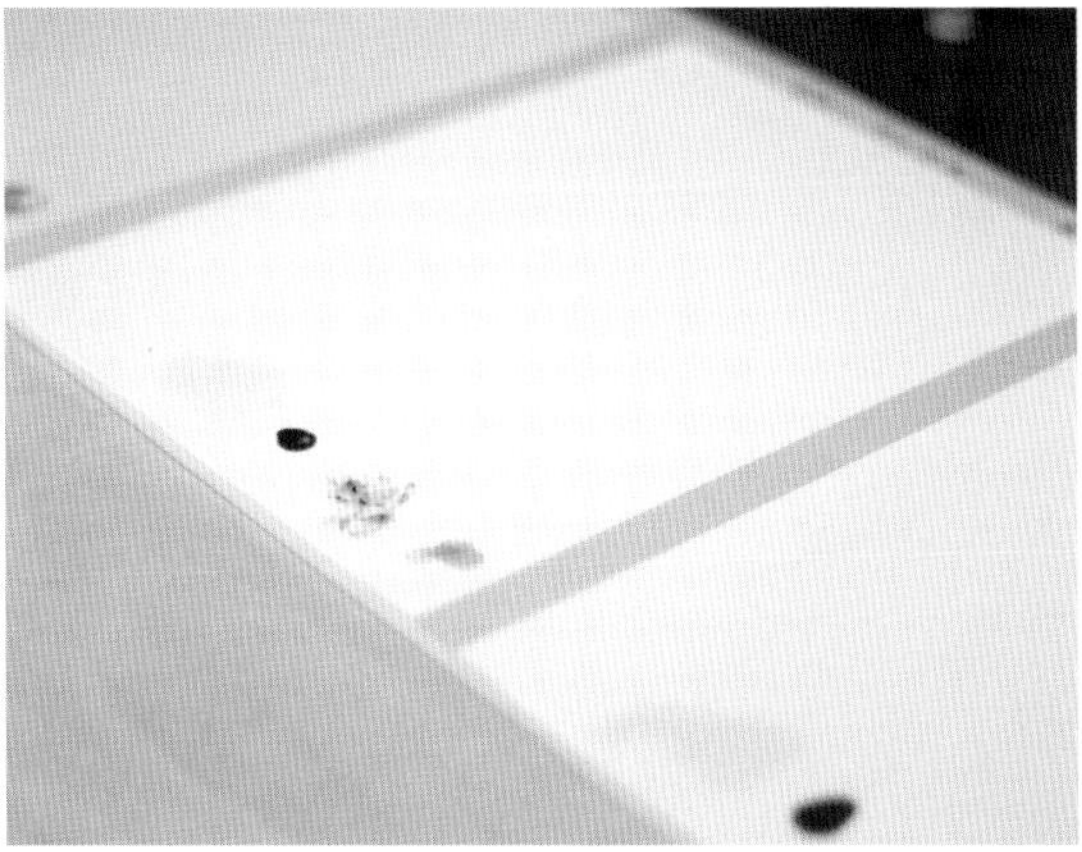

暮らしに添う素材か

暮らしの中では汚したり傷をつけたりすることもあるだろうから、床材や塗装のサンプルを実際に汚したり傷つけたりして、拭き取ったり削ったりして対処できるか試しました。上の写真は、塗装のサンプルに醤油や油汚れをつけて試しているところです。

ずっと好きでいられるか

流行りの内装の素材感やテイストは流行りの服然り、数年で時代遅れになったり飽きたりするかも……。本当に好きなのか？　それとも目新しくて素敵に見えるだけ？　少なくともローンが終わるまで好きでいられるものを。服であれば小物や差し色で取り入れるように、簡単に交換できるパーツや小物でそのテイストを取り入れるようにしました。

配置で雰囲気を作る

部屋の雰囲気は建材の質感や色合いなどで決まりそうですが、例えばシンプルですっきりした雰囲気にしたいなら窓やパーツなどを整然と配置したり、落ち着いた雰囲気にしたいなら重心を低くすることでも実現できそう。機能を損ねない範囲で配置を工夫しました。

付くものの位置は決めたい

コンセントやスイッチ、照明やハンドルや換気口などは何も言わないと標準の位置に取り付けられますが、高さや位置を少し変えることですっきりと見えたり新鮮に感じたり雰囲気をよくできると思ったので、位置は全て決めさせて欲しいとお願いしておきました。

設備を決める

自分たちで見て聞いて触る

設備は調べるより、ショールームで実物を見て疑問があれば直接質問。触（さわ）れば質感から操作性まですぐに分かります。「掃除が楽」「高い意匠性」とカタログには魅力的な文字が踊りますが、そう感じるかは暮らす人次第。出来るだけ実物を見て実感を持って判断したいと思いました。

シミュレーションしてみる

例えば窓であれば、急に雨が降ってきたら？　夏の夜の戸締りのときは？　と具体的に想像すると、どんなサッシの開き方がいいのか、網戸は内外どちら側がいいのか、実感を持って選ぶことができるので、いろいろな状況を想定して触ってみました。

これ、夏の夜に
戸締りするときに
虫が入ってこない？

掃除をしてみてもらう

どこが汚れますか？　どう掃除したらいいですか？と担当者さんに質問し、出来るだけ実演してもらいました。ショールームで一度外すのすら面倒なパーツは私は掃除できないだろうなと思ったので、どこまで外せるのか、丸洗いやつけ置きできる素材かどうかも確認しました。

経年劣化が見える

たくさんの人が触るショールームの設備は家庭の何倍もの早さで劣化するはず。可動部分のぐらつき、表面の塗装の傷や剥（は）がれも、カタログとは違ってリアルに観察することができました。必要になるメンテナンスや交換・修理の際はどうなるのかなども質問しました。

全部、聞いてみる

ネガティブな情報は事前にネットで調べておき、聞きにくいことも聞いてみました。口コミが勘違いであることもあるから、ネットの情報を鵜呑みにせず直接聞いて自分で判断するようにしました。

明細に書いてある項目は一通り目を通し、分からない項目は質問してみると、思いがけないものを外せたり、それによって減額になることもありました。

3章の現状分析で出てきた困りごともプロに相談すると、仕様変更での解決を提案してもらえることがありました。

ショールームへ行けない場合は仕様書や説明書をwebから入手し、疑問点はメーカーにメールで確認して、納得して決定するようにしました。

浴室・トイレ

掃除が苦手だった浴室やトイレはショールームで片っ端から悩みを相談し、解決策を一緒に考えてもらったのがとてもよかった。

サッシ・網戸

サッシの開閉方法やハンドルの形状、施錠の仕方、網戸の種類は、使ったことのないものがたくさんあったので、実際に触って自分たちの暮らしに馴染むか検討した。

照明

図面から想像するのが一番難しかったのは照明の明るさ。明るさの好みや、どの部屋でどの時間にどう過ごすのかをショールームで伝え、明るさを体験させてもらいながら、私たちにちょうどいい明るさを提案してもらえた。

最後の大詰め

最終チェックは自分で

自分たちは素人だから……と遠慮せず、思い入れのあるところは特に、自分で図面から見積もりの明細まで目を通しました。

図面に情報をまとめる

自分の中での最終チェックと業者さんとの確認のために、図面をたくさんコピーして、下地、コンセント、設備、窓、照明とスイッチ……、それぞれの取り付け位置や品番や仕様などを書き込みまとめました。位置確認は平面図と展開図の両方ですると間違いがありません。

スイッチ

スイッチの操作のために戻ったりする煩わしさを減らしたくて、どんなタイミングで操作するスイッチなのか一つ一つ確認しました。一つの照明を数カ所から操作できるようにしておいたり、センサーライトを採用したり、暮らしを思い描き、当たり前にとらわれない位置決めを心がけました。

コンセント

コンセントの計画が不十分だと、不便だし、コンセントのあるところにものが集まり片付かない原因にも。それからタコ足配線になったりコードが大きく空間を横切ったりすると見栄えが悪いだけでなく危険です。具体的に電源を使うものを想定して位置や個数の最終確認をしました。

図面を読み込む

家が建ってみて「想像と違う！」となるようなことも、大抵は図面に明記してあるはずです。できるだけ図面にあることは目を通し、不明なところは設計士さんに質問しました。

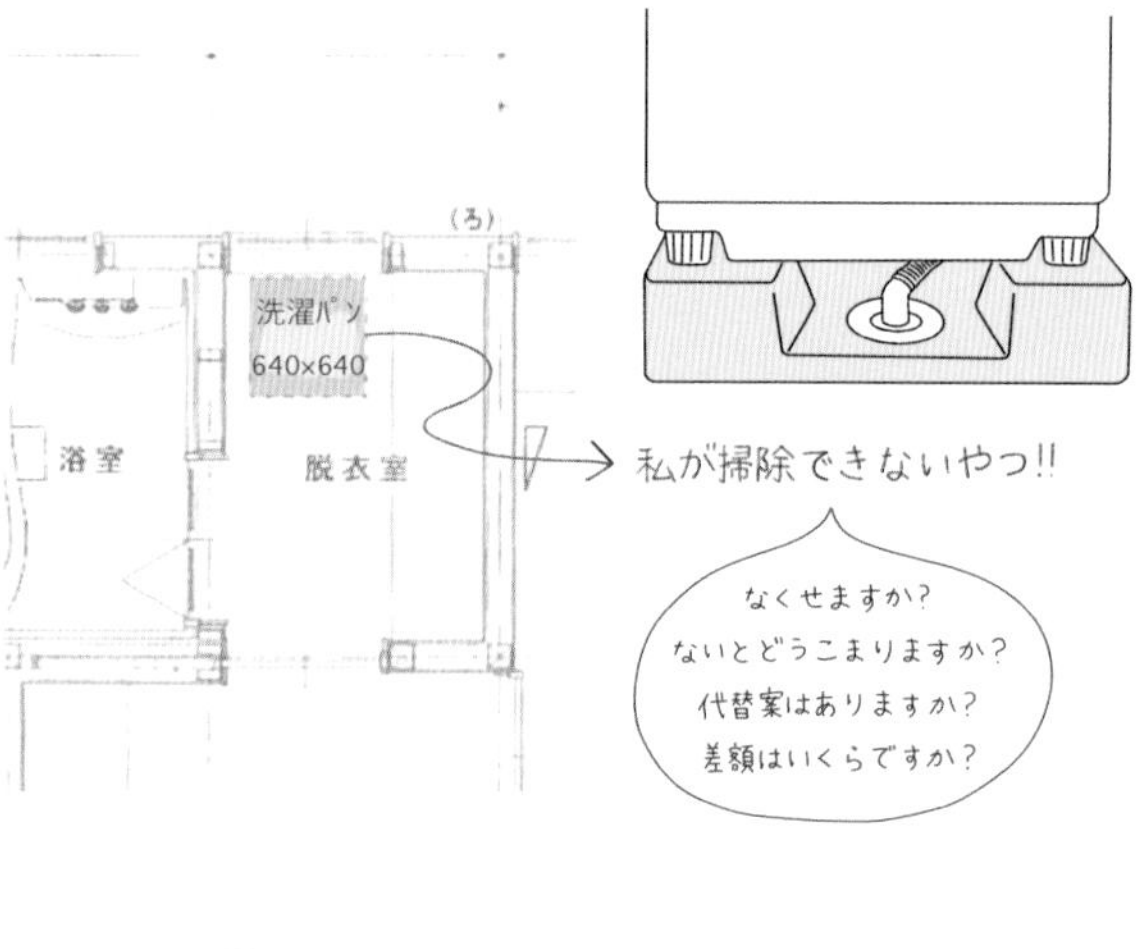

(ろ)
洗濯パン
640×640
浴室
脱衣室
私が掃除できないやつ!!
なくせますか?
ないとどうこまりますか?
代替案はありますか?
差額はいくらですか?

諦めるでもなく納得して収束させる

今、考えるべきものは？

考えること・決めることが多すぎて、よく分からなくなってくる後半戦。時間もお金も限りがあるから、「本当に必要か」と「後付けできるか」という軸で整理し、優先すべきものをしっかりと決めたいと思いました。

必要か、憧れか

「薪ストーブ」は憧れの設備だったけど「早起きする」という理想も。早起きしてストーブをつけられる？ 寒い朝、誰がそれをするの？（ケンカの予感…）それで起床前にタイマーで部屋を温められる「床暖房」の方が必要という結論に。

制約はアイデアになる

思い通りにならないことや諦めなくてはならないことが出てきたとき、とても残念だけど引きずっている時間は本当にもったいない。マイナスに感じられる制約からアイデアにつながるかもしれないと気持ちを切り替えました。

後回しにできるもの

後からでも取り付けられるものは、採寸してスペースを確保しておいたり、下地や配線・配管だけしておいて後回しに。新築時でないと施工できない、先に決めなくてはならないものに集中しました。

楽しみはとっておく

引き渡しの時に家具も照明も家電も全て揃えたいという気持ちもあったけど、焦ってあれこれ決めてしまうと後悔しそう。それに家の計画中は金銭感覚も麻痺しています。暮らしながら貯金しながら、少しずつ整えていくのも楽しいものです。

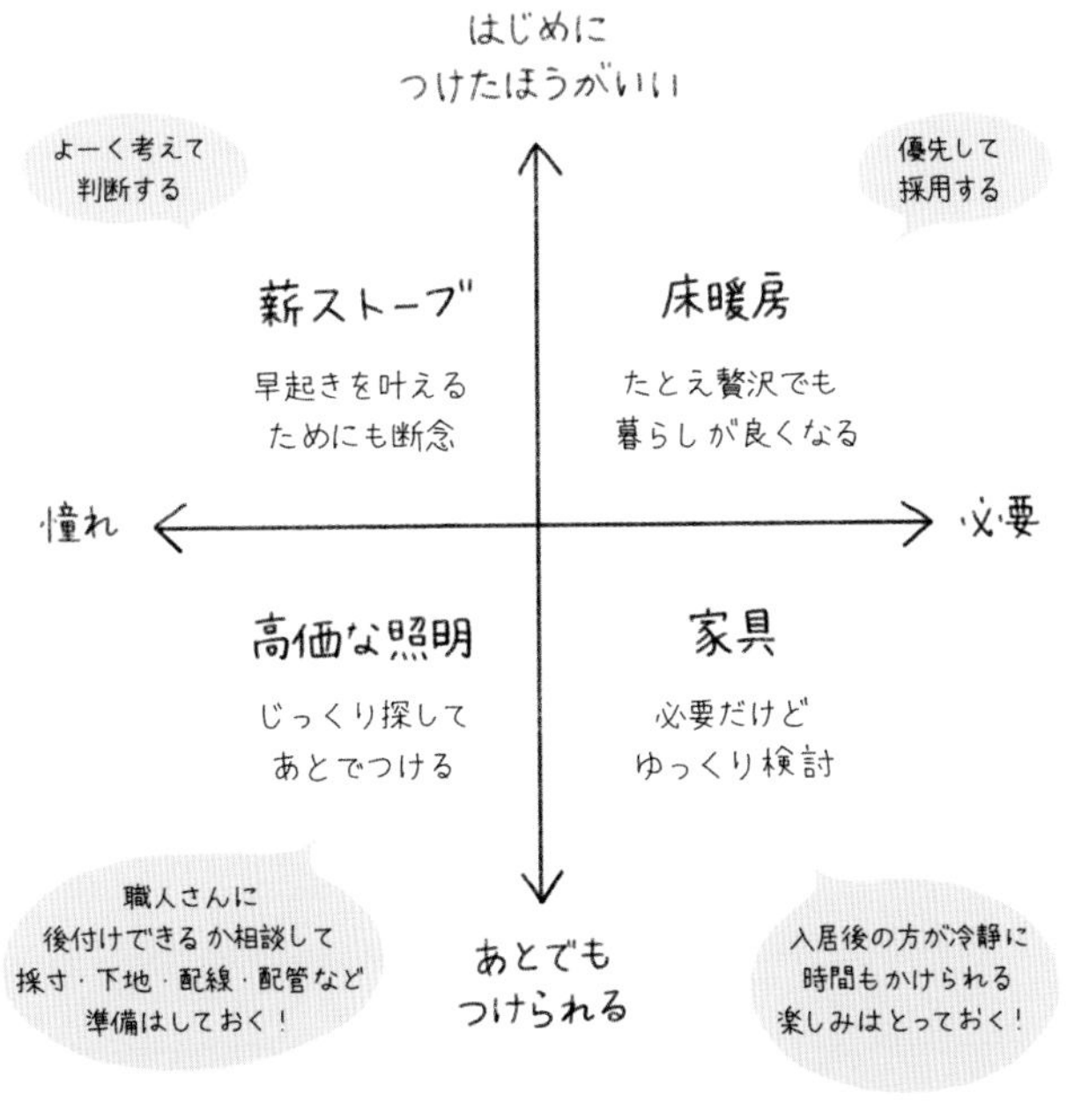

はじめに
つけたほうがいい
よーく考えて
判断する
優先して
採用する
薪ストーブ
早起きを叶える
ためにも断念
床暖房
たとえ贅沢でも
暮らしが良くなる
憧れ
必要
高価な照明
じっくり探して
あとでつける
家具
必要だけど
ゆっくり検討
職人さんに
後付けできるか相談して
採寸・下地・配線・配管など
準備はしておく！
あとでも
つけられる
入居後の方が冷静に
時間もかけられる
楽しみはとっておく！

column 5

10年後、30年後、暮らしはどうなっている？

図面上で暮らしを想像するとき、そのときの暮らしをベースに考えがちですが、おそらく新居には10年、30年と長く暮らすことになります。その間には当然、いろいろな変化があることでしょう。

子どもがいたら、どんなものが増えそうか。部屋はどうしようか。勉強は？　眠るところは？　子どもが大きくなってきたら家は手狭にならない？　家を出たら子ども部屋はどうしようか。

私たちの仕事はどうなっているだろう。今の会社にいるだろうか。転職したり、個人で仕事をしているかも。話を伺った方々はご夫婦で自宅で仕事をしている人も多くていいなと思ったから、仕事ができるスペースがあったらいい。

20年もすれば大きな修繕が必要になるだろうから、そのときに対応できることもありそうです。30年もすれば私たちも歳をとっています。そのときに、困ることはどんなこと？　何歳までここに住むだろう。

自分たちの子ども時代を振り返ったり、様々なライフステージの方や、自分たちとは違う働き方をしている方にお話を伺ったりしながら、できるだけいろいろなパターンを想像し、こうなったらいいなと思うことは、図面の上で思い描いてみました。

違った立場の方に図面を見ていただくと、「歳をとるとここはこうだよ」といった自分たちにはない視点での助言もいただけました。

6章
家が建つまでのロードマップ

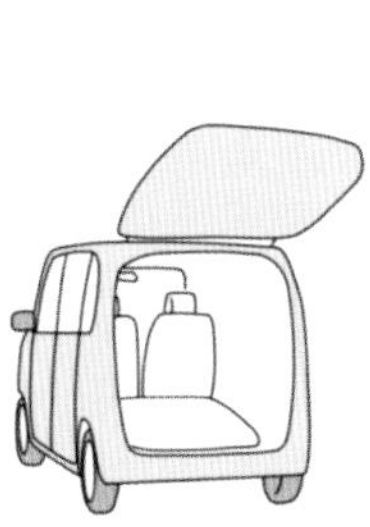

いよいよ着工しました

我が家が工務店で家を建ててもらった様子です。
工程やスケジュールは違うかもしれませんが、流れを見るご参考に。

1

中古住宅を探しましたが見つからず、2012年に土地を購入。地元の工務店に決め、設計士さんと話し合いが始まりました。

2

地鎮祭をしてから、井戸掘り。掘っても掘っても地面の下は岩盤でしたが…ついに水が出ました！

3

図面ができて、遣り方。建物の位置が見えるようになってわくわくしました。

基礎が進んでいる間に、我が家に関わってくださる職人さんたちをまわってご挨拶し、質問もしました。

4

地盤調査を経て基礎工事が始まりました。部屋の大きさが具体的になって実感がわきました。

5

建て方。大工さんたちがクレーンを使って柱をどんどん基礎の上に組み立てていきます。二日間の棟上げの終わりに上棟式もしました。

この頃はショールーム巡りをして、設備などを詰めていきました。

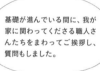

自治体による補助金制度に応募し抽選会に参加しました。申請できるものがないか調べたり工務店などに聞いてみることをおすすめします！

6

足場が組まれて屋根の工事が始まりました。

7

壁や窓の工事が進みます。一番時間をかけて決めた窓は現場でも確認。間違いなく入って、安心しました。

8

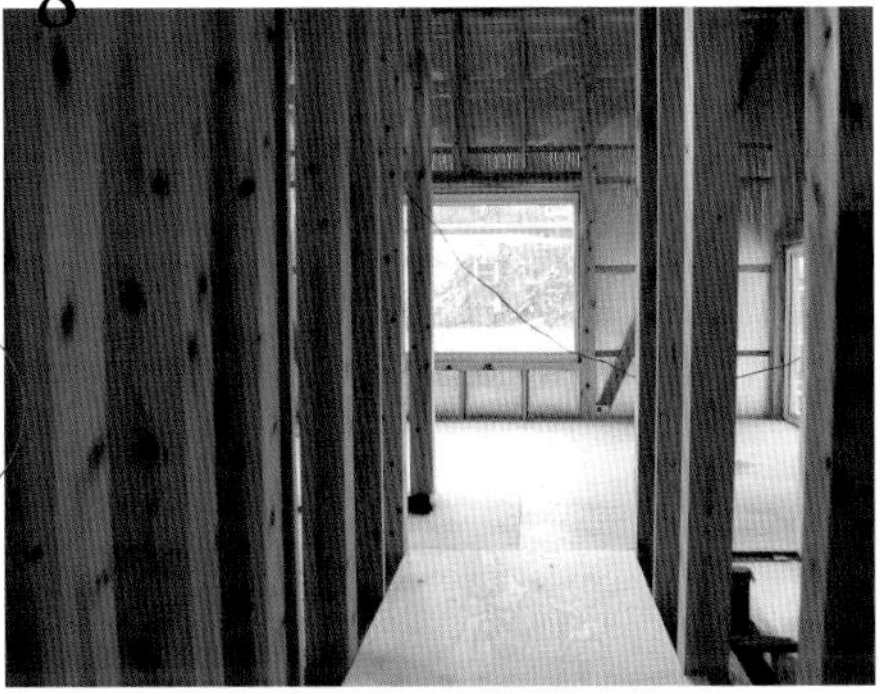

浴室、トイレなどの設備の発注のため、設備屋さんと最終決定をしました。

床の下地が貼られました。部屋の輪郭が見えてきて、暮らしのイメージもしやすくなってきました。

9

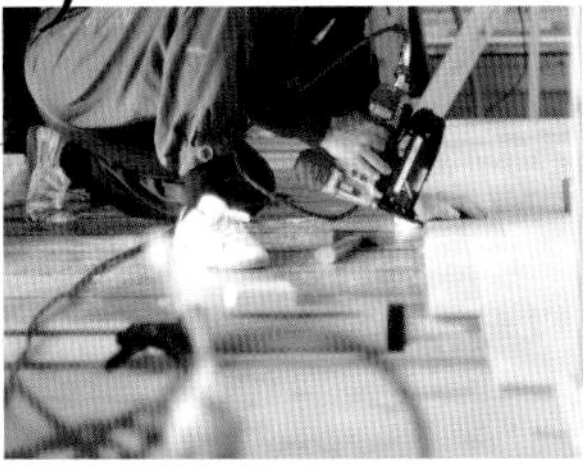

念願の無垢フローリングが貼られ一気に部屋らしくなりました！　余ったフローリングは取っておいてもらい、後から棚を自作したりしました。

建具屋さんやシンク屋さん、家具屋さんや施主支給の照明など、インテリアまわりのものを並行して決めていきました。

10

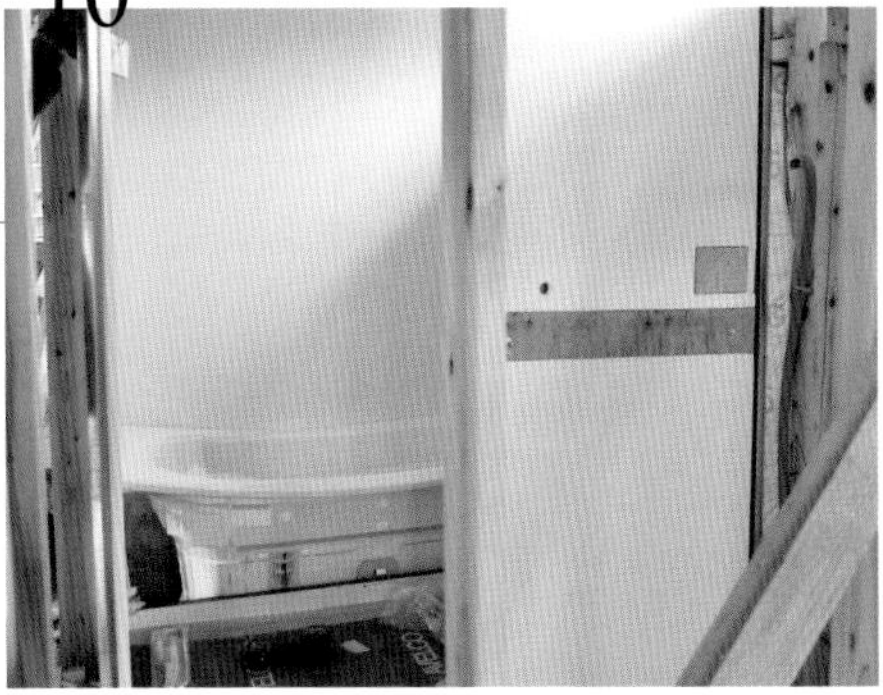

浴室が設置されました。バーなどの取り付け位置は細かく指定したかったので、事前に図にしてお渡しし、現場でも一緒に確認しながら穴を開けてもらいました。

11

スイッチやコンセント、給排水、照明、換気口などの位置を現場で確認しました。使いやすそうかチェックし、変更したいところがあれば、壁や天井がつく前に相談します。

12

鏡などを後から取り付けたいところには下地を入れてもらいます。ハンモックなど将来取り付けたいものも大工さんに伝え、目的に見合った下地を入れてもらいました。

13

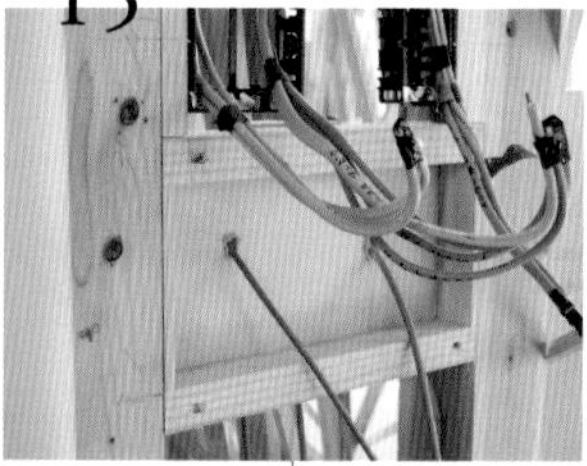

電気配線工事。どの照明をどこのスイッチで操作できたら便利か、現場でシミュレーションして改めて確認。ニッチなども壁がつく前に。現場に出向くとニッチを作れる位置がよく分かります。写真はスイッチニッチです。

14

仕上げの塗装の色の決定なども並行して進みます。サンプルから決めるのはとても難しいけれど、イメージを塗装屋さんに伝えて一緒に考えてもらいました。

壁や天井にボードがつきました!
ここまでくると位置確認はひと段落。
一気に仕上がりに向かいます。

施主支給品は大工さんに聞いて、ちょうどいいタイミングで現場に届くようにしました。

15

あちこちで発注していたパーツが届き、大工さんが組み立てて仕上げてくれました。

16

塗装の下準備、我が家は窓や建具の枠も埋めてもらいました。その後、白い壁の塗装。塗りはじめは「なんか黄色すぎる…」と不安になりましたが、仕上がってみると温かみのある白で安心しました!

17

設備の外し方や手入れの仕方、必要なメンテナンスやよくあるトラブルと回避策、きれいを維持する方法などを質問しました。

照明やコンセントカバー、建具や設備などを、それぞれの職人さんたちが取り付けてくれました。設置には出来るだけ立ち会いました。

18

室内では施主施工の床のオイル塗装や壁の塗装などをしていました。

外壁も仕上がり、足場が取れました。

19

外まわりにアンテナや換気口、雨樋(あまどい)、給湯器、室外機、メーター、コンセントなどが取り付けられました。外観を左右する重要な要素なので、あらかじめ打ち合わせしておきました。

20

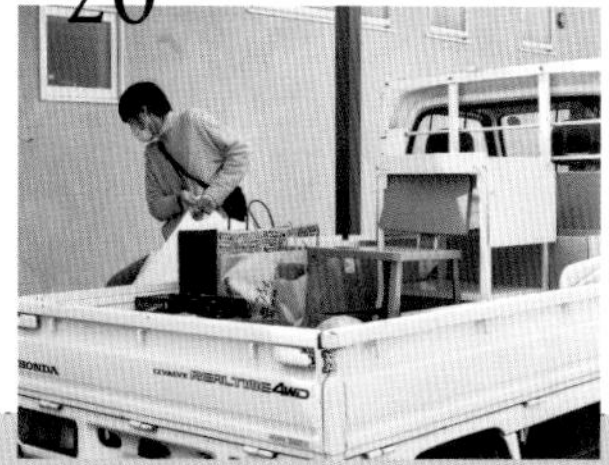

ついに引っ越し! 冷蔵庫とベッドだけ業者さんにお願いして、あとは自分たちで運びました。新生活に必要なものを吟味して運び込めたし、節約にもなりました。

現場に通う

職人さんといい関係を築く

後悔のない
家作りをしたいから、
職人さんや業者さんと
いい関係を築きたい。
細かい仕上げまで
気にする私に、工務店の
親方は直接会ってみたらと
すすめてくれて、
仕事場や進行中の現場を
訪問し、気になることは
早めにお話しし、
相談しました。
今でも困った時はこの時の
職人さんに相談。
配管の通り方も覚えていて
くださるから安心できます。

お茶の時間

時間に融通がきく仕事だったので、お茶だしという名目で頻繁に現場に。コミュニケーションをとることで、職人さんたちにも私たちがどんな施主なのか伝わり、そうすることで私たちにあった選択肢を示してもらえたり、スケジュールや情報などを教えてもらえたりして、ありがたかったです。

きちんと伝える

棚の取り付けが始まったある日、現場に行くと、棚の角がきれいに丸く加工されていました。ピン角のままが好きだったのでとても驚きましたが、子どもがいたら危ないからという大工さんのご配慮でした。立場によって「いいと思うもの」が違うのは、施主と大工さんの関係でも同じ。あらかじめいろいろ言うのは気がひける性格なのだけど、後から変更をお願いする方が手間も材料も無駄にしてしまい、もっと申し訳ないことなので、この一件以来「絶対こうしたい」と思うところは遠慮せず、あらかじめ伝えるように心がけました。

△の位置は
ご自分で決めますか？
○日に△さんが来て
やるって言ってました
そしたら□さんの仕事場で
見せてもらってきたら
どうですか？
余談ですが…
大工さんが遮熱材で作ったカバーが
飲み物の保温に効果抜群だった

職人さんとのやりとりの工夫

自分で見つけてきた金物を使ってもらったり、細かいパーツや色を指定したり、施主支給したものを組み合わせて造作してもらったりと、注文の多い施主である自覚はあったので、出来るだけスムーズに作業してもらえるように工夫しました。

スクラップ帖の写真を活用

どんなふうにして欲しいのか好みや要望を伝えるのは難しかったけれど、2章で作ったスクラップ帖の写真を出して「こんな風にすっきり」「こういうのが見えない方がいい」などと伝えると、具体的な施工方法を提案してもらえました。

職人さんごとにファイリング

イメージを伝える写真や使ってみたい金物の仕様書、施主支給する予定の設備の施工説明書などは職人さんごとにファイリング。ややこしくて伝え間違いが起きそうな事項は表にまとめたりもしました。

文字や図面でやりとりする

伝え忘れや行き違いを減らすために、聞きたいことはあらかじめリストにして渡したり、決まったことは図面に書き込んで共有したり、口頭だけのやりとりにならないように。電話の場合もあらかじめメールやFAXを送り、それを見ながら話し、通話後に話した内容をお送りして、私の理解で合っているか確認してもらいました。

写真を撮る

現場ではたくさんの写真を撮らせてもらいました。現場にあまり来られない夫に見せたり思い出になるのはもちろんですが、住みはじめてから壁の中がどうなっていたか見たくなることもあります。下地位置は図面や道具を使えば推測できますが、写真が残っていると一目瞭然で、DIYのときにも安心でした。

また、めまぐるしく変化する現場を記録しておきたいと思って、敷地の隅に自作の三脚を設置し、定点観測の写真を撮りました。パラパラ漫画のように家が建っていく様子を振り返ることができていい思い出になりました。

家作りに参加する

楽しんでコストカット

家作りに
お金をかけたい気持ちと
節約したい気持ちを
工務店の親方に相談すると
「自分でやってみたら？」と
いろいろ提案して
くださいました。

ここでご紹介することが
どれくらいコストカットに
つながるかは、工務店や
ハウスメーカーなどにより
様々だと思いますが、
経験や思い出になり、
何より家作りに
参加することを
楽しむことができました！

施主支給

我が家の場合はほとんどの設備が工務店を通した方が値引きがきき、手間やリスクも少なく安心でした。見積もりを見て、工務店と取引がなく値引きのきかない海外メーカーの設備はネットで探して施主支給。トイレの紙巻き器などは雑貨屋さんなどで探すと部屋の雰囲気がぐっと変わり、意外と安価で、選ぶのも楽しくおすすめです。

建具のパーツ
ブラケット照明
外物干し竿・室内物干し
洗面ボウル
食洗機・オーブン
ポーターズペイント
IKEAのワークトップ
カーテン・ブラインド
洗面鏡
タオル掛け・紙巻き器
IKEAの棚やバー
シンク・ステンレス壁
鉄の什器
大谷石

自分で取り付け

取りにいった

自分で取り付ける

これは減額につながらないかもしれませんが、やって良かったこと。例えばトイレのリモコンや紙巻き器の位置は使いやすさも見た目も大事。自分で取り付ければ位置をじっくり考えることができます。不安なところは大工さんに手伝ってもらっても。一度やってみれば自信になるし、取り替えも自分でできるようになると思います！

施主塗装

減額のために工務店の親方にすすめられたのが、床や建具のオイルや壁の一部を自分たちで塗装すること。無垢の床は住んでからも自分たちでメンテナンスするし、将来的には壁の塗り替えもＤＩＹでやってみたい。一番モチベーションの高い入居前に経験しておけばその時に困らないかも！　と思い挑戦しました。とっても大変だったしプロの仕上がりには到底届きませんが、楽しめたのでよしとします！

自分で取りに行く

施主支給で意外とかかる、重いものや嵩張るものの送料。自分で取りに行けるものは、相談の上取りに行きました。道中は夫と家作りの話を楽しめたし、石材屋さんでは昔の採掘場や道具を見せていただいたり、ステンレスシンクを作ってくださった方にも直接お会いできて、送料のコストカットになっただけでなく、いい経験をさせていただきました。

Ⅱ．暮らしてみたら

7章
できた家と暮らし

ようこそ！我が家へ

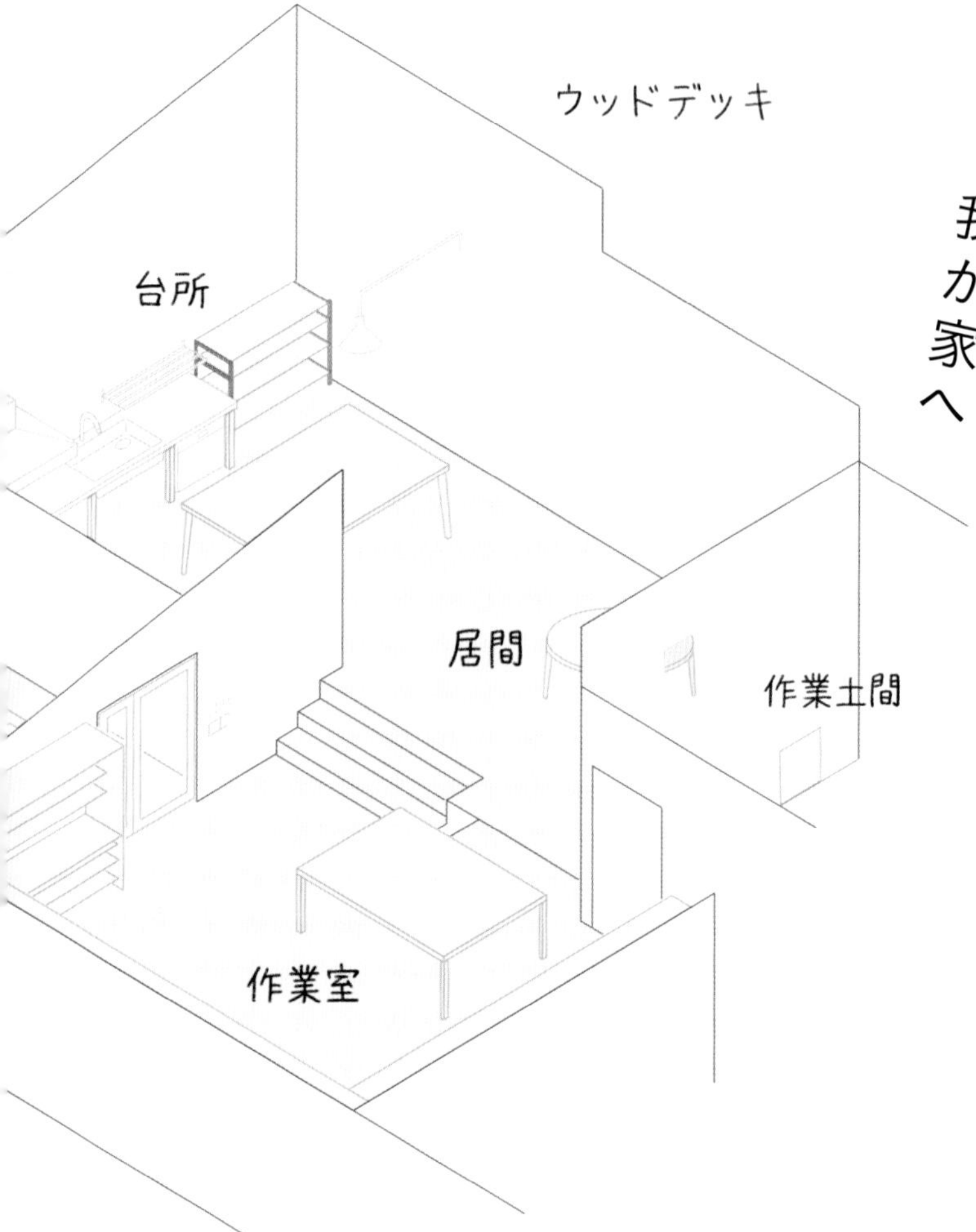
ウッドデッキ
台所
居間
作業土間
作業室

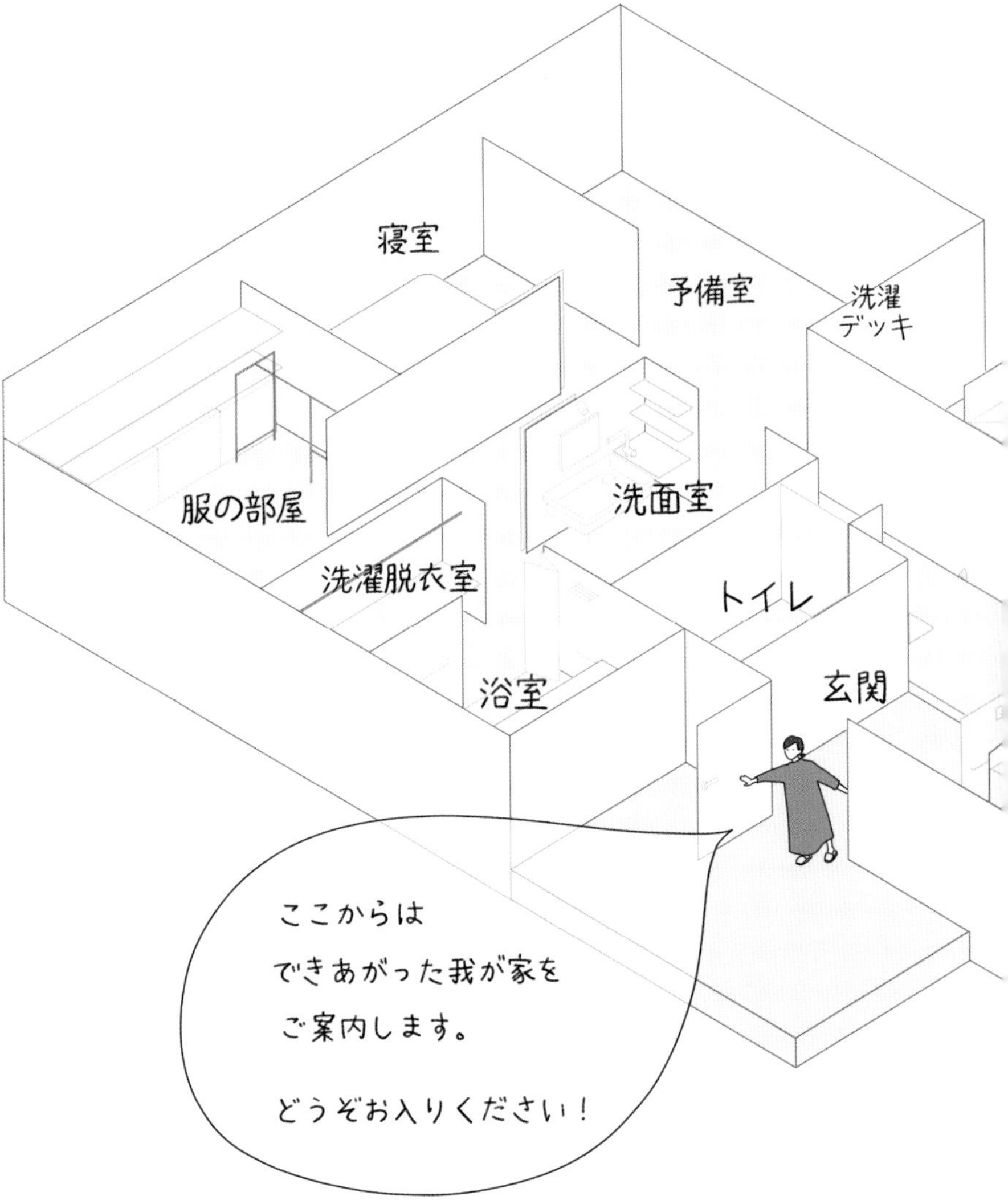
寝室
予備室
洗濯
デッキ
服の部屋
洗面室
洗濯脱衣室
トイレ
浴室
玄関
ここからは
できあがった我が家を
ご案内します。
どうぞお入りください！

玄関

朝、出かけて行き、夜、帰ってくる。
そしてお客さんを迎える場所だから、
気持ちよく「頑張らなくても片付く玄関」を目指しました。

頑張らなくても片付く玄関

旧居で置きっぱなしになっていたものの理由を考え、ものに合わせた収納を確保。上着をかけるハンガーも靴棚もオープンにして簡単にしまえるように。持ち帰ったゴミはすぐ捨てられるように。置くものや量を家族と暮らしに合わせて考えることで自然と片付く玄関になりました。

家の中のごちゃごちゃが見えづらいように

玄関先に立ったお客さんから見えるのは真っ白な壁。上がり框(かまち)に座っても見えるのは廊下と作業室。居間や台所、脱衣室など家の奥は見えません。玄関収納の中も袖壁を付け、のぞきこまなければ見えないようにしました。これで、急な来客にも慌てず対応できるようになりました。

玄関の間取りの工夫

旧居での困りごとに
向き合って解決策を
反映した間取りのおかげで、
雰囲気も気分も
すっきり気持ちのいい
玄関になりました。

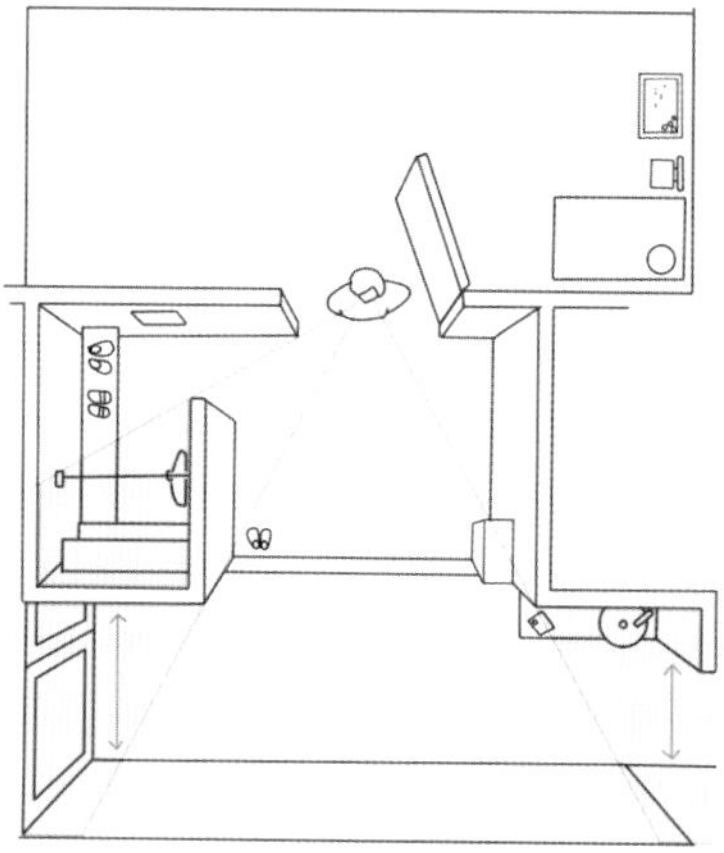

外玄関は広めに

雨をしのげる外玄関は、あせらず傘を閉じられるよう広めに。季節を感じる鉢植えや、子どもが生まれてからは虫の観察やメダカの飼育もここで。外水道があると便利です。

並んで靴を履ける

靴を履くのに順番待ちせず、子どもと並んで靴を履けるのはとても良かったです。

広めの土間

子どもが小さいうちはベビーカーや自転車。部活に入ったら地面に置いたカバンは室内に入れて欲しくないので土間に置き場所を。暮らしの変化に対応できる広めの土間に。

通路幅で雰囲気を変える

玄関を入って正面の通路は右と左で幅を変え、入って右はお客さんをお通しするので通路幅を広く、開いた雰囲気に。左は水回りや寝室なので細い廊下が続く奥まった雰囲気にしました。

玄関に手洗いとカウンター

帰宅後すぐに手を洗えたらと思って、玄関に手洗いを。郵便物など次の外出で持ち出すものは忘れないように、このカウンターに置くことに。うっかり靴を履いてからでも手が届きます。

落ち着いた雰囲気の北あかり

敷地と道路の位置関係で北玄関に。北あかりの落ち着いた雰囲気が好きなので気に入っています。換気できるように窓を設け、窓辺には小さな草花を活けて楽しんでいます。

土間にオープンな靴棚

臭いやカビ防止のためオープンな靴棚に。靴棚はあえて靴を履かないと取りに行けない位置に。玄関にはひとり一足ずつ靴を出しておき、違う靴を履きたければ靴棚まで行って履き替え、脱いだ靴は靴棚に。靴が散らかりにくくなりました。

土間収納

家に持ち込みたくない冬の上着などをしまう土間収納。こもらないように扉はなしにしましたが、袖壁のおかげで中が見えづらく、さっと中に入れるのも便利。湿気がこもりにくいように空けた上部は、視覚的にも抜け感があり気に入っています。

玄関のモノと収納

土間収納は
小さなスペースですが、
部屋に持ち込みたくない
ものや靴を履いてから
必要になるものを置く、
重要な収納になりました。

外まわりのものを充電できるように、収納内にもコンセントを。棚の奥と壁の間に隙間を残してコード類を通せるようにしてあります。災害時の備蓄も兼ねたペットボトルの水は重たいから玄関に箱のまま置きっぱなしになりがち。箱から出して玄関に収納しています。

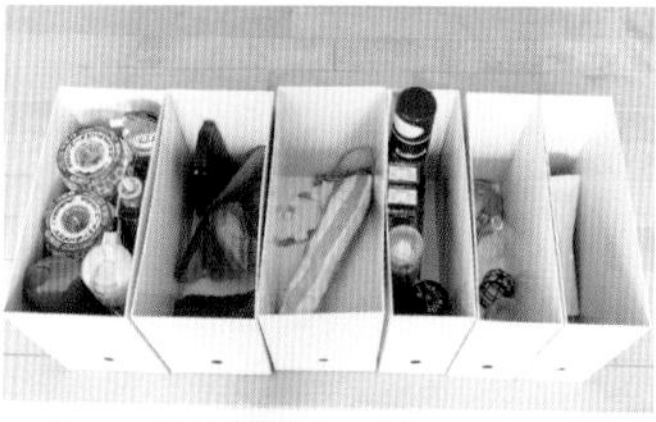

車や靴の手入れ用品など主に外で使うものをファイルボックスに収納。使用頻度が低いので高いところに収納していますが、靴棚を踏み台にしてさっと取り出せます。

靴を履いてからここで、マスク、ティッシュ、虫除け、カイロ、帽子……といった身支度の仕上げをすることにしたら、「忘れ物！ 靴履いちゃったのに！」がなくなりました。

飾りものをあまり置かない我が家ですが、たまにいただく魔除けや縁起物は簡単には手放しづらいので、ここに集め、ありがたく家を守ってもらっています。

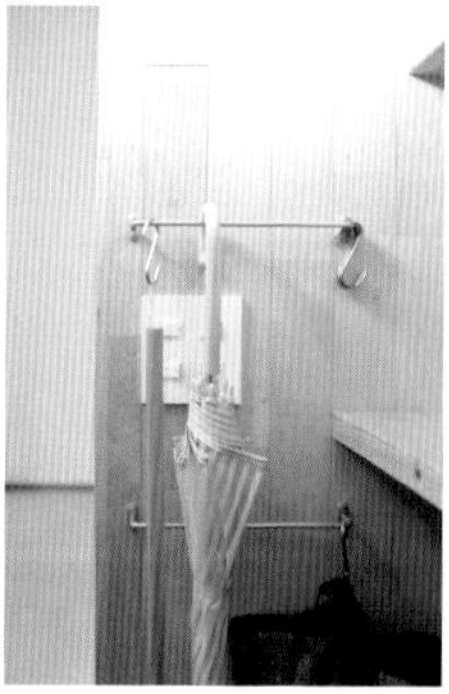

木ネジがきく袖壁の裏にはバーを付け、傘や土間用の箒を吊るして収納。玄関・外まわりのセンサーライトのスイッチは触ると設定が変わって困るので、死角になるこの位置に。

帰宅したら靴を脱ぐ前にポケットやカバンに入っているゴミを捨てます。DMも目を通し不要ならその場で処分。買ってきたものや届いたものも玄関で開封し、中身だけ家の中へ。土間収納には開封に使うカッターを置いています。

帰ったら荷物を玄関に並べます。ゴミはゴミ箱、洗濯物は洗濯機、弁当箱や水筒は台所、買ったものは使う部屋、と行き先別に分類して一気に運びます！ 残ったイレギュラーなものも目立つので、忘れてそのままになりません。

玄関はモノの関所

玄関からは人だけではなく、ものも入ってきます。
家の中に持ち込んで散らかるようなものは、
そもそも家の中に
入れないようにしています。

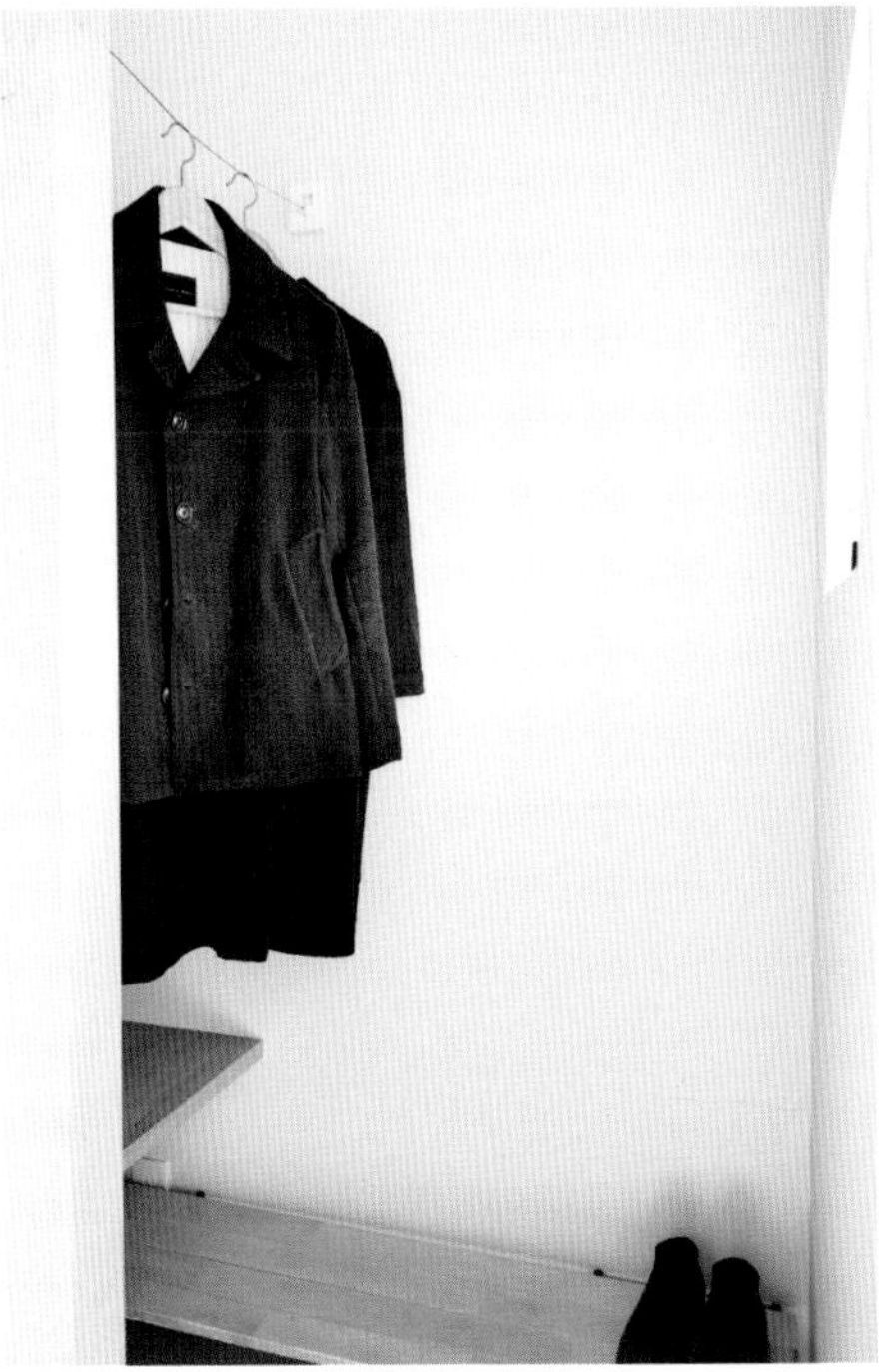

冬の上着はできれば室内に持ち込みたくないので、靴を脱ぐ感覚で玄関に掛け、汚れたものは家に持ち込まない工夫を。子どもが生まれてからは外遊びのボールなどを手提げにまとめて掛け、出かけるときの準備も楽に。

必要な時だけワイヤーを伸ばせるシンプルな物干しは、森田アルミ工業のpid 4M。

LDK

玄関から作業室を抜けると、
我が家のＬＤＫがあります。
ごはんを食べて居間でくつろぐ、
暮らしの中心。
大きめにとった窓からは
庭が見渡せるようにしました。

気持ちのいい窓

よく行く好きな場所はどこも
窓から緑が見えたから、庭の緑
が見える気持ちのいい窓のある
家にしたいなと思いました。

東側に、窓をたくさん

外で働いていると家にいる時間の多くが台所仕事。それで気持ちのいい東南の角を台所に。東の窓からは朝焼けを眺め、朝日が差込み、庭が見え、風も通ります。コーヒーを淹れながら台所仕事をして夜明けの空を眺めるのが、毎日の楽しみになっています。

庭を眺める掃き出し窓

LDKには庭の見える大きな掃き出し窓。横長なので重心が下がり落ち着いた雰囲気に感じます。気候の良い時期はデッキに出てご飯を食べたりお茶をしたり。

平屋にリズムを

平屋は便利だけど、少し単調な気も……。
天井や床の高さに変化をつけたら、視覚的にリズムを感じる空間になりました。

階段は楽しい

階段に座って作業室の家族と話すとなぜか話が弾みます。子どもが小さい頃は階段の練習をしたり、すべり台を作ってあげたり、最近は階段の上を舞台に見立ててお遊戯を披露してくれたり。何かと楽しい階段です。

段差と天井高でゾーニング

家族がくつろぐLDKは他の部屋より床を高く。勾配天井や下り天井で天井高にも変化をつけ、LDKと作業室、ひとつづきの広々した空間を高さで緩やかにゾーニング。ロボット掃除機も段差で物理的に部屋の区切りを認識してくれます。

食卓の天井は高く、居間は低く

椅子に座る食卓は勾配天井にして天井を高めに。高窓もつけて明るい雰囲気にし、夫の希望だったシーリングファンも取り付けました。一方、床に座ってくつろぐ居間は天井が高すぎると落ち着かないかなと思い、天井を低く。天井高を抑えると横への広がりが感じられる気がするし、そのギャップから勾配天井がさらに開放的に感じられます。

段差を楽しむ

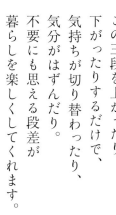

この三段を上がったり
下がったりするだけで、
気持ちが切り替わったり、
気分がはずんだり。
不要にも思える段差が
暮らしを楽しくしてくれます。

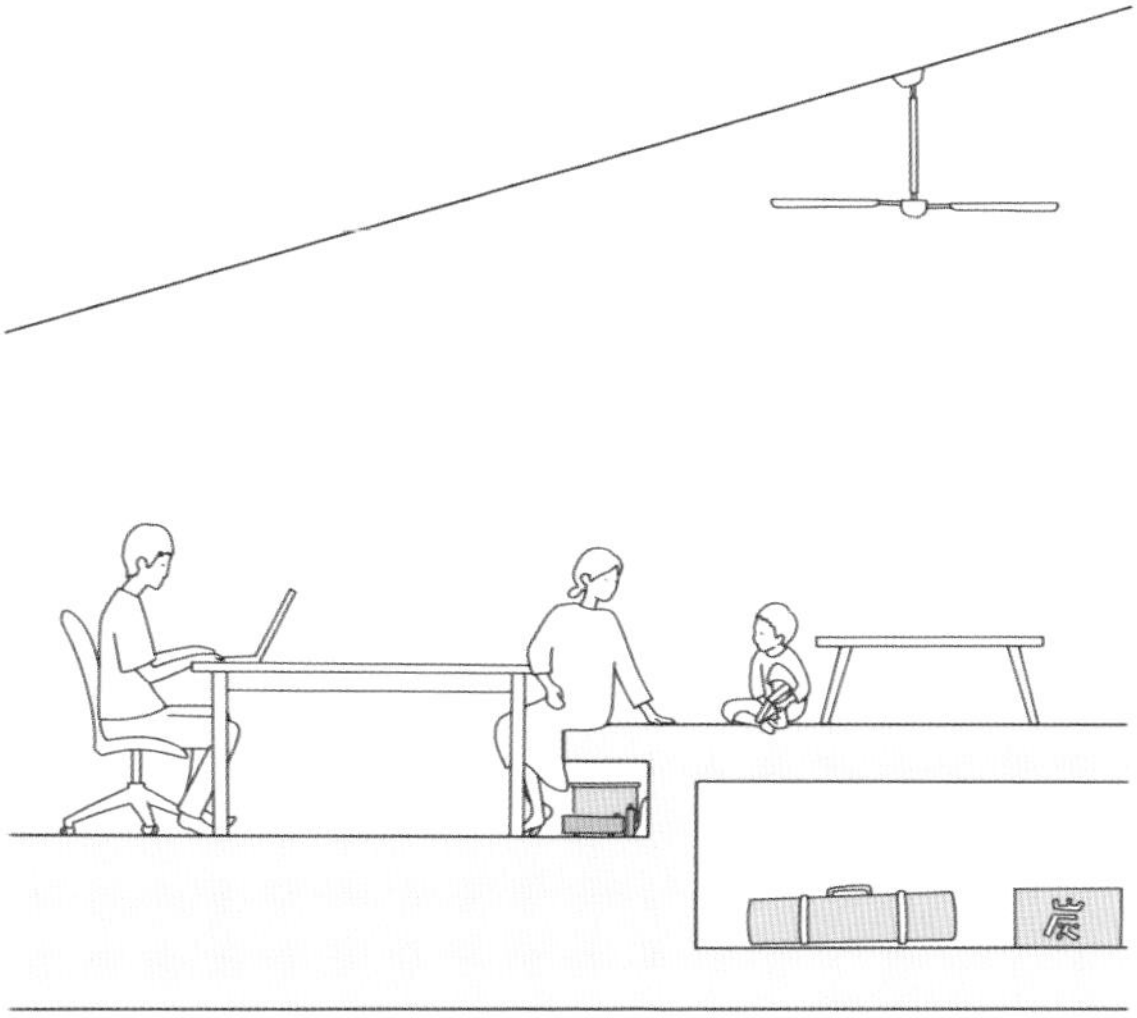

天井の高さを抑える

天井が高すぎると窓の掃除やシーリングファンの修理・交換が大変になるので、LDKの床を上げ、天井が高くなりすぎないようにしました。

目線を揃える

作業室で椅子に座る人と、居間で床に座って過ごす人の目線の高さが同じになって別々に過ごしつつも、場を共有している雰囲気になるように考えました。

段差を椅子がわりに

作業室の大きな作業台。椅子をたくさん置くのは予算的にもスペース的にも難しかったので、段差に腰掛けて使えるようにしました。

床下に収納を

床を上げてできた床下の空間は収納として利用できるように。作業土間の扉から、テントや炭、冬タイヤなどを入れています。

段差にキャスター付きの物入れ

段差下の物入れ、以前はゲームを収納。今は子どもの足置きに。ロボット掃除機の充電基地にもなるようにコンセントも用意してあります。

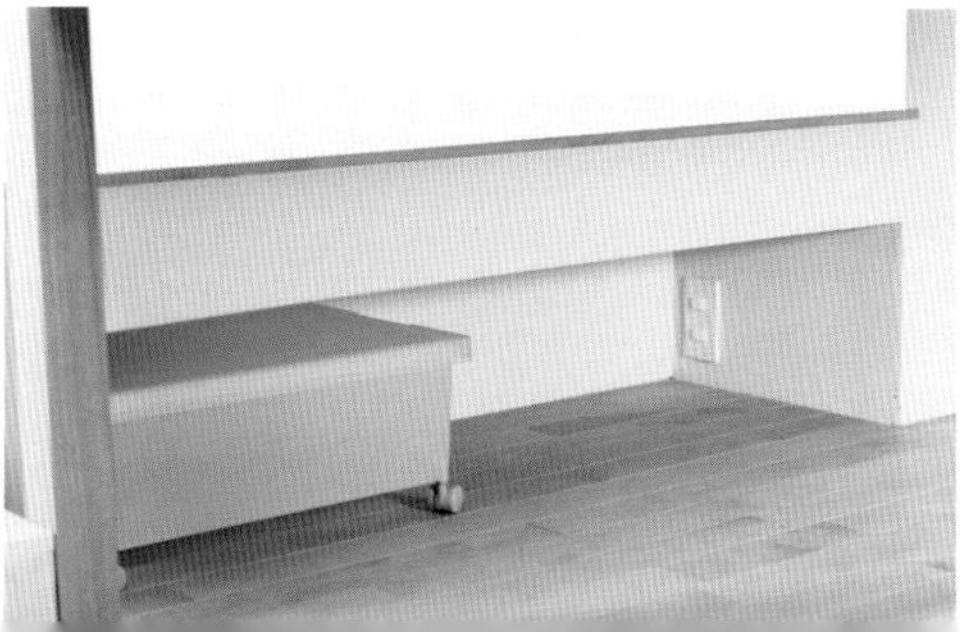

散らからない居間

子どもが生まれるまで、居間にはほとんどものがありませんでした。ものがないと、片付けも掃除も本当に楽で、ゆったり過ごせます。

持ち出さなければ散らからない

今まで住んだ家の居間は、読みかけの本、未処理の郵便物、文房具に爪切り……いろいろなものを持ち込み置きっぱなしに。テレビを見ながらなんて捗らないし、くつろぐ部屋に持ち込んだものを使い終わってすぐに片付けるのは難しい。

そこでどうしても居間に必要なもの以外は他の部屋に置き場所を用意して、そこで使うことに。郵便物は玄関で開封、爪切りも文房具も作業室に出向いて使う。こんな感じで居間に集まりがちなものを書き出して、他に定位置を用意したら、居間に置きたいものはほとんどなくて驚きました。持ち出すと散らかるものを、居間に持ち込まなければ散らかりません。

我が家の居間の変遷

子どもが生まれたり、模様替えをしたり。家族や暮らしの変化に伴って、居間にはいろいろと変化がありました。台所と居間は下がり天井でゆるく区切っているだけなので、家具を中間に置いたりと柔軟に配置できます。

夫婦二人の頃。ちゃぶ台とテレビ、ハンモックに無印良品の体にフィットするソファだけ。掃除が楽でした。

↓

子どもが生まれる前後は、ちょっと腰かけたり横になったり、子どものお世話をしやすいようにベッドを。

↓

子どもが思いっきりハイハイできるように、食卓の配置を変えました。柵や敷物も用意して赤ちゃん仕様に。

↓

子どもの成長に合わせて、ジャングルジムや「小さなお家」などの遊具を設置。すっかり子どもスペースに。

居間にテレビは必要？

壁掛け？　プロジェクター？　と案が出たものの、なくすという決心まではできなかったテレビ。でもこの間取りだとLDKの中心がテレビになってしまうので、やっぱりなくすことに。とはいえテレビには良いコンテンツがたくさんあるので、視たい人が視たい時間に視たい場所で、タブレット端末から視るという方法に落ち着きました。

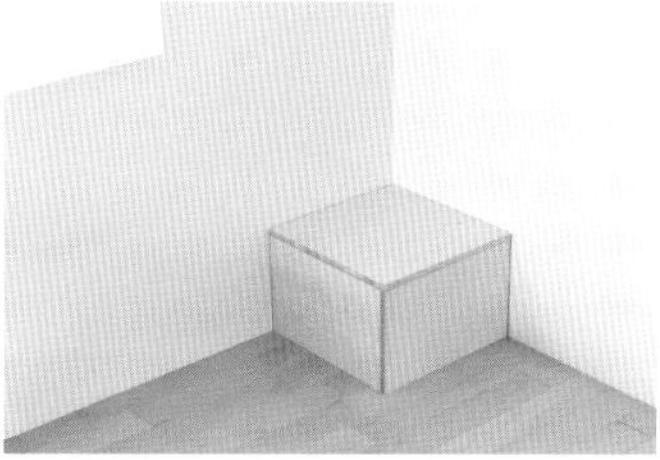

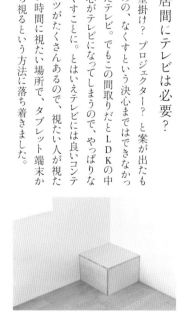

この箱の中にチューナーとハードディスクが収まっています。

台所

広々と台所仕事ができるように、
台所は壁付けのL字型にして中心に食卓を。
居間とひと続きなので、
いつでも楽にきれいを
維持できる台所を最重要課題に。
私の場合、台所道具の生活感は隠さず
むしろ眺めたい対象なので、
オープンな台所があっていたと思います。

台所の間取りの工夫

居間からよく見える東側は、
窓と壁ですっきり見えるように。
収納は食卓で隠れる低い位置に。
見えづらい北側は便利さ優先。
壁の収納棚には使用頻度の高いものを
出しっぱなしにしています。

ウッドデッキにすぐ出られる

大きな掃き出し窓から外に出られるので、ウッドデッキでおやつを食べたり、布巾を干したりできます。

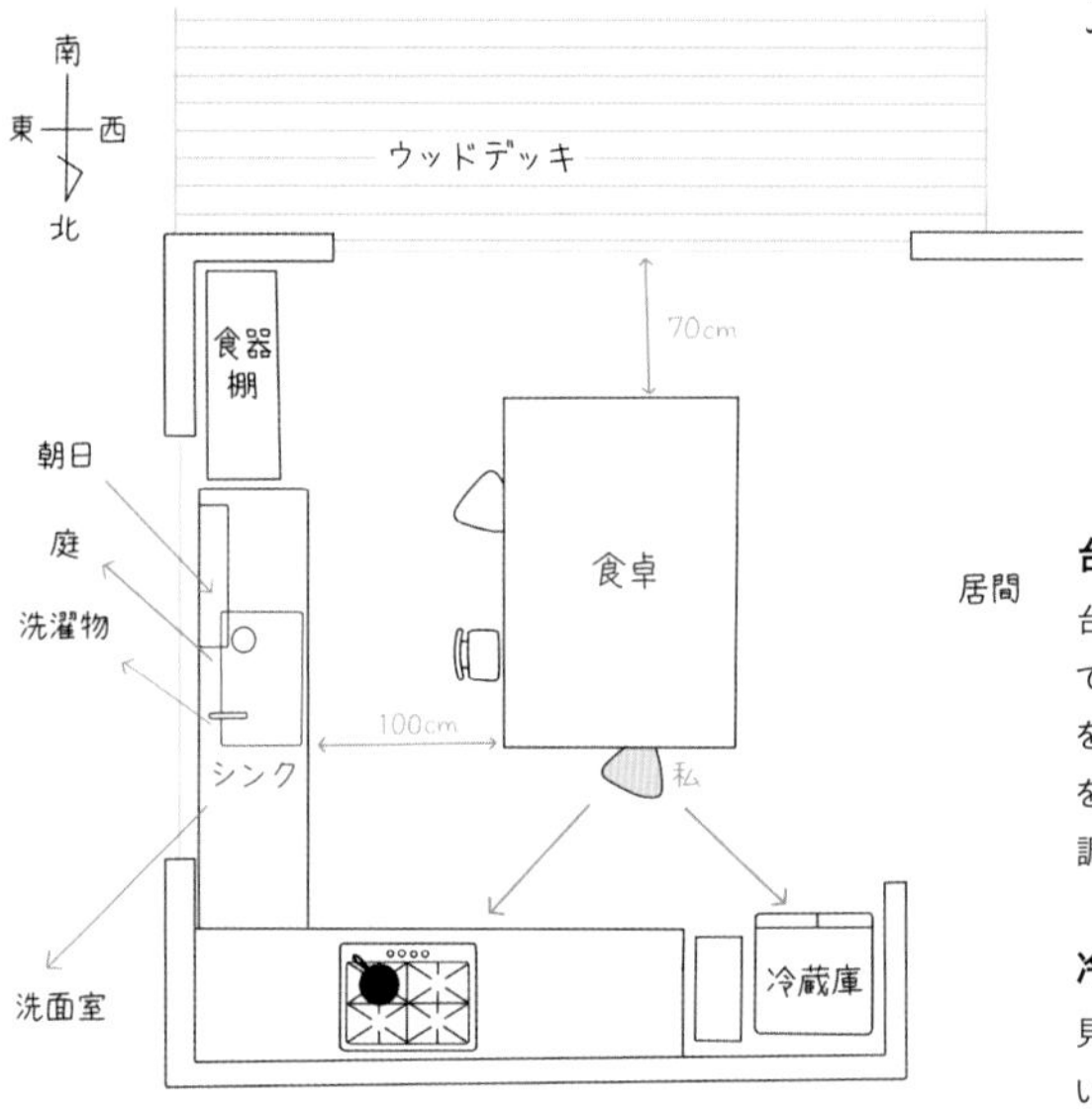

台所の中心は大きな食卓

台所仕事をしている時に家族と話をしたりできたらいいなと思って、台所の中心に食卓を。椅子に座って食卓で野菜の下ごしらえをしたり、みんなでクッキーを作ったりと、調理台としても便利です。

冷蔵庫

見た目より性能で選びたいので、回り込まないと見えない位置に。

台所の窓

シンクの前には窓を設けたので、庭を眺めながら台所仕事ができます。この窓は、風や光を取り込んで水回りのものを清潔に保ったり、外に干してある洗濯物をチェックしたり、朝、家族が起きて洗面室で身支度に取り掛かっているかを見ることもできます。

食卓のまわりを迂回できる通路幅

揚げ物などの調理中に後ろを人が通ると危ないので、窓側を迂回してもらいます。

私の席

食事中に追加で焼いている餃子の様子を見たり、冷蔵庫のものを取るのが楽な位置に。背もたれのないスツールなので、さっと立ち上がれます。早朝に夜明けを見ながらご飯鍋の番をしたり、庭がよく見える特等席です。

食器棚

風通しがよく陶器を良い状態で保管できます。夫や子どもの席から近く、自分でお箸や取り皿を取ってもらいます。

木のワークトップ

IKEAで購入し、施主支給しました。

台所の壁と床材

台所だからといっていかにも水回りという雰囲気ではなく、部屋の延長のようにしたかったので、壁と床材は他の部屋と同じものに。壁は3分艶、でも水拭きできる塗装にして、コンロ前だけステンレスに。床はカバの無垢材にオイル塗装。カバ材は硬くて表面がなめらかなので、汚れを拭き取りやすいです。

匂いと汚れ

オープンな間取りの台所。匂いは作業室まで広がりますが、作業や勉強中に届くコーヒーや夕飯を作る匂いはうれしくなります。一方、寝具や衣類に染み込むのは困るので、寝室や服の収納は遠くにしました。台所からは油煙も広がりベタベタ汚れの原因になるので、シーリングファンや照明、棚などは、気軽に拭き掃除できる高さにと考えました。

台所のモノと収納 1

① 窓台に、野菜クズ入れ　② 隙間に、焼き網、ミトン、ビニール袋
③ コンロの近くに、鍋、フライパン　④ 買い物用のマイバスケットには、資源ゴミを
⑤ シンク下には、ホームベーカリーをキャスター台にのせて
⑥ 水栓の横に、ゴミ入れと洗剤
⑦ 壁につけたステンレスの棚にはよく使うものを吊るして収納
⑧ 水切りかごも浮かせる
⑨ 食器棚もオープン収納、下にはロボット掃除機

オープンな台所収納

湿気や臭いがこもらないように台所はオープンな収納に。扉がないと、鍋などもさっと手に取れるし、ものをしまい込んで忘れることもなく、家族にもどこに何があるか一目で分かります。腰より下の部分は食卓で隠れるので、ごちゃつきも気になりません。

使うところに使うものを

食材を洗ってすぐに切れるようにシンク前に包丁を。鍋に水をはってコンロに置くからシンクとコンロの間に鍋を。いつどこで何を使うのかを意識して収納の位置を決めました。

食器棚もオープン収納

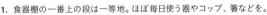

我が家は陶器が多いので、風通しよく管理できるように、食器棚もオープン収納で窓の横に。埃がかぶらないか心配でしたが、頻繁に使う器は埃をかぶらないようです。

1. 食器棚の一番上の段は一等地。ほぼ毎日使う器やコップ、箸などを。
2. 2段目は高さが12cm。よく使う碗を並べたり、皿を数枚重ねて置くのに使いやすい高さ。
3. 3段目は高さが21cm。手前は使用頻度の高いもの。奥には少し頻度が落ちる器を重ねて収納。細々したものは収納ボックスに。
4. 5段目には水と、尺皿など。大鉢も収まるよう、棚の奥行きは45cmに。
5. 床の高さはゴミや埃が入り込みやすいので、ものは置かずにロボット掃除機の充電基地に。

苦手をカバーする0歩の配置

旧居では水切りかごの器を食器棚に戻すのが面倒で、そのまま次の器を洗い、水切りかごが山盛りに。先に乾いていた器も濡れてしまうし、使いたい器も取り出せない。それで食器棚を水切りかごと食洗機の隣に配置。一歩も動かず器を片付けられるようにしたら解決しました!

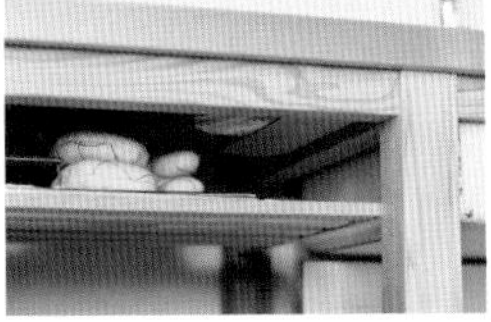

隙間に収納をDIY

鍋の蓋はコンロ下に、オーブンで使うミトンや網は横のシンク下に。ビニール袋はシンク裏に箱を。暮らしながらより便利になるように、収納をDIYで増やしました。

① 冷蔵庫は大きめ。
② 隣はお米用の冷蔵庫。
③ 冷蔵庫の側面の目立たない位置に、プリントや文房具、タイマー。
④ 壁の棚には毎日使うものを、便利さ優先で。
⑤ ワークトップにはできるだけものを置かない。
⑥ 角には菜箸などのツールを立てて、調理中すぐに使えるように。
⑦ 棚は、無印良品の収納用品で引き出しのようにしています。

毎日使う、一軍の壁収納

秤（はかり）や鍋つかみ、常用薬など頻繁に使うものは棚の上に出しっ放しにしています。棚には素敵な雑貨を飾りたいところですが、便利さ優先でよく使うものを。出しっ放しになりがちな日記もこの棚に。片付けるのは諦め、ペンと一緒に出しっ放しを定位置にしてここで書くようにしたら、散らかることがなくなりました。

二軍は中が見える引き出しに

ハンドブレンダーや保存瓶など比較的よく使う二軍は引き出しに。ワイヤーバスケットは通気性があるから多少水気が残っていても気になりません。下段には未開封のストックや消耗品などをファイルボックスに。いずれも中身が透けて見えるのでラベル要らずです。

三軍は見えなくても大丈夫

誕生日のろうそくやケーキ作りのミキサーなど年に数回しか使わないものは、L字の収納の角に。これらは奥にしまいこんでも使うタイミングで思い出せるので普段は目に入らない位置でも大丈夫。一年に一度も思い出さないものは手放すことに。

冷蔵庫も収納の一部

粉物や乾物、調味料。常温保存の食品も、私は棚にしまうと忘れてしまうので、できるだけ冷蔵庫に収納してしまいます。低温が苦手と言われる根菜も経験的に、短期間に食べきってしまえば大丈夫。

台所の設備 1

魅力的な調理機器や家電がたくさんあるけれど、数を絞ればその分費用も抑えられるし、手入れも楽。すっきりした台所になりそうだと思って、採用する設備を吟味しました。

大工さんが組み立てた台所

台所を予算内に収めるのに、メリハリを意識しました。どうしてもと思う設備や、家事が楽になりそうなところには予算を確保し、それ以外は廉価版を選んだり、職人さんを自分で探したり、施主支給したり。一つ一つの設備を自分でよく考えて選び、集めて、大工さんに組み立ててもらうことで、予算内でお気に入りの台所になりました。

リンナイのガスコンロ

夫の希望でガスのコンロ。掃除が苦手な魚焼きグリルがないものに。炊飯器は持たず鍋炊飯、電気ケトルを置かずに鍋で沸かすので、4口あると助かります。五徳は大きいけれど食洗機に入るサイズ。汚れやすいバーナー周りのパーツは外して煮洗いできるので、焦げ付かせてしまってもピカピカに戻せます。

ミーレのオーブン

200Vのオーブンは電気だけどパワーは十分で余熱もあっという間。 電子レンジ機能も付いています。我が家の場合は魚焼きグリルや、購入を検討していたトースターやノンフライヤーの用途もこの一台で兼ねることができたので省スペース。庫内は電熱線以外はフラットなので掃除も簡単です。

掃除しやすい換気扇

掃除が苦手だけどなくすわけにもいかない換気扇。事前に説明書を入手し、自分にとって掃除しやすそうかを確認しました。

自動お掃除機能が付いていたり、デザイン性の高いものもありましたが、いずれもほどほどの廉価版を選択。お気に入りの換気扇です。

富士工業のアリエッタ

工具無しで簡単に分解できるので掃除が億劫になりません。不織布フィルターをつけると多少パワーは下がるものの、シロッコファンなど内部はほぼ汚れないので、フィルターを固定しやすいタイプを選びました。

食洗機は必要？

我が家は陶器が多く、その都度洗いたいので、食洗機は暮らしに馴染まないかと迷いましたが……ガラスは手洗いよりもピカピカになるし高温除菌も期待でき、月に数回の使用頻度ですが、採用してよかった！　こまめに洗うのが面倒に感じる五徳や、菜箸立てなどの収納容器も、簡単にきれいを維持することができます。

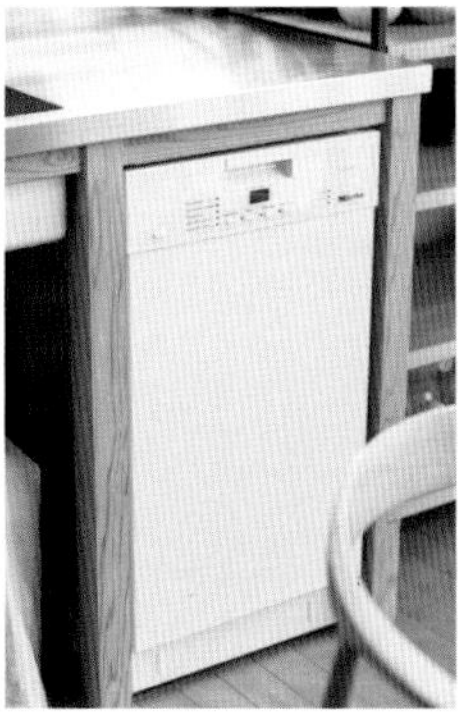

ミーレの45cm食洗機

食洗機の大きさ選びで重視したのは何を入れたいか。水切りかごやオーブン内のトレイ、コンロの五徳などのサイズを事前に確認しました。ミーレは工務店を通じた割引きがきかなかったので、ネットで購入し施主支給させてもらいました。

台所の設備 2

クラフトシマダのオーダーシンク

寸法などを指定して作ってもらいました。フラットで部屋に馴染む雰囲気がお気に入りです。

使いやすい寸法

シンクをきれいに維持するためには使いやすい寸法が大事。したい作業ができるか、洗いたいものが収まるか、採用する他の設備との兼ね合いも考えて寸法を決めました。

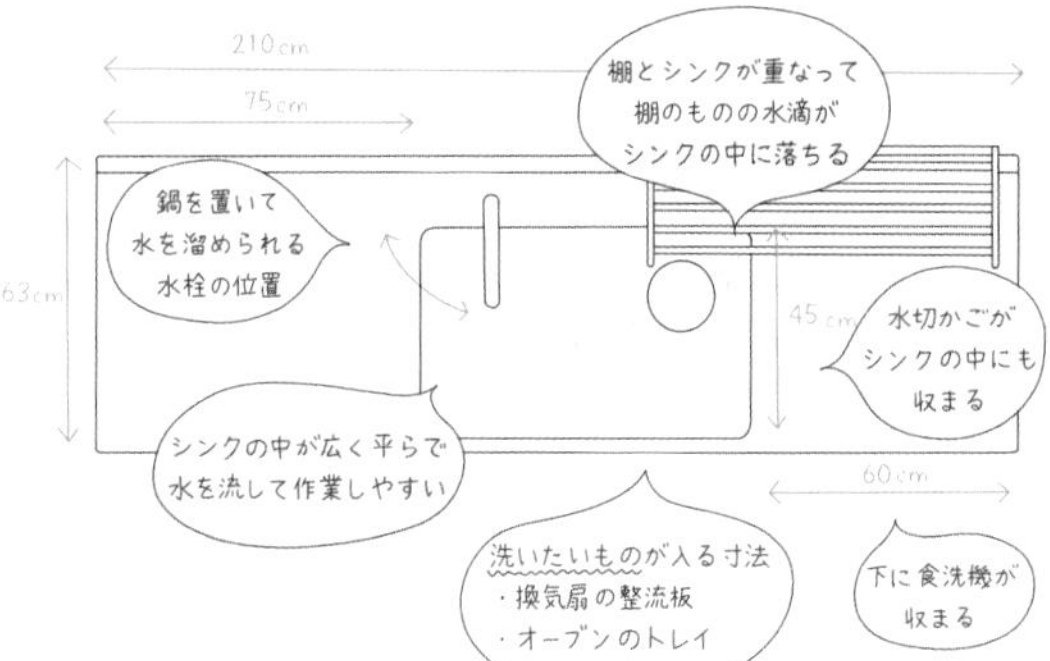
210cm
75cm
63cm
45cm
60cm
棚とシンクが重なって棚のものの水滴がシンクの中に落ちる
鍋を置いて水を溜められる水栓の位置
水切かごがシンクの中にも収まる
シンクの中が広く平らで水を流して作業しやすい
洗いたいものが入る寸法
・換気扇の整流板
・オーブンのトレイ
下に食洗機が収まる

汚れない水栓

使うたびに濡れ、汚れていた旧居の水栓。それで新居はタッチレス水栓に。センサー式で水栓に触れずにすむのでほとんど汚れず、たまに乾拭きするだけでピカピカのままです。吐水口も伸ばしやすく戻しやすいので、シンクの隅まで掃除がしやすくシンクまでピカピカです。

リクシルのタッチレス水栓

水と湯の切り替えもタッチレスでできるタイプがオススメ。デザインもすっきりしていて気に入っています。

水を切りながら乾かせる棚

旧居で気に入っていた吊り棚にヒントを得て設置した棚。シンクまわりの濡れたものを、上に置いても下に吊るしても、水を切り、乾燥させることができます。窓の下に取り付けたこともあってよく乾き、衛生的です。

IKEAのGRUNDTALの物干しラック

ステンレスバー6本で構成された棚は、物を置いたり蓋を立てたりスプレーを引っ掛けたり、フックをかければ吊るす収納にも。（現在は仕様変更しています）

水滴はシンクへ落ちる仕組み

包丁やブラシなどは水の滴った状態でも戻せる場所を定位置に。滴る水はシンクに落ちるので気にならず、しっかり乾かせるので衛生的。排水口のゴミかごも、洗った後に滴る水が排水口に落ちる位置に。毎回洗って乾かせばぬめりとも無縁です。

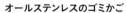

オールステンレスのゴミかご

浅型のゴミかごはゴミをため込まないですむ。網ではなくパンチングメタルなので、ゴミも取り除きやすく汚れもたまりにくい。

水切りかごも浮かせる

水切りかごのトレイは洗うタイミングがつかめないのでなくし、かごは棚の上に。水がポタポタ落ちますが、高さがあると拭くのも楽。食器が入ったままでも拭けるので食器洗いの度に拭くのが習慣になりました。

ラバーゼの水切りかご

継ぎ目が少ないので洗いやすく汚れにくい。シンクの中で野菜の水切りにも使います。

家事動線と台所の配置

家事動線を整理する

台所仕事は家事の中でもかなり複雑。調理の他、食材や道具の管理、設備の掃除まで。だからこそ自分たちの家事のやり方や好き嫌いを反映した配置にしたらどれだけ楽になるだろうと、作業を洗い出し、動線を整理して、設備を配置しました。

食卓は台所仕事の中継地点

冷蔵庫から食材を出したり、盛り付ける器を並べたり。中継地点にある食卓は作業スペースにもなって、台所仕事を楽にしてくれます。食卓で盛りつけをすれば配膳が省けます！

料理するときの手順と動線

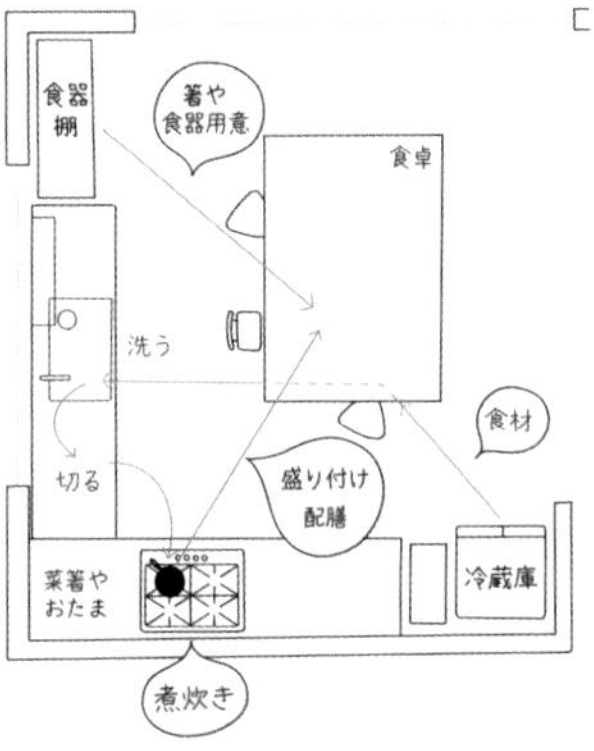

片付けるときの手順と動線

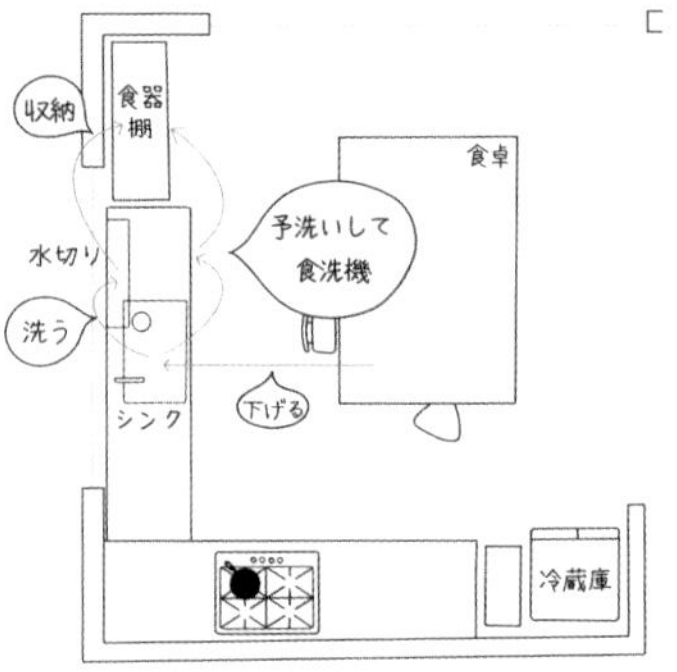

片付けが楽な配置

満腹になった後の食器の片付けは億劫で、旧居ではいさかいの元だったのが、今は食卓から振り返ればシンクなのでとっても楽！ 食器を洗っている時に家族とおしゃべりもできます。やりたくなかった家事が、0歩の配置で解決できました。

複数人で作業できるレイアウト

狭いスペースを融通し合いながらの作業は効率が悪いから、シンクとコンロで干渉せず同時に作業できるようにしました。コンロで調理しているときに、食器棚から器とお箸を用意してもらったり、冷蔵庫から飲み物を出してもらったりと、複数人での作業も想定したレイアウトはストレスがありません。

台所の高さの工夫

住人にちょうど良い高さの寸法

夫は背が高く、標準の85cmのシンクでは低くて腰が痛いそう。一方、私は背が低い。身長差のある二人が共に使いやすい高さを検討しました。

作業によっても変わる高さ

使いやすい高さは作業によっても変わってきます。盛り付けやコーヒーのドリップは低い方が作業しやすく、次は重い鍋を振るコンロの高さ、次は肘が窮屈にならず包丁を使える高さ、そしてかがまず器を洗える高さの順。さらに二人分の身長も考慮するとなると複雑です。

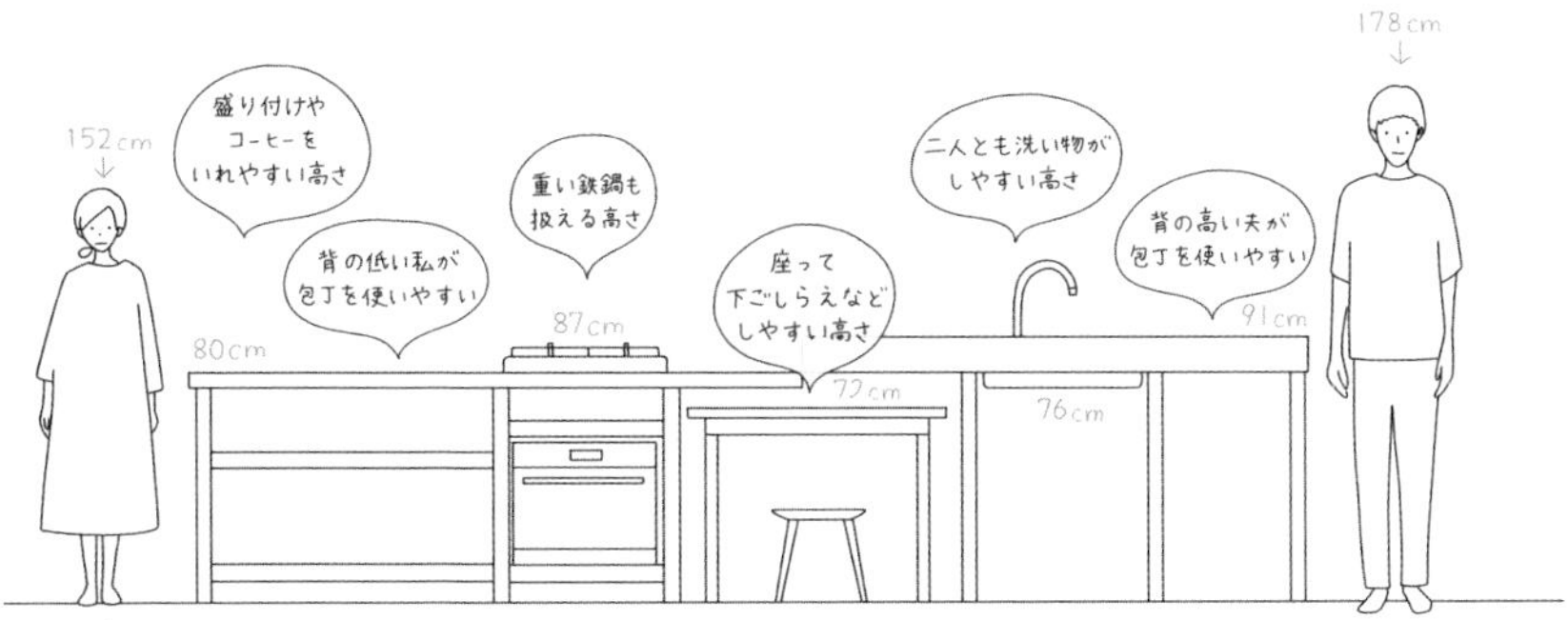

高さを2種類に

それでL字型の台所の、コンロ側は標準より低く、夫にも洗い物を分担してほしいのでシンク側は標準より高くしてみました。結果、二人とも使いやすい高さを実現できました。

シンクの中も作業スペース

夫に合わせたシンクは標準より高めですが、思いがけず背の低い私にも使いやすく、服に水が跳ねにくく感じます。またシンクを浅めにしたので、シンクの中は床からの高さが76cm。ここにまな板を置くと私にはちょうど作業しやすい高さで、水を流しながら魚をさばいたりするのに便利。生ものの調理後はシンク内を洗剤で丸洗いし、水でさっぱり流せるのも衛生的で気に入っています。

作業室

玄関を入って
右手にある作業室は、
本を読んだり勉強したり
ものづくりをしたりする部屋。
くつろいだり食事をとる
ＬＤＫの一つ手前の、
応接間のような
通路のような
位置づけでもあります。

図書館の閲覧室のような作業スペース

休みの日はそれぞれ本を読んだり、コンピュータで作業したり、工作や裁縫、勉強したりして過ごします。図書館の閲覧室のようにそれぞれ作業しつつも場を共有し、作業が捗る部屋が欲しいと思いました。

部屋の中心には大きな作業台。壁に沿ってぐるりと棚があり、本や文房具、デジタル機器やミシンなど作業に必要な道具が揃います。

家を建てるとき、いろいろな将来を想像しました。子どもがいたらここで一緒に勉強をするかもしれない、自営で仕事をしたり、勤めていてもテレワークが進んでこの部屋で仕事をしているかもしれない。そんなことを考えながら計画した部屋です。

南に面した明るいLDKに対して、奥まって床が一段低く北に面した作業室は落ち着いた雰囲気に。棚の本も日焼けしにくいし、作業するのにちょうどいい明るさです。

作業室の間取りの工夫

いろいろな作業を
想定して考えた作業室。
どこを誰の席と決めず、
その時々で好きな場所を使う
フリーアドレスの部屋なので、
作業台は共有スペース。
図書館を利用するように
1日の終わりには
使った道具を片付けます。

交通量に合わせて広く

廊下とLDKをつなぐこのスペースは、我が家で一番交通量が多い場所。ゆったり通れて、余裕を持ってすれ違える広さにしました。

段差に座る

椅子がわりに座れる段差。ここに座って作業すると、後ろの床にも資料や道具を広げられるのがとても便利で気に入っています。

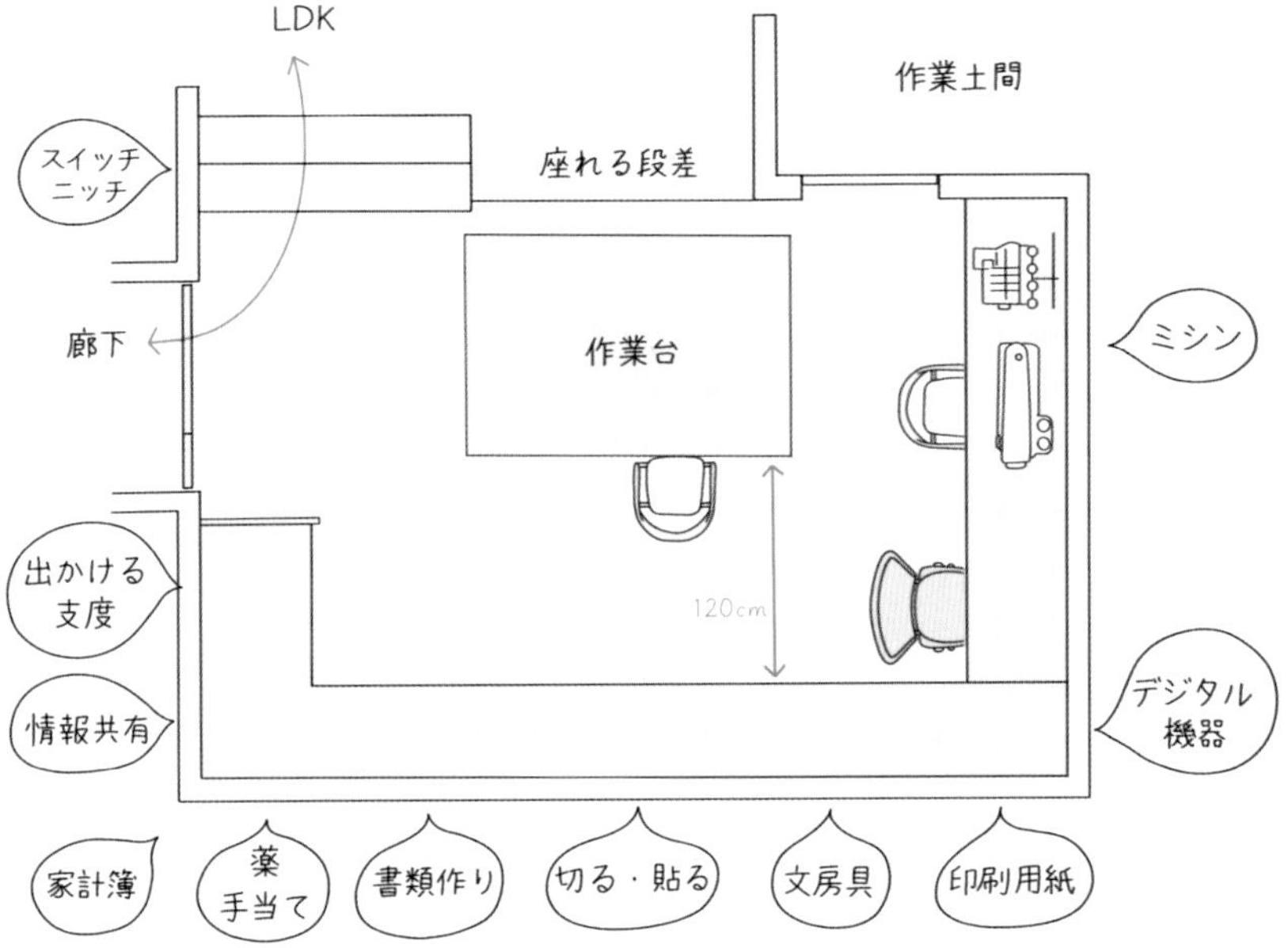

LDK
作業土間
スイッチニッチ
座れる段差
廊下
作業台
ミシン
出かける支度
120cm
情報共有
デジタル機器
家計簿
薬 手当て
書類作り
切る・貼る
文房具
印刷用紙

ゾーニングをしっかりと

作業室は、書類作りや傷の手当てなどの細々した作業も割り振っています。想定する作業ごとに棚をゾーニングして、家族にも分かりやすいようにものの置き場所を決めました。

通路幅は重要

家族が座っている後ろの棚のものを取ったり、カウンターで作業したり、通路として通り抜けたりするときに、よけてもらわなくてもすむ通路幅を検討しました。

家族の棚

棚を縦に区切ってもらい夫の棚、私の棚、子どもの棚、共有の棚…と分けて使っています。各人が自由に棚を管理しつつお互いに見られる状態なので、家族で本や道具を共有できます。家族の本棚を眺めるのも楽しいです。

壁付けのデスクスペース

ミシンやモニターなどを置いたり、家族に固定の机が必要になったときにもここを使おうと思っています。廊下から入って正面なのですっきりさせたくて、壁の棚は無しに。増設できるように下地を入れてもらいました。

大きな作業台

複数人でもお互い遠慮せずに作業できる大きな作業台が欲しくて、短辺が120cmある作業台を作ってもらいました。資料を思いっきり広げられるし、布の裁断にも便利です。

片付けられる棚収納と作業台

料理は台所、洗濯は洗濯脱衣室、そう考えていったときに場所の定まらない、傷の手当て、モバイル端末の充電、家計管理……。そういった細々して、それに付随する道具が出しっ放しになりがちだったコトをこの作業室に割り当て、それに必要なモノの定位置も近くに確保しました。

コトの定位置で全て揃う

例えば、書類を作るのに、ペンで記入、身分証のコピーをとって、カッターでカットして、ノリで貼って、郵送するのに切手と封筒が必要……。こういうコトは、作業室の北東の棚が定位置。切ったり貼ったりする道具が入っている箱を棚から引き出し、棚の上で作業。封筒などは下段の棚のファイルボックスにまとめてあるし、そのほかの道具も全て揃います。終わったら道具を棚に戻して、作業は終了。

持ち出すより、出向いた方が楽

コトの定位置に行けば、道具も全て揃って作業スペースも確保されている。そうなるとわざわざモノを持ち出すよりここに出向いて作業した方が楽だし、片付けるのも楽。家族も自然とモノを持ち出さなくなるし、出しっ放しにされてもガミガミイライラせずにさっと片付けられます。

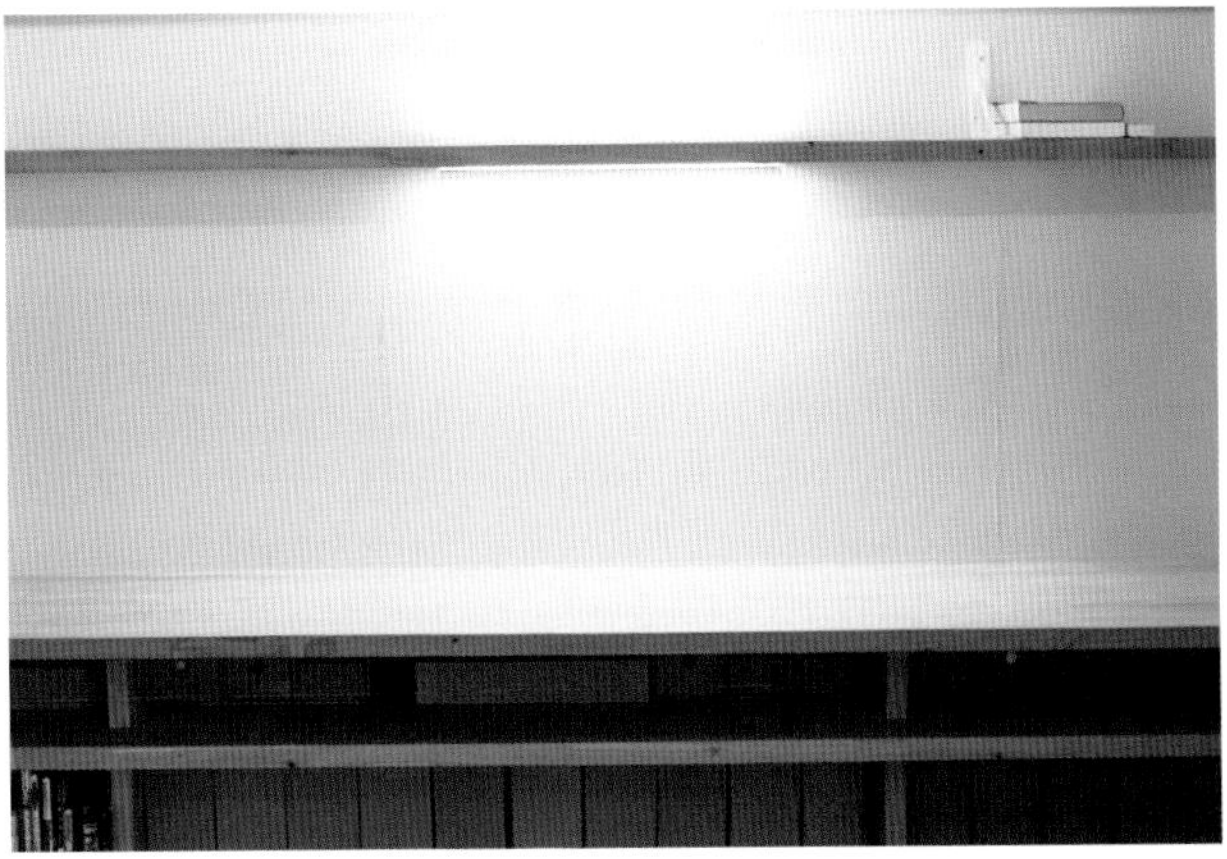

使いやすい棚の設計

壁いっぱいの棚と作業台は、旧居の作業室が元になったアイデアです。より使いやすくなるように棚の寸法を検討して、大工さんに造作してもらいました。

10cmの隙間

作業に必要となる道具は、作業別にトレイにまとめてこの段に。トレイの高さが棚の高さの半分ほどなので、爪切りなどはトレイを引き出さなくても出したり戻したりできます。

棚の奥行き

旧居の棚はすべての段で奥行きが同じでした。作業するときに、座るにしろ立つにしろ棚に足が当たったので、下段の棚は奥行きを浅くしました。

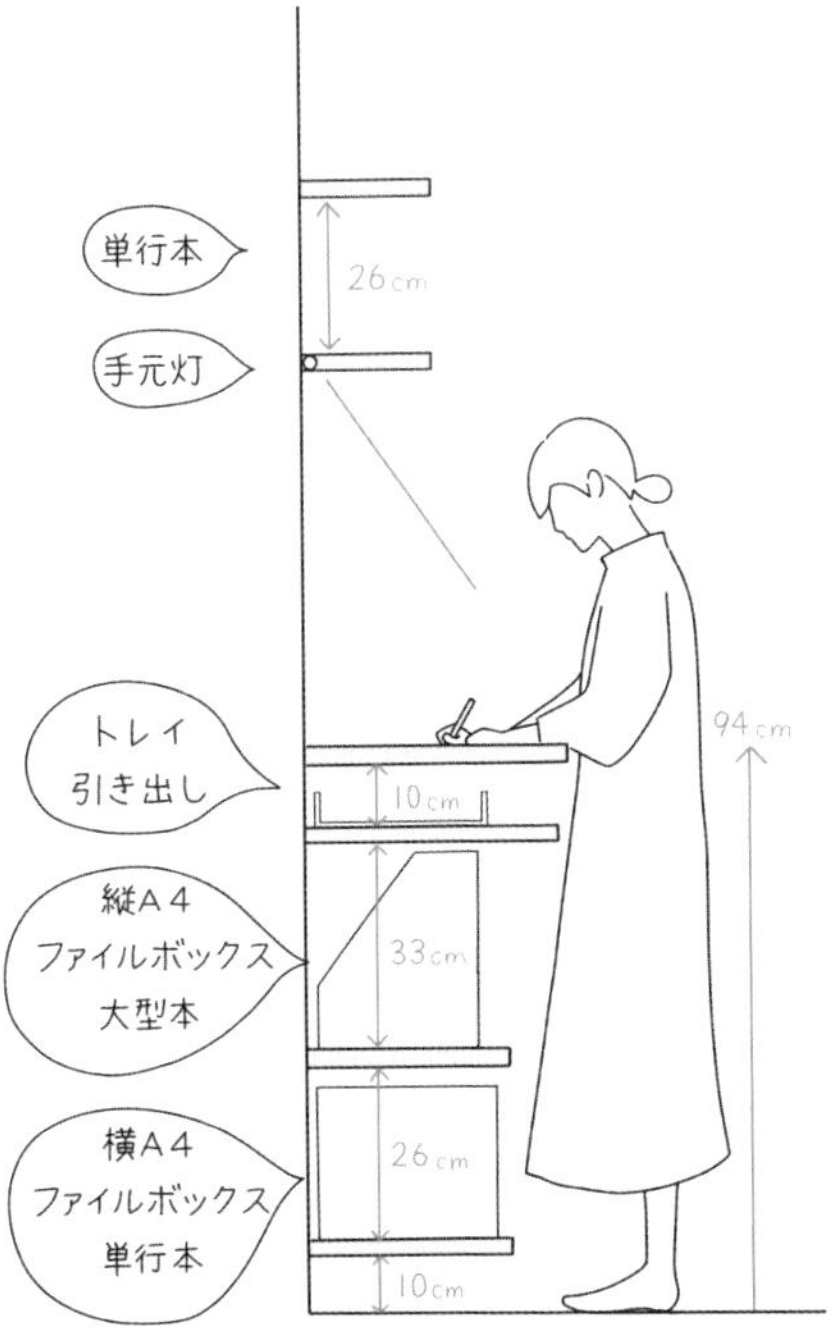
単行本
26cm
手元灯
トレイ
引き出し
10cm
縦A4
ファイルボックス
大型本
33cm
横A4
ファイルボックス
単行本
26cm
10cm
94cm

立って作業できる高さ

さっと作業に取り掛かれるように、立ったまま作業できる高さのカウンターに。パソコン仕事も立ったままここでしたり、座りたいときは高さのあるスツールを使っています。

ごちゃごちゃしてもいいところ

家中どこもすっきりしていたらいいなと思うけれど、しまいこんでしまうと不便になるところもある。
それで作業室のこの一角は「ごちゃごちゃしてもいいところ」に。
玄関からLDKへ抜けるときや、LDKから作業室を見たときには死角になるので気になりません。

持ち物を整える場所

カバンや持ち物は玄関に近いこの場所に。下2段は保育所の持ち物置き場。手帳や水筒などを透明ケースに揃えてから支度すれば忘れ物をしません。ランドセルが入る寸法です。

毎日のことが簡単になるように

帰ってきたら、鍵を置き、財布からレシートを出して、モバイル端末を充電。そういう毎日のことが面倒になると後手後手になるので、これらはここに出しっ放しにしています。

todoリストの掲示板

点検のお知らせや振込用紙など忘れてはいけない郵便物や書類はこの掲示板に。終わったら処分するので、この掲示板がtodoリストの役割をします。

進捗を共有する書類トレー

大事な書類は紛失しないようにまず書類トレーに。処理したけれど返信待ちなどで完了していない書類は2段目に。完了したらファイリングして棚へ。置いてある場所で進捗が分かるので、家族で作業を共有できます。

デジタル作業を快適に

デジタル機器での作業が好きなので、デジタルまわりの機器やコードや充電器などがごちゃごちゃしがち。すっきりして使いやすいように、デジタル作業のスペースを計画しました。

使いづらい角にコンセント

カウンター下の角の棚に、普段は触らないネットワーク機器を置けるように、電源や情報コンセントをつけました。無線LANは必要な部屋まで届くように、機器が熱暴走しないように注意し、有線LANの空配管もお願いしました。

棚に配線用の穴

棚の上下の機器同士を接続したりコンセントを融通できるよう、棚に穴を開けました。

棚の隙間に引き出し

北側のカウンターと西側の机の段差には、外付けディスクドライブなどを収納したトレイを。使うときはトレイごと引っ張り出してコンピュータに接続し、終わったら押し込んでさっとしまえるのが便利です。

コピー用紙置き場

コピー用紙はプリンタ近くの高さ10cmの段にちょうどよく収まります。

庭を眺めたい

南側には、少しずつ手を入れている庭と遠くには山が見えます。この景色が見えるように掃き出し窓をつけ、台所や作業室から眺めています。

眺めたいものだけ見えるように

台所と居間と作業室。
部屋同士がつながっているのは便利な反面、
いろいろなものが見えすぎても落ち着かない。
そこで、どこから何を見たいのか、
何が見えない方がいいのかを考えて
間取りを決めました。

回り込まないと見えない

端末を充電したり鍵など小物を置いたり、未処理の書類などを貼り付けてあるこのスペースはごちゃつくけれど、棚の側面で死角になりLDKからは見えません。

台所から見える洗濯物

晴れた日に風に揺れる洗濯物を眺めるのが好きなので、私がよくいる台所から見えるように。風で飛ばされていないかも見ることができます。この窓からは洗面室の様子も見えるので、朝家族が起きて支度を始めているかも見ることができます。

台所と程よく離れる

作業中、私は台所が見えると家事に気がそれてしまうので、作業室からは台所が見えないように。将来子どもが勉強、私が夕飯を作っているというような状況を想像しても、程よく距離があると集中できるのではと思っています。

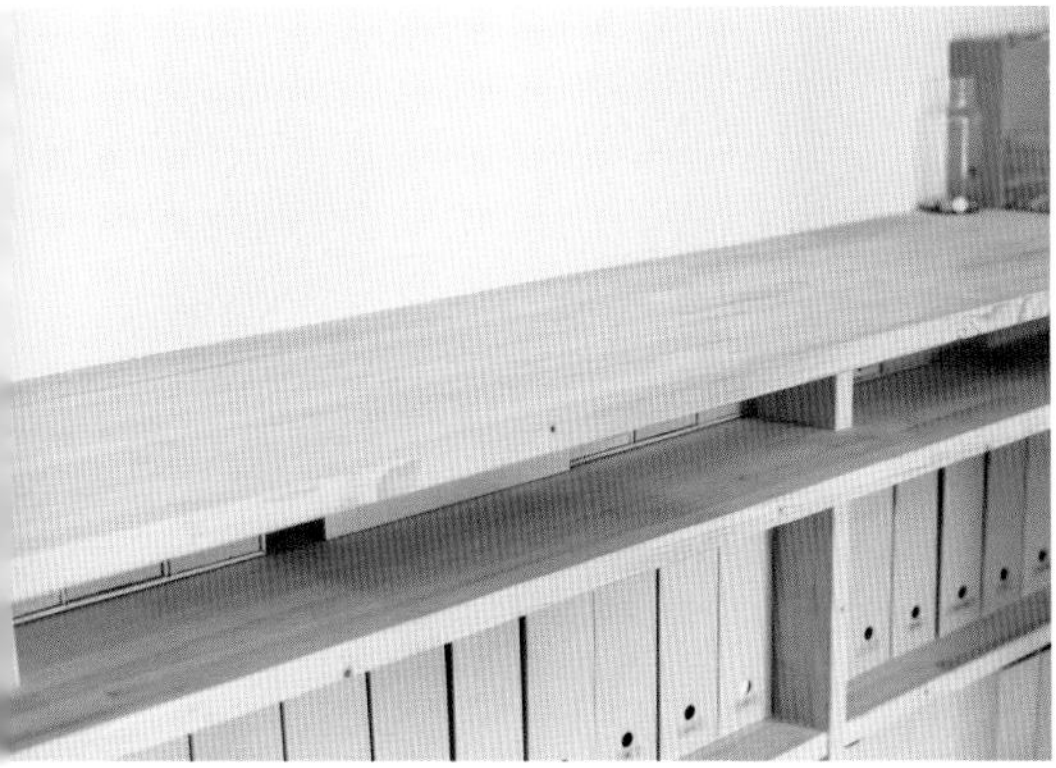

棚に奥行きを持たせてすっきり見せる

作業室の棚はオープンなのでさっと道具を取り出しやすい反面、ごちゃごちゃが気にならないか心配でした。棚に奥行きがあるのもあって、LDKの一段高い視線からだと奥が見えづらく、すっきり見えるように感じます。

廊下

真っ直ぐに伸びる線路や道が好きなので、家の真ん中には長い廊下を。もったいないようにも思えるけれど、あえて何もない空間を作って、歩きながら気持ちを切り替えたり、作業と作業の間にひと呼吸置いたり。眺めるだけでもなんだか気持ちがすーっとします。

廊下の間取りの工夫

廊下は好きだけど、少しもったいない気もしたので、他のスペースと兼ねるなど、工夫をしました。

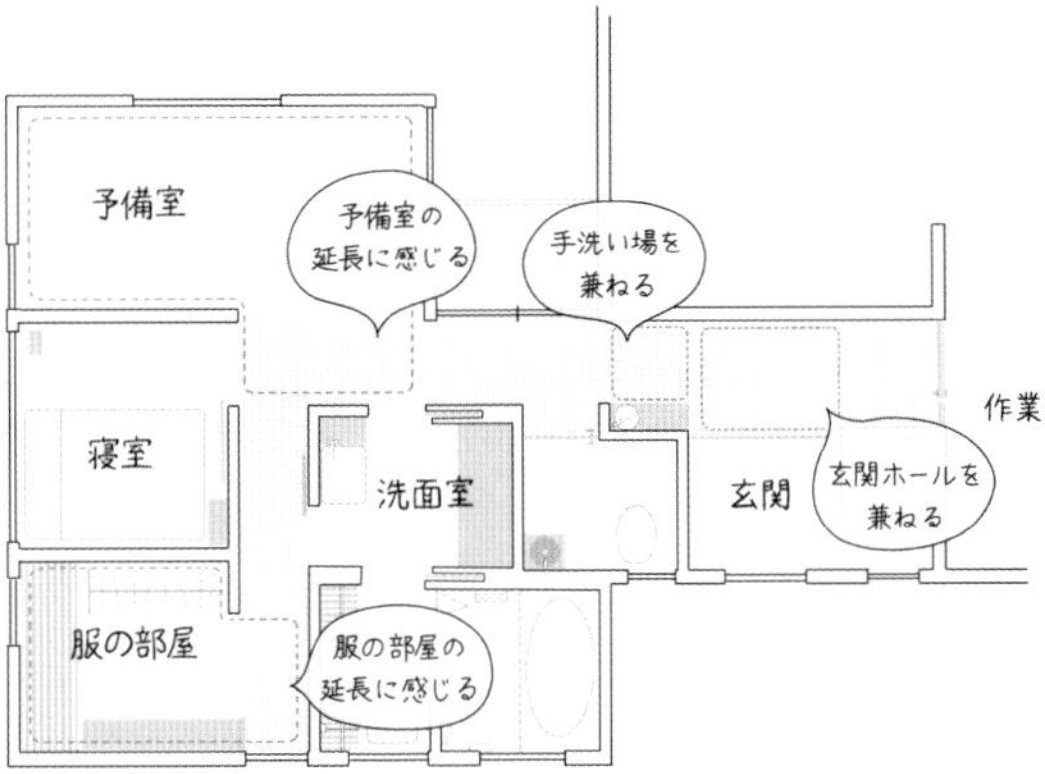

予備室
予備室の延長に感じる
手洗い場を兼ねる
作業室
寝室
洗面室
玄関
玄関ホールを兼ねる
服の部屋
服の部屋の延長に感じる

部屋を広く感じさせる廊下

写真は寝室と洗面室の間の廊下。服の部屋の入り口には戸がなく、中から見ると廊下の部分も部屋のように感じるので、窮屈に感じません。同じく予備室に面した廊下も戸がないので、部屋の中からは廊下まで部屋のように感じられます。

兼ねる廊下

玄関前の廊下は玄関ホールを、その奥は手洗い場を兼ねています。ウッドデッキに面したところは明るいので縁側のような感覚なのか、夫がよく家電の手入れをしています。

トイレ

トイレは狭いからこそ
少し面積を広くするだけでも
広々と感じるし、
閉じた空間だからこそ小物まで
自分で好みのものを選んで
お気に入りの空間に。
窓や塗装など広い部屋では
予算オーバーで諦めたものも
トイレで採用しました。

真鍮のタオル掛けに陶器の手洗い、鉄の脚など、質感のあるパーツを探して施主支給しました。

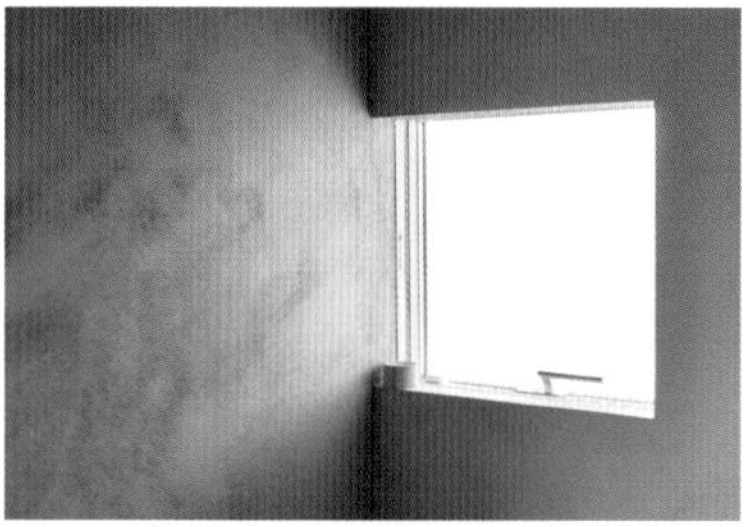

枠が全く見えないYKKの窓は玄関とトイレに採用。光の当たり方でいろいろな表情に見えるポーターズペイントで壁と天井を塗り、こもり感のある落ち着く雰囲気になりました。

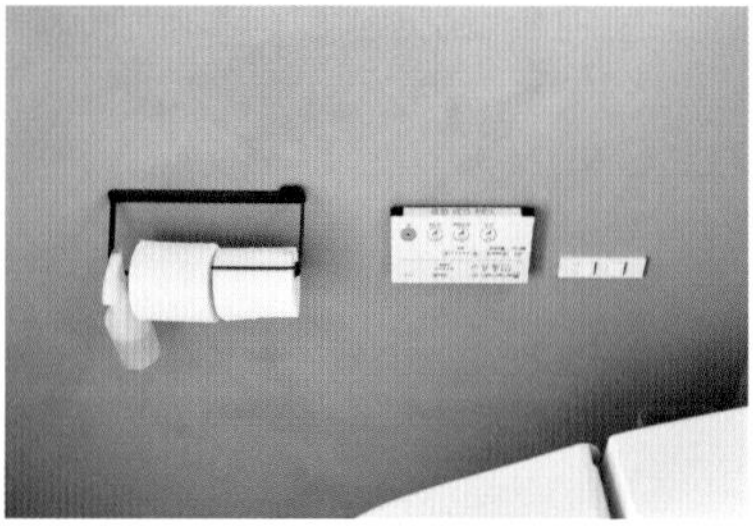

鉄のペーパーホルダーもネットで探して施主支給。雑貨やインテリアのお店で自分で探すと、あまりコストをかけずに雰囲気を変えることができます。

トイレの間取りの工夫

トイレは各部屋からアクセスしやすいところに。LDKとは距離をとり、防音を考えて開き戸にしました。配管や配線、掃除道具なども奥の角にあるのですっきりして見えます。入るときの正面は便器ではなく手洗いに、トイレを出ると庭が見えるように配置しました。

トイレは埃が多い部屋

トイレットペーパーや着脱する衣服からは意外と埃が発生します。蓋は樹脂でできていて特に埃が付きやすいので拭き掃除しやすそうな形のものを選び、照明は埃が積もらないようにダウンライトにしました。

子どもがいると

当時は想像もつかなかった男の子のいる暮らし。今のところきれいに使ってくれていますが、拭き掃除しやすい壁材や無垢ではない床材、壁付けの便器なら安心だったかもしれません。補助便座や踏み台などを置いたり、トイレに付き添うことも多いので広めのトイレは便利でした。玄関や寝室、浴室から近く、駆けこめる位置も良かったと思います。

手洗いが好き

こまめに手を洗えるように、玄関を入ってすぐとトイレに
手洗いを作ってもらいました。
陶器が好きなので、棚の上に陶器が飾ってあるようなイメージに。
陶の質感が映えるように、
いずれもポーターズペイントで壁を塗装しました。

掃除が楽になるように

水回りは汚れやすい場所でもあります。雰囲気を損なわないようにしつつ、汚れにくい手洗いを考えました。

タオルの位置

手を洗ってからタオルにたどり着くまでの間にポタポタと水滴が落ちて床を汚さないように、タオル掛けはボウルの真上に取り付けました。

蛇口の位置

手を洗ってから蛇口をひねるときに蛇口や水栓の根元が濡れてしまうと汚れの原因になるので、吐水口をひねると水が出るタイプの水栓を選びました。

水跳ねを減らす

平茶碗のような形の手洗い鉢は、水が飛び散って壁や床を汚しそう。それで吐水口を通常よりも低くし、泡沫吐水のものを選びました。

給排水の位置

給水・排水は壁からと床からのものがあります。壁の給排水は床に配管がないのですっきりして掃除が楽に。給水は台から出るタイプを選ぶと、台の下で水勢を調整できて便利でした。

寝室

ぐっすり眠って、朝すっきりと
早起きをしたいと思っていたので、
寝室はテレビも机も
収納もないシンプルな眠るための部屋に。
寝室は埃が多いので
ものが少なければ掃除も楽。
地震でものが落ちてこないのも安心です。

寝室の間取りの工夫

箱のような寝室

廊下を挟むことで、家族の生活リズムがずれたときにも、寝室に水回りの生活音や機械音が伝わりづらい。外から見ると箱のような見た目も気に入っています。

寝具の手入れがしやすい動線

ウッドデッキでお日様に当てたり、平日は予備室で干して湿気を逃したり、シーツを洗う洗濯機も近い。寝具はかさばるので近い距離でお手入れがすむようにしました。

夜中のトイレ

子どもが小さいうちは寝室とトイレは近い方が便利。夜中に寝室を出るとセンサーが反応し、トイレ前の足元に小さな明かりがつきます。

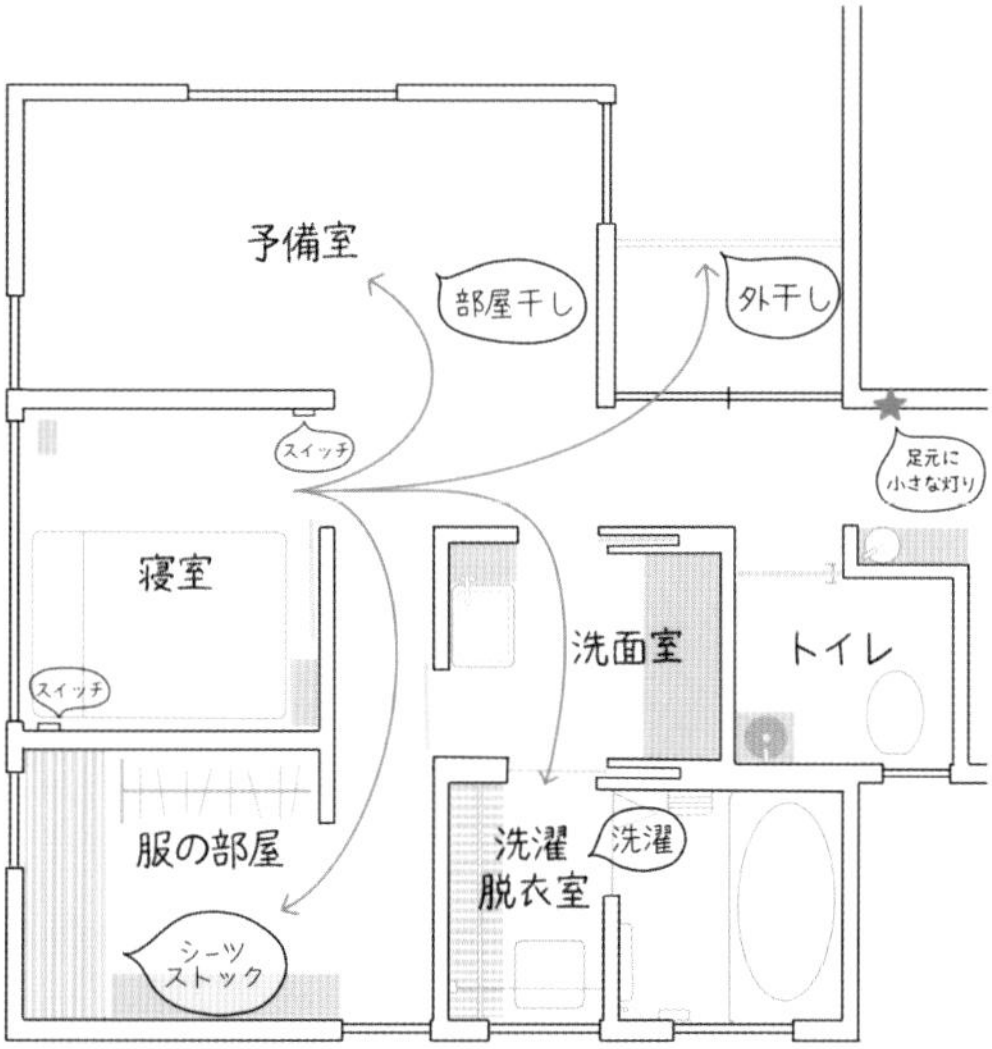
予備室
部屋干し
外干し
スイッチ
足元に
小さな灯り
寝室
洗面室
トイレ
スイッチ
服の部屋
洗濯
脱衣室
洗濯
シーツ
ストック

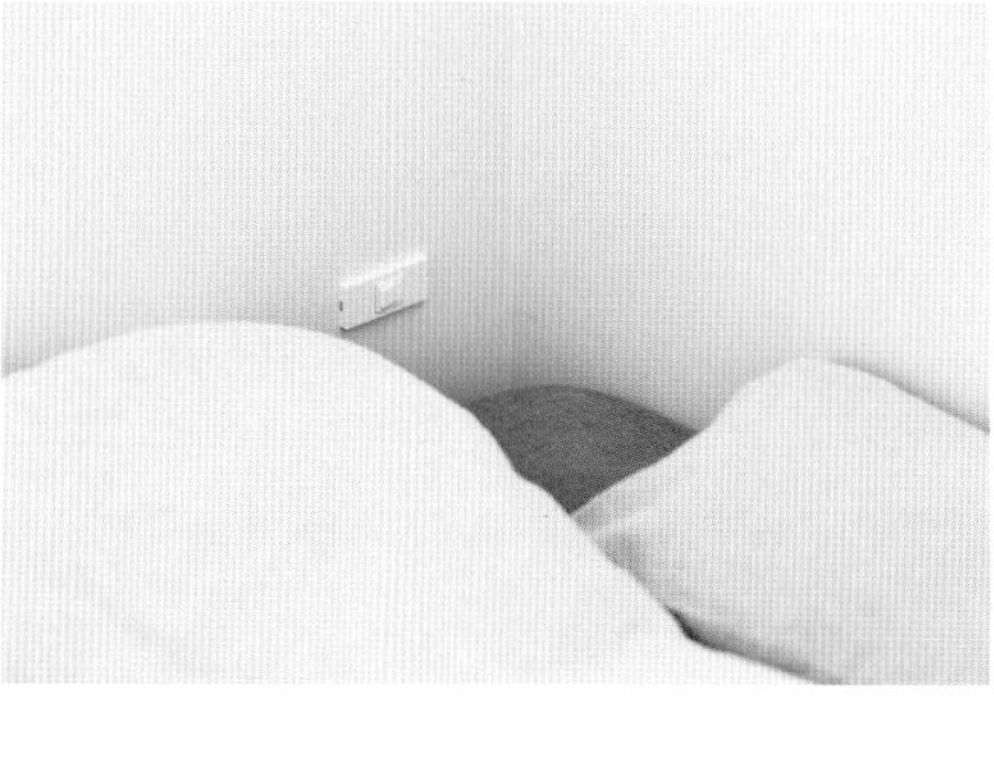

ケンカにならないスイッチ位置

寝室のスイッチは横になったままでも手が届く枕元に。入り口でも点けられるように、狭い部屋ですが2箇所にスイッチをつけてもらいました。照明は横になったときに眩しくないように壁に寄せて一つだけ付けました。

寝室に置くもの

狭い寝室だからこそ、
あらかじめ置くものや
その置き場、必要なコンセントは
よく考えておいたほうがいいと思い、
計画しました。

スツール

小物置きにはコンパクトで座面が平らなスツールを使っています。来客時には椅子としても使えます。

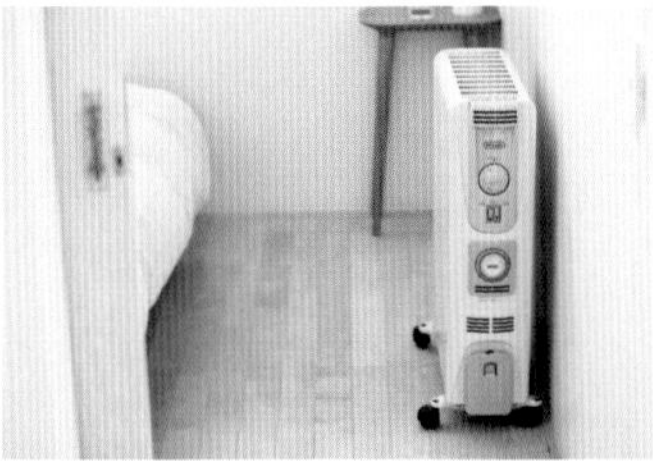

オイルヒーター

大人だけなら暖房は要らないけれど、子どもが乳児の頃は必要だったので、コンセントがあれば設置でき、空気を汚さないオイルヒーターを。狭い寝室なので効率よく温まりました。

コンセントも計画的に

暖房や扇風機、布団乾燥機、充電器など、眠るだけの部屋とはいってもコンセントは案外必要に。4口のコンセントをつけました。

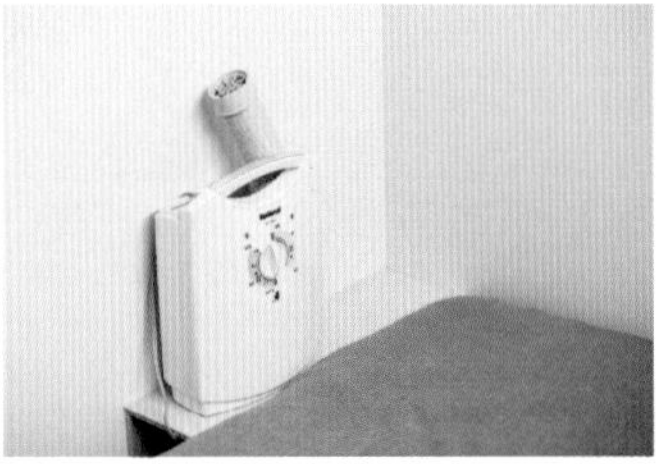

布団乾燥機

寝具に湿気がたまらないように、一年中布団乾燥機を使っています。冬も布団乾燥機があれば暖房なしで乗り切れます。

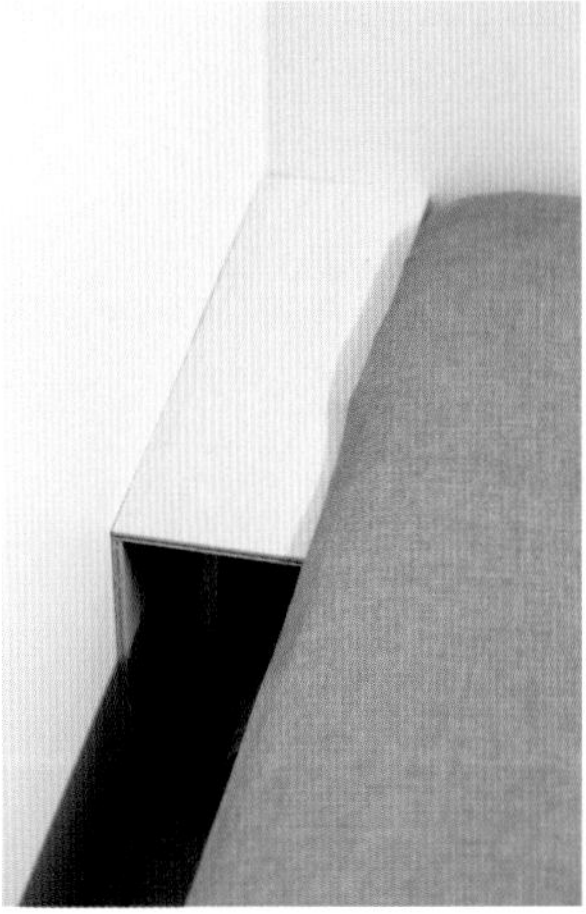

棚をDIY

子どもの落下防止に、ベッドと壁の間の隙間に合わせて棚を作りました。10年選手の布団乾燥機もここにしまってしまえばすっきりします。

狭くても模様替えを楽しみたい

狭い寝室でも、たまには模様替えして気分転換したいし、家族の成長に合わせて柔軟に変化させたい。それであらかじめいくつか家具をイメージし、その配置を想定しておきました。

大人が眠るのは旧居から持ってきたダブルサイズの脚付きマットレス。子どもが赤ちゃんのうちはIKEAのベビーベッドを横に置けるように。ベビーベッドを使わなくなったら川の字で寝たいから、小さなベッドを並べられるように。子どもがベッドから落ちないように、できるだけ隙間なくベッドが入るようにしておこう。うまくいくかは分からなかったけれど、事前に採寸しておいて良かったと思います。

ちなみに小さなベッドは、子どもが生まれる前後はソファのように居間に置いてお世話や休憩に使ったり、子どもの夜泣きがひどかった頃は、予備室に置いて夫が一人で寝たりする時期もありました。

予備室も寝室に

予備室も寝室になるように、窓やベッドの寸法を考えました。窓の前に植えた木が茂ってきて、寝転んだ時に緑が見えるので、明け方やお昼寝が気持ちいい配置です。

予備室

将来、子ども部屋が必要になったときに
備えたスペース。
子ども部屋としての使い方も想像して、
照明とスイッチを考えたり、
壁に下地を入れたりしておきました。

変化を受け入れる余白

子ども部屋をどうするかは迷ったけれど、必要なのは数年と聞く。それ以外の時期にも活用できるように、壁で区切らず廊下に面した空間をとっておくことにしました。

緑が気持ちのいい季節はベッドをこちらに移動したり、子どもが生まれて次から次へと出る洗濯物を干したり、小さなうちはマットレスなどを並べてアスレチックの部屋にしたり。その時々で暮らしは変化しますが、想定からはみ出てしまった部分をこの部屋が引き受けてくれるおかげで、気持ちよく楽しく暮らすことができています。

将来は子どもと、どんな風に子ども部屋を作ろうか計画を立て、一緒に手を加えていくのが楽しみです。

庭を眺められる窓。早朝にここから外を眺める時間が好きです。

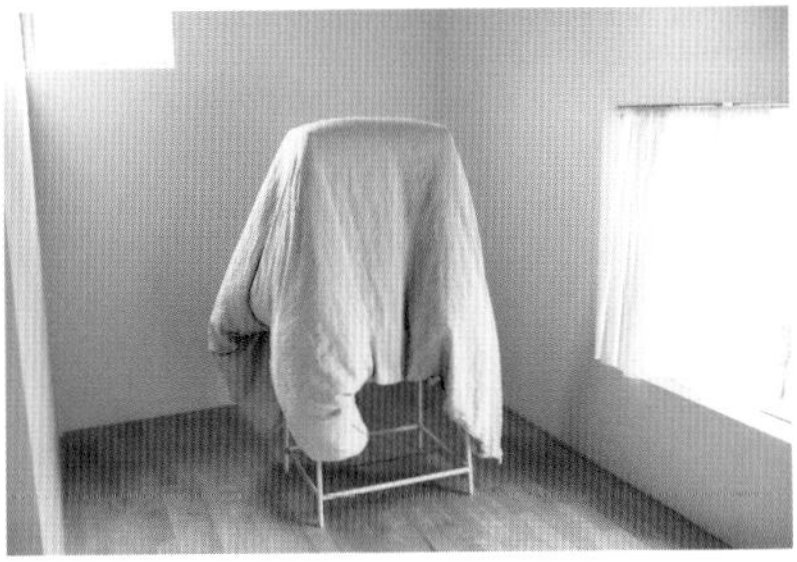

平日は掛け布団をここに干しています。室内干しでも湿気が抜けて、気持ちよく眠れます。

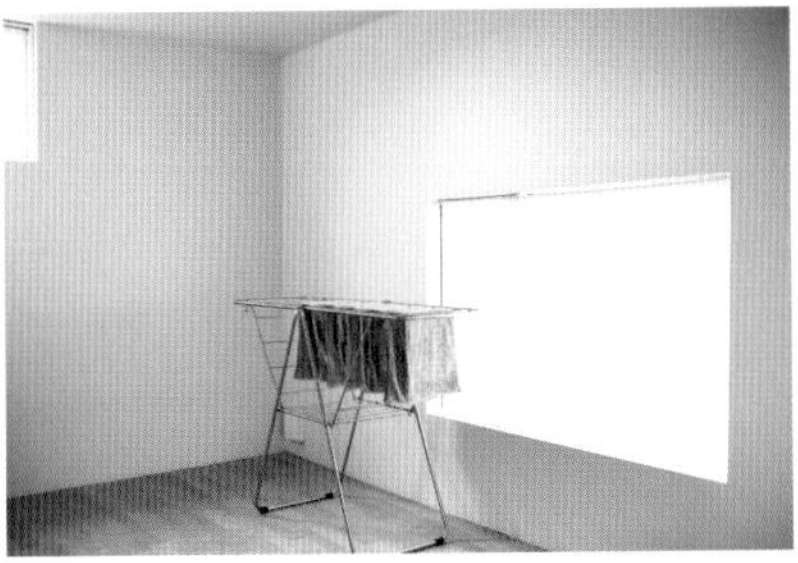

室内干しが洗濯脱衣室に収まりきらないときは、洗濯脱衣室から近い予備室に干します。

旧居ではお札の置き場に困っていたので、大工さんに棚を作ってもらいました。朝起きてすぐに目に入る位置です。

洗面室

洗面室の役割を整理して脱衣と洗濯は分け、
身支度と家事をする部屋に。
清潔感のあるすっきり気持ちのいい
洗面室を目指しました。

洗面室の間取りの工夫

洗面室は出かける前の慌ただしい時間に混み合います。我が家の間取りだと他の部屋とのつながりも多く、さらに混雑しそうだったので、洗面台を使っている人の後ろを通ったり棚のものを取ったりするのに十分な広さを考え、加えて廊下を迂回できるようにしました。

スイッチは2箇所

狭い空間だけど、どの出入り口からもスイッチに手が届くように、2箇所から照明を操作できるようにしました。

ふた方向から使える洗面台

家族で一緒に帰宅したときの手洗いや、夜の歯磨きなど、洗面台を同時に使いたいことがあるので、一つの洗面台を正面と横から使えるように配置しました。小さめの流しですが子どもと一緒にしっかり手洗いできます。

唯一、窓のない部屋

動線を優先したら窓のない部屋になりましたが、入り口の引き戸は基本的に開けっ放し、閉めてもガラス戸なので、晴れた日中は自然光で過ごせます。風通しも良い部屋になりました。

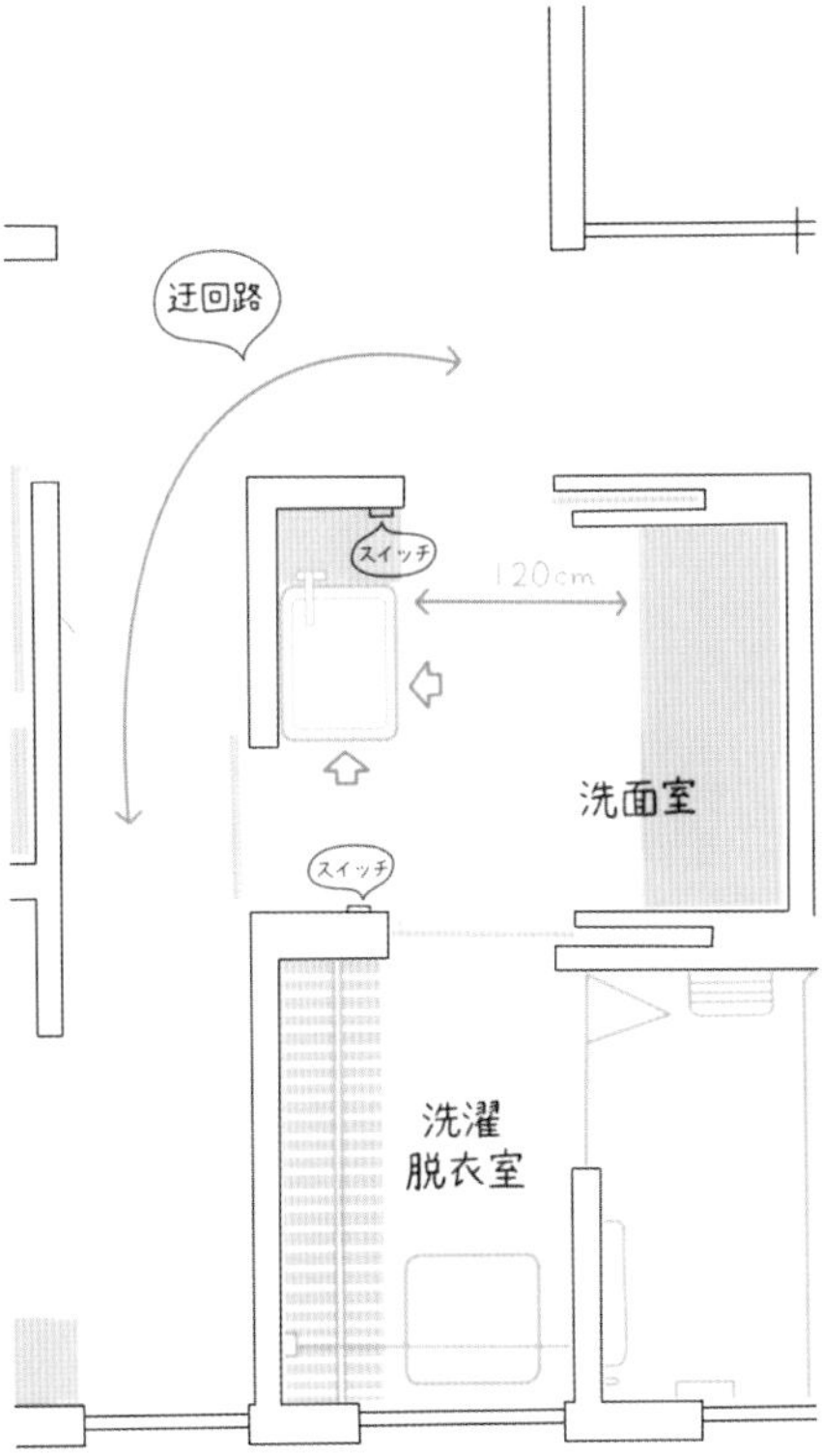

迂回路
スイッチ
120cm
洗面室
スイッチ
洗濯
脱衣室

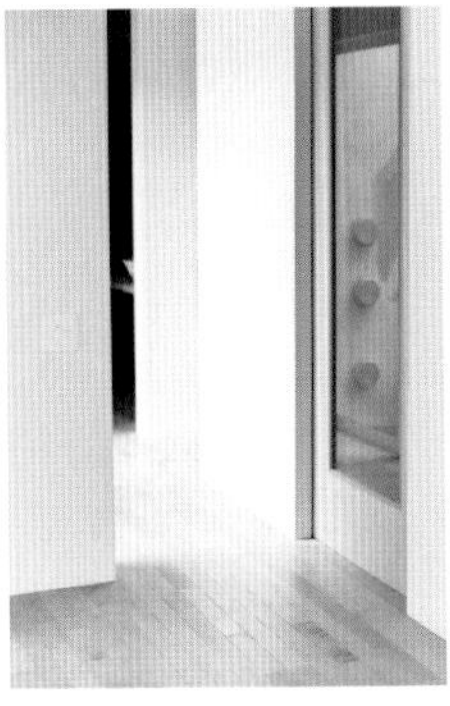

引き戸を閉めていても光が入るガラス戸。プライバシーを確保するためにタペガラスを使いました。

洗面まわりの設備

造作の洗面台

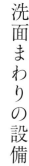

掃除しやすく雰囲気よく、コストも抑えた洗面台にしたいと、パーツを集めて組み立ててもらいました。

鏡の上には手元を照らす照明を。鏡はネットで購入し施主支給。背の低い私でも隅まで拭き掃除がしやすいように、大きすぎないものを選びました。

平らな木の棚はさっと一拭きするだけなので掃除が楽。プッシュ式ボトルを置いたまま使えたり、蓋のある容器の蓋を開けやすいように、棚の間隔は広めにしました。

リクシルの台所用水栓

水栓は濡れると汚れるから、ハンドルを右手首で操作しやすいよう、流しの右横に設置。台を木にしたことで濡らしてはいけないという意識が働き、もし濡らしてもタオルでさっとひと拭きする習慣がつきました。

タオルを掛けられる形

洗った手がタオルにたどり着くまでに、床にポタポタ水が滴るのを防ぎたい。この水栓はタオルを掛けられるから、滴る水は流しの中へ。

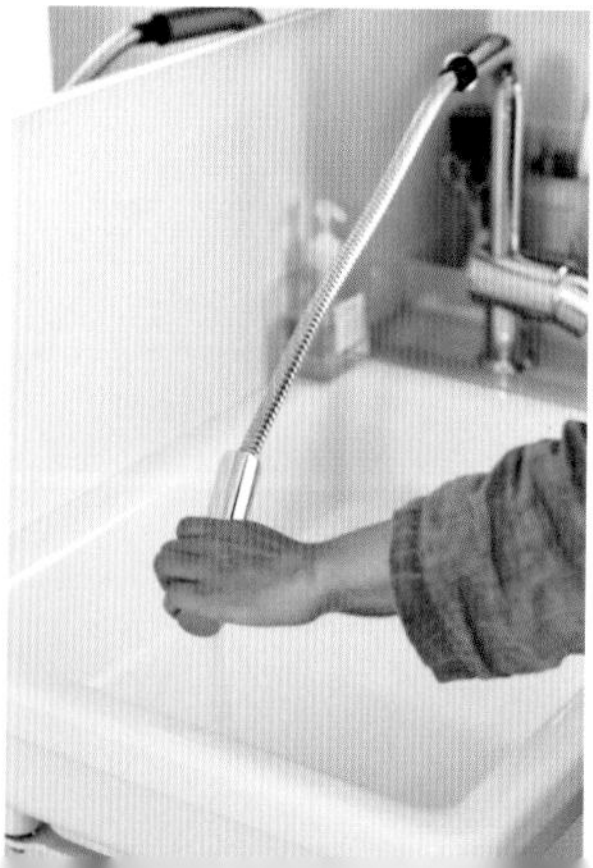

伸びる吐水口が便利

洗面台を掃除する時、何度もコップで水を汲み流してきれいにするのは大変なので、水栓の吐水口は伸びるタイプが便利。楽に引き出せるので、使うたびに隅々まで流します。

実験用流し

洗面台で家電のパーツを洗ったり洗剤の詰め替えをしやすいように、平らな流しを選びました。見た目がシンプルで、比較的安価なのもうれしい流しです。

TOTOの実験用流し

深さや幅に選択肢がありましたが、掃除が楽なように我が家は小型のものを選びました。

平らな流しは一長一短

平らなので詰め替えボトルやつけ置き容器を置きやすく便利ですが、平らな分、水や汚れを意識して流さないと溜まってしまいます。浅くて平らな分、水跳ねもしやすい印象。吐水口がシャワーだったら跳ねにくかったかもしれません。

高さも慎重に決めました

洗面台の高さも夫と話し合って決めました。夫は低すぎると腰が痛いと言うし、高すぎると洗顔時に肘から水が垂れるので、実験して夫が使いやすいと言う高さに決めました。

子ども用のIKEAの踏み台は、流しの下に収まるので邪魔になりません。水を跳ねさせてしまっても子どもが自分で拭くことができます。

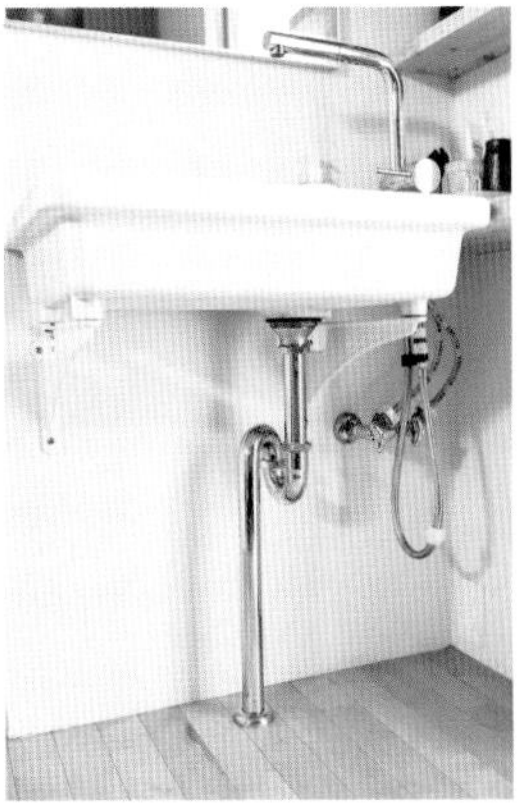

流しはブラケットで壁につけてもらいました。洗面台が割れても簡単に交換できます。洗面台の下に湿気がこもるのが苦手なのでオープンに。

洗面室のモノと収納

① 充電器やアイロンは使うときにボックスごと下ろし、終わったら戻す。洗剤のストックなど子どもが触ると困るものも今は上段に。
② 下着類やハンカチなど、畳んでも崩れやすいものを無印良品のメイクボックスに入れています。
③ タオルは畳んで種類別に。
④ 作業スペースとして空けておく。室内で羽織るものなどはかごの中へ。
⑤ 出しっ放しになりやすいドライヤーは、かごに入れるだけ。
⑥ 白いボックスには、時間のあるときにまとめて浸け置き洗いしたいものを一時置き。高さを無印良品のファイルボックスに合わせたので、新商品のボックスもぴったり収まりました。体重計は、床に置いて棚の下にもしまえます。

暮らしに合わせて柔軟に

暮らしの変化に合わせて、置きたいものや使いやすい位置も変化すると思ったので、柔軟に対応できるように仕切りや引き出しのない棚に。引き出し代わりのボックスは無印良品のメイクボックス（上段）とファイルボックス（下段）を想定し、棚の寸法を決めました。

一つの箱に一種類

引き出しの管理が苦手なので、メイクボックスを並べて引き出し代わりに使っています。靴下、ハンカチ、充電器……など一つの箱に一種類と決めて分かりやすく。ポリプロピレンのボックスは丸洗いできるし、中身が見えるのでラベル要らず。収納の見直しも気軽にできます。

家事が捗る作業台

収納棚の一段を作業台に。アイロンがけをしたり、洗濯物を畳んでボックスに収納したり、掃除機や髭剃りの充電器も上のボックスに収納してあるのでここで充電します。収納場所と作業台を併せて用意したことで、取り掛かりやすく片付けやすくなりました。

目立たない手元灯

作業がしやすいように、作業台の上には手元灯をつけました。すっきりとした見た目にしたかったので、棚を切り欠いて照明が目立たないようにしてもらいました。上に物が置けるようにアクリル板を置いています。

洗濯脱衣室

毎日の洗濯を楽にする洗濯脱衣室

絡まるハンガーをしまったり、重い洗濯物を持って移動したり、鴨居（かもい）にかけた部屋干しの下を潜ったり、シワになった洗濯物の山を眺めたり。これらを全部解決したくて、洗面室から独立した洗濯脱衣室を作りました。

洗濯に必要なたくさんの道具や工程を狭い範囲で完結させて楽に。洗濯物や道具の出しっ放しをだらしないと否定せず良しとしたことで気持ちも軽くなりました。

狭い部屋ですが、狭いがゆえに、ほとんど歩かず洗濯をすることができます。洗濯物から発生する埃の掃除も狭いから楽だし、部屋干しの除湿も効率よく行え、狭いことが功を奏していると感じます。

洗面から独立した洗濯脱衣室は、贅沢だと思いつつ思い切ってよかった部屋。部屋干しの下を潜って落とすことも、洗濯物を畳まなくちゃと焦ることもなくなりました。

「脱ぐ→洗う→干す→着る」が完結

入浴時に脱いだ服と使ったタオルを洗濯機に入れてすぐに洗い、真横のバーに干す。翌日の入浴時には干してあるタオルと肌着を使えば干してある洗濯物はほどんど片付くので、畳む衣類はほんの少し。本当に忙しい時はこんな感じ。洗濯物が山にならない仕組みです。

干したまま
畳まない
すぐ洗う
入浴時に
脱いだ服と
使ったタオルを
入れる
翌日の入浴で
ここから使う

洗濯脱衣室の間取りの工夫

洗濯まわりの動線を短く

予備のタオルや肌着は洗面室へ、外出着は服の部屋へ片付けますが、いずれも動線が短くて楽です。休日に外干しするウッドデッキや、アイロンがけする洗面室のカウンターへも移動距離が短くすむように計画しました。

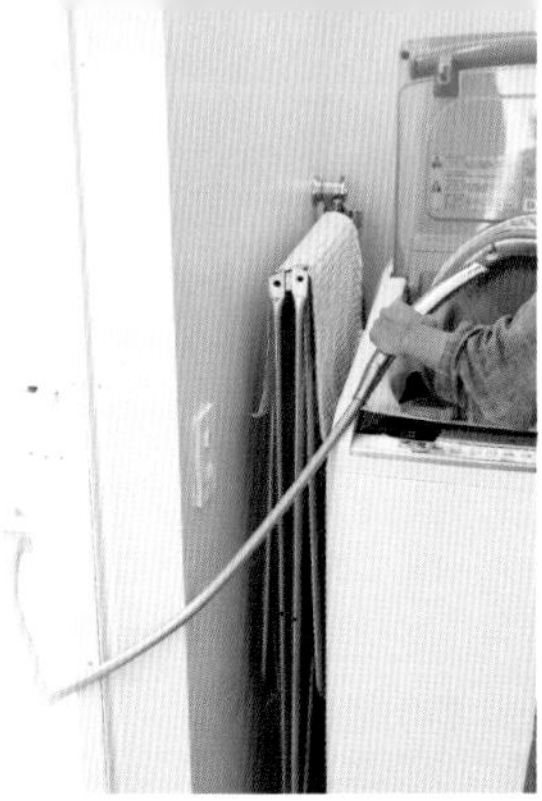

浴室のすぐ横に洗濯機

洗濯機を浴室の真横に設置し、浴室内で予洗いやつけ置きしたものを最短距離で洗濯機に入れられるように。浴室のシャワーが洗濯機に届くので、洗濯槽の掃除にお湯を溜めたり、シャワーで洗い流したりしています。

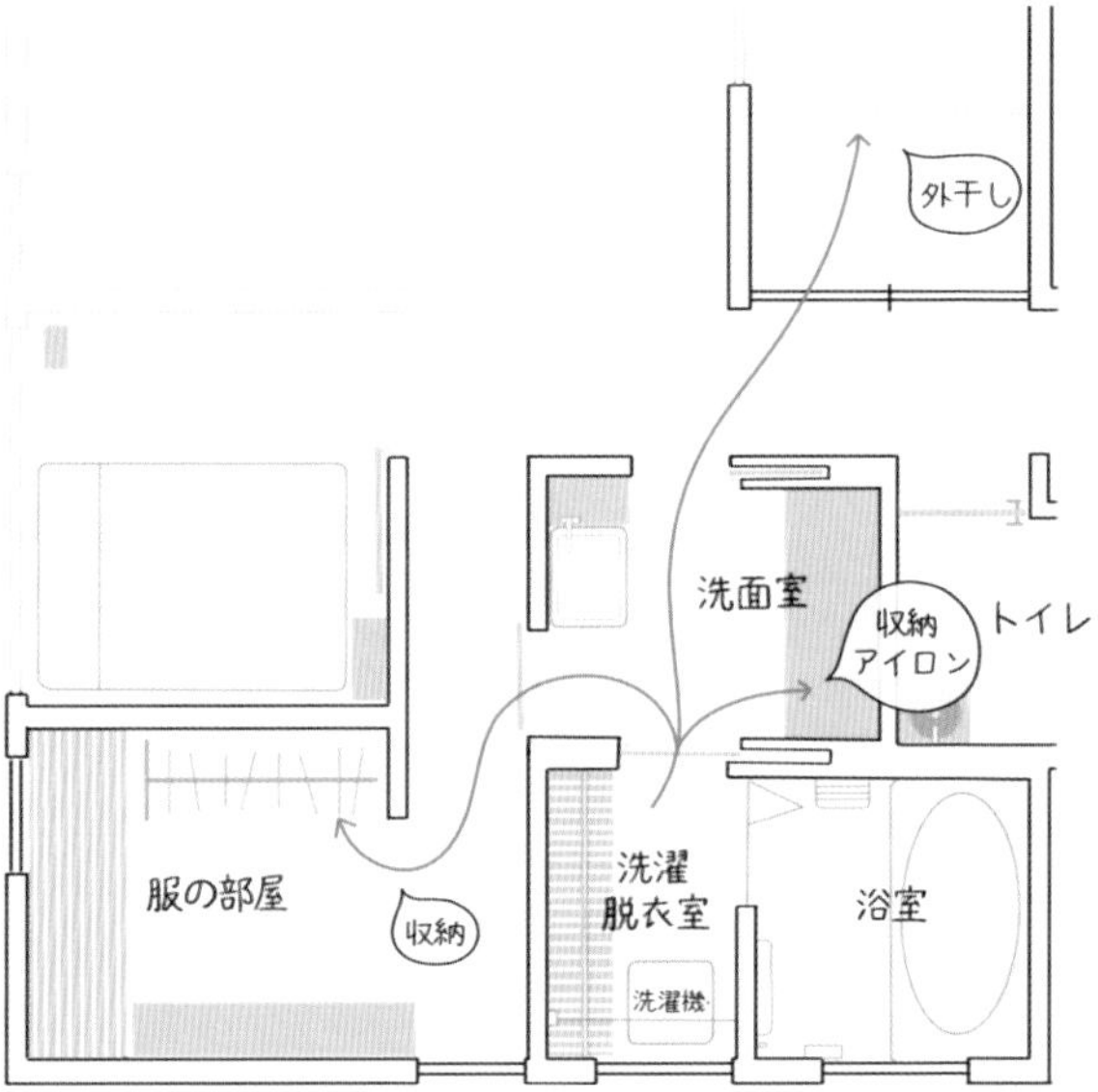

外干し
洗面室
収納
アイロン
トイレ
服の部屋
収納
洗濯
脱衣室
浴室
洗濯機

安心してお風呂に入れる間取り

実家の洗面脱衣室は台所や玄関と隣接した回遊動線になっていて便利でしたが、入浴中に鍵をかけていると家族が洗面室を使えなかったり、鍵をかけないと入浴中に誰かがドアを開け放してしまったり。来客時もちょっと気を使いました。

それでこの家は人の集まるスペースから浴室や脱衣室を離し、洗面室と脱衣室を分け、脱衣室に鍵をつけました。

先にお風呂を出た子どもがすべてのドアを開け放していってしまってもまあいいかと思える間取りです。

お風呂上がりに気持ちいい無垢の床

水回りにオイル塗装の無垢材を使うのは床が傷むリスクがあることを工務店から説明されましたが、暮らしてみるとお風呂上がりこそさらっとした床は気持ちよく、一番無垢材にしてよかったと思える場所です。

引き戸がいい仕事をする

洗濯機は見た目より機能で選びたいし、洗濯物を干しっ放しの日も多い。洗濯まわりはごちゃごちゃするけれど、引き戸を閉めてしまえばすっきり。戸を閉めると効率よく除湿できるし、サーキュレータで埃が拡散するのも防げます。

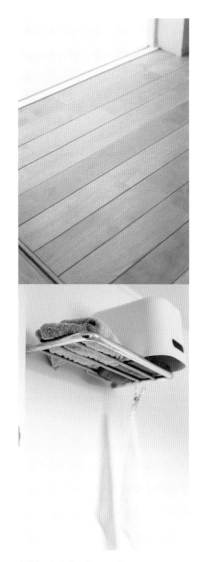

無垢の床を傷めない工夫

お風呂に入るときにはタオルを持ち込んで、体を拭いてから出られるように、浴室の高いところにタオル棚を用意。マットは敷きっ放しにならないように、置き場所を確保しました。

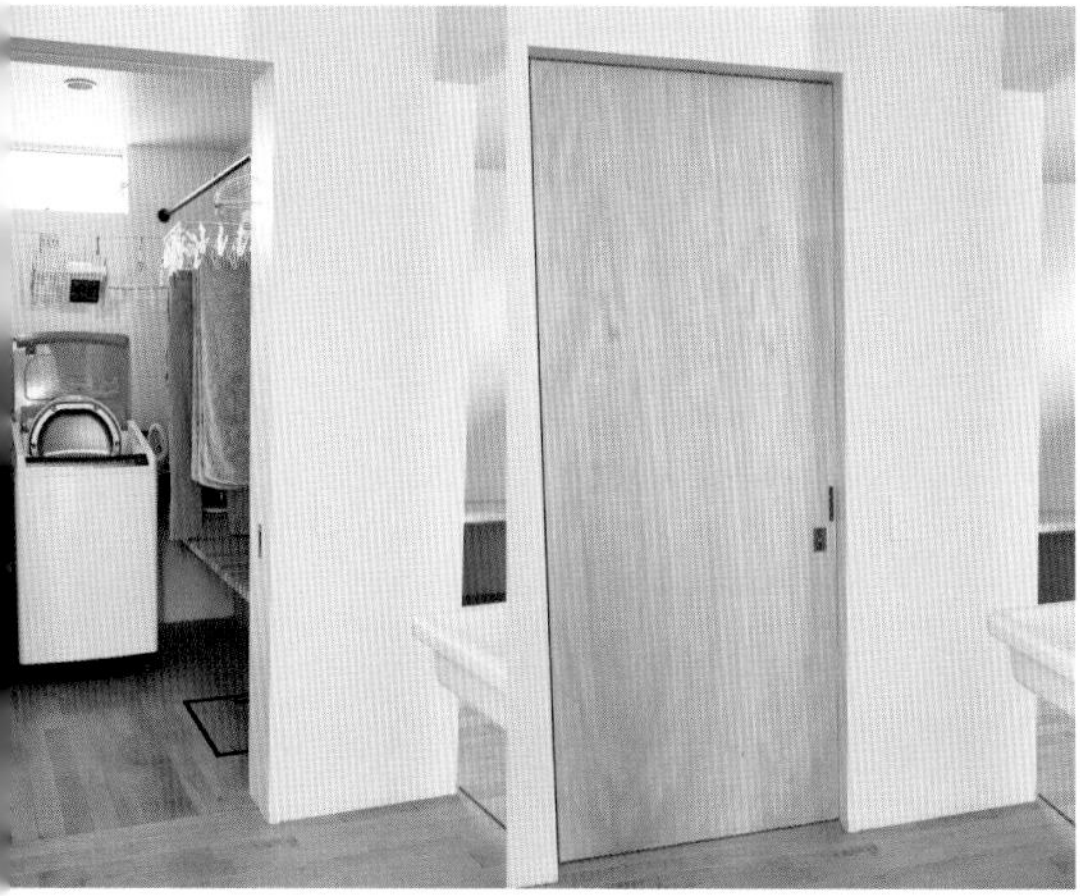

室内干しの設備

狭い部屋でも効率よく、
気持ちよく
室内干しができるように、
設備を考えました。

物干し

一回分の洗濯物を干せる長さ、背の低い私でも手の届く高さ、部屋干しを潜らなくてもいい位置に。鉄の物干しは上手工作所、ワイヤー物干しは森田アルミ工業のpid 4M。

トヨトミの除湿機

我が家の部屋干しは除湿機頼み。水を捨てる洗面台もすぐ近くで楽に。キャスター台に乗せて、使わないときはベンチの下にしまいます。

無印良品のサーキュレータ

除湿機の補助にサーキュレータがあると早く洗濯物が乾きます。夏のお風呂上がりも、風に当たると汗が引いて気持ちがいいです。

すのこベンチ

湿気に強いヒバ材で作ってもらったベンチ。お風呂上がりに着る服を用意しておいたり、洗濯機から取り出した服を一度ここに出して分類すると干しやすく腰も楽です。窓を開けるときや天井や物干しを掃除するときに、ベンチに登れば背の低い私でも手が届きます。

洗濯設備の選択肢

今の暮らしではなくても大丈夫だと見送りましたが、浴室乾燥機や洗濯乾燥機も選択肢に上がりました。浴室乾燥機は浴室内を清潔に保てる点もいいし、ガス式洗濯乾燥機は実家で使っていてとても便利だったので、本当に困ったときには設置したいと思っています。

洗濯脱衣室のモノと収納

道具はしまわず出しっ放し。片付ける手間がなく、見た目はごちゃっとしますが戸を閉めてしまえば気になりません。

出しっ放しを定位置に

絡んだハンガーやピンチを解くのが煩わしいので、ハンガー類は出しっ放しのこの場所を定位置に。掛けっ放しでも邪魔にならず、壁に隠れて部屋の外からは見えづらい位置です。

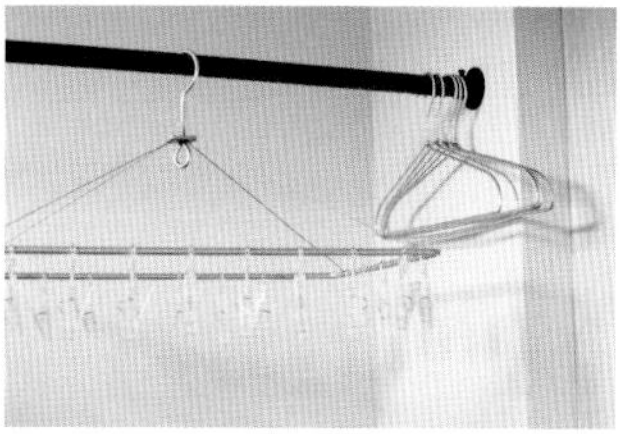

無印良品のハンガー類はデザインがシンプルで、出しっ放しでも気にならない。

洗剤もベンチの上に置いただけが定位置。洗剤はシャンプーボトルに詰め替えています。

マキタの掃除機は、糸くずや髪の毛が落ちやすい洗面・洗濯脱衣まわりに。しまいこまず掛けてあるだけなのですぐに手に取れます。

置き場に困るもの

洗濯まわりのものは置き場に困るものが多かったので、困る理由を取り入れた解決策を考えておきました。

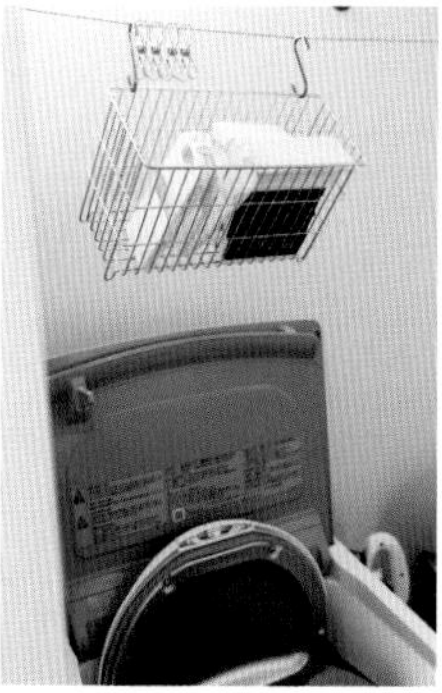

洗濯機のパーツ

洗濯機のフィルター類は、洗濯機の真上のカゴを定位置に。水が滴っても洗濯機の中に落ちるので気にならない。

少し湿ったマット

お風呂上がりに使うマットは洗濯するまで敷きっ放しにならないように、洗濯機横に収納してある物干しの上を定位置に。

湿った洗い物

洗濯機を回すまでの間、湿り気のある洗い物は洗濯バサミで吊り下げておきます。予洗いしたものから滴る水は洗濯機の中に落ちる位置に。

浴室

付ける設備をよく選び、
白系の色で揃えた浴室は見た目もすっきり、
掃除もしやすく、毎日気持ちよく入れます。

掃除しやすい シンプルな浴室

我が家がお願いした工務店は在来工法やハーフユニットの浴室にする施主さんが多かったのだけど、私の希望は掃除が楽なこと。それでシステムバスを選びました。ショールームで掃除が苦手なところを相談しながら仕様を決めたおかげで掃除が楽。システムバスだけど、色や設備を一つ一つ選んだら、シンプルで好みの雰囲気になりました。

窓が欲しい

掃除の手間と秤にかけて、それでも窓は欲しいと思いました。早朝や休日の夕方、外が明るい時間に自然光で、夏は外気を入れながら入るお風呂が好きなので、入浴中にも開けられる位置に窓を設置しました。

よく乾く浴室収納

浴室に置いてあるものを
清潔に維持するためには、
よく乾くことが大事。
ぬめりやカビを発生させず
いい状態で管理できるように、
ものの定位置を考えました。

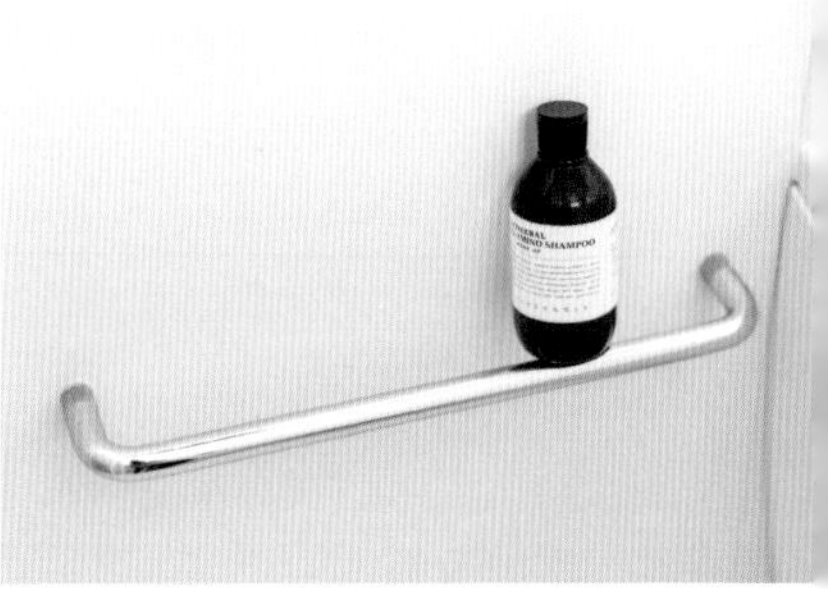

点で接地

奥行き6cmのタオルバーにはシャンプーボトルを。面で接地しないので底が乾きやすく、ボトルタイプなので毎回手に取り撫でればきれいなまま、ぬめることはありません。

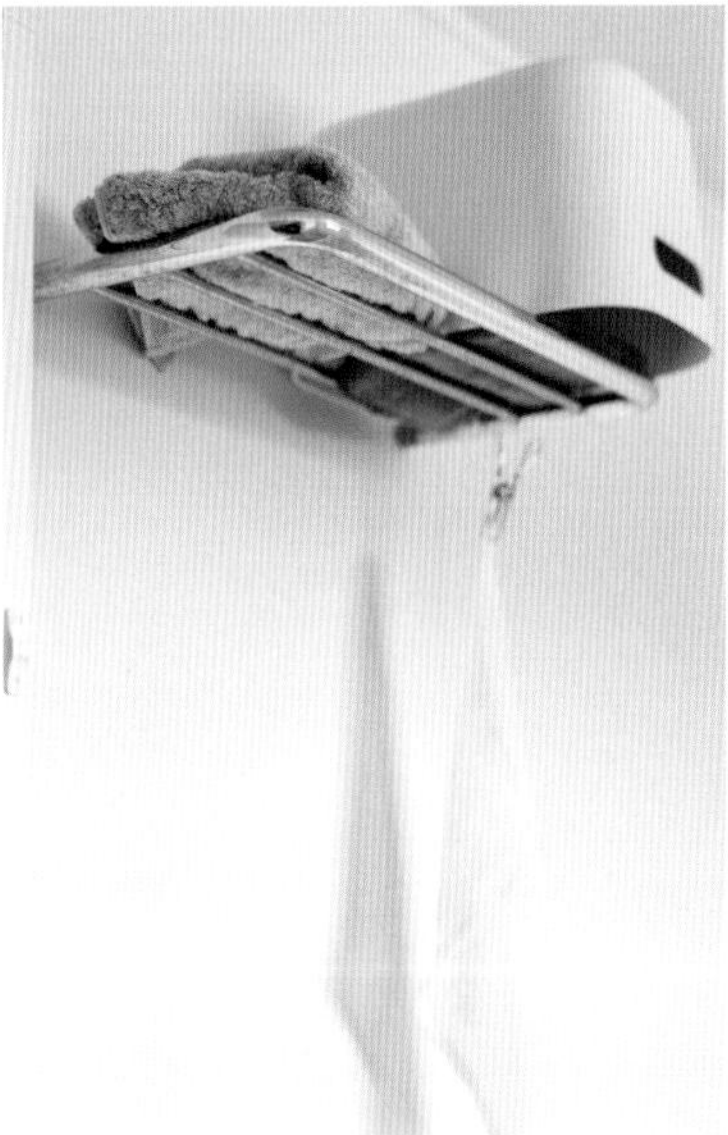

濡れない位置

体を拭くために浴室に持ち込むタオルはホテルのタオル棚をヒントに高い位置に。濡れない位置、水の溜まらない形の棚は汚れません。予洗いやつけ置きをするための容器を干したりするのにも便利です。

吊るす

掃除道具は吊るして、水を切り乾燥させられる場所を定位置に。床掃除のブラシは引っ掛けられる形。掃除用にカットしたボディタオルはすぐ乾くし水垢がよく落ちます。高い位置のタオル棚はバーが4本あるので、手前に吊るしたり奥に吊るしたりできるのが便利です。

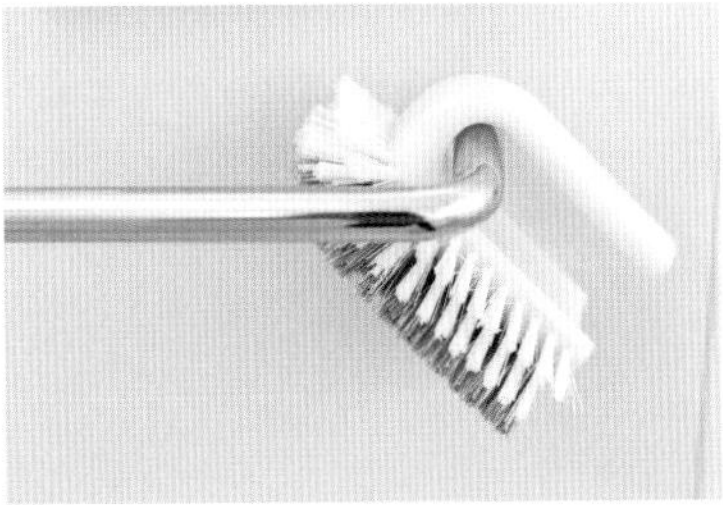

磁石でくっつける

石鹸にパーツを埋め込み磁石でくっつけるZACKのマグネットソープホルダー。ぬめらず、石鹸がいつも乾燥しているので減りもゆっくり。

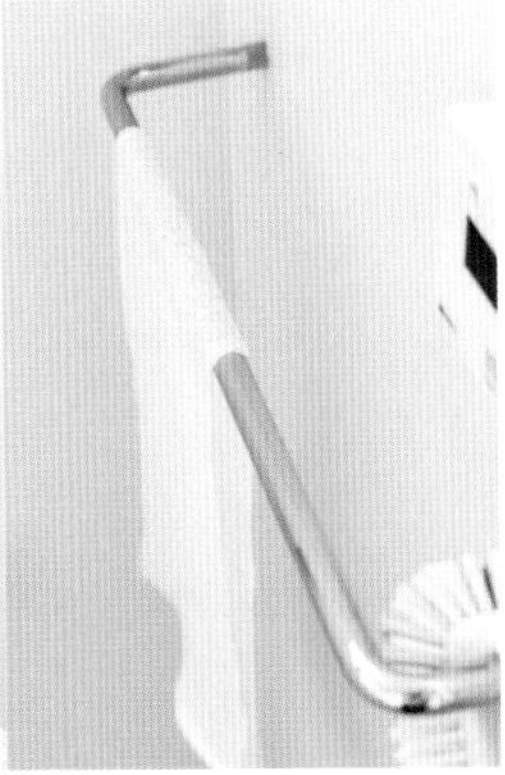

風通しよく

掛けてあるものと壁の間に風が通るように、壁から12cmほど距離を保てるタオル掛けを取り付けました。奥行きがあるので、子どものおもちゃかごやバススリッパなど、ものを置くこともできるのが便利です。

リラインスのタオル掛け

設備屋さんが教えてくれたリラインス。曲げてあるタイプのタオル掛けは見た目も良く、角に継ぎ目がないので掃除しやすい。

浴室の汚れは設備で防ぐ

浴室の中に何もなければ、汚れないし掃除は楽。それでも浴室だから湯船は欲しいしシャワーも必要……そんな感じで「本当にこれは必要？どうしても必要なものだけを！」ということを強く意識して設備を選びました。

掃除したくないものをなくす

掃除するくらいならない方がいい！と思うものは、とことんなくしてもらいました。要らないものを外すとその分、値引きしてもらえるものも。悩むものは後付けできないか検討してみるといいと思います。

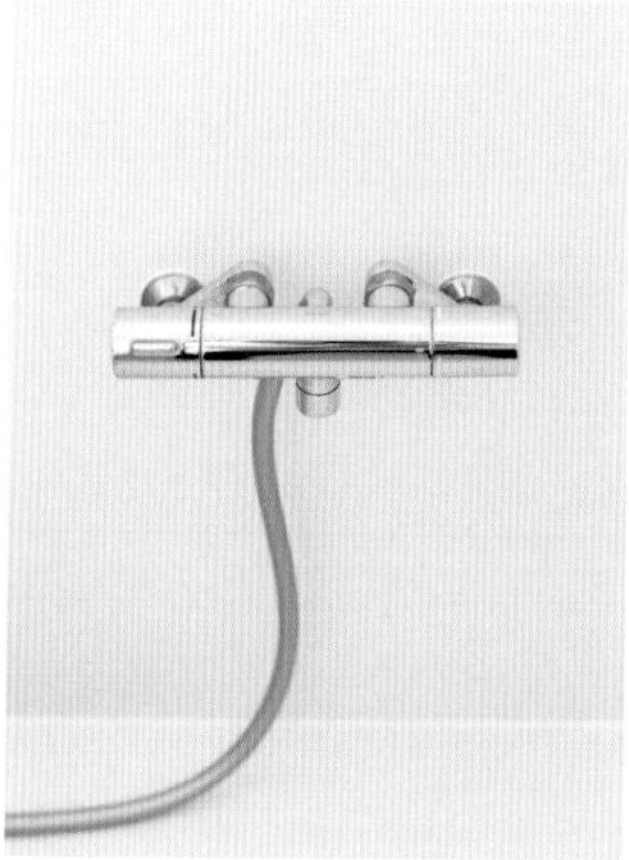

裏側の掃除が苦手な水栓のカウンターも、使わないカランも無しにしてもらいました。

つけなかったものリスト

- 備え付けの棚
- でっぱった照明器具
- カウンター
- 鏡
- シャワーの高さを調整できるバー
- 風呂蓋と蓋置き場

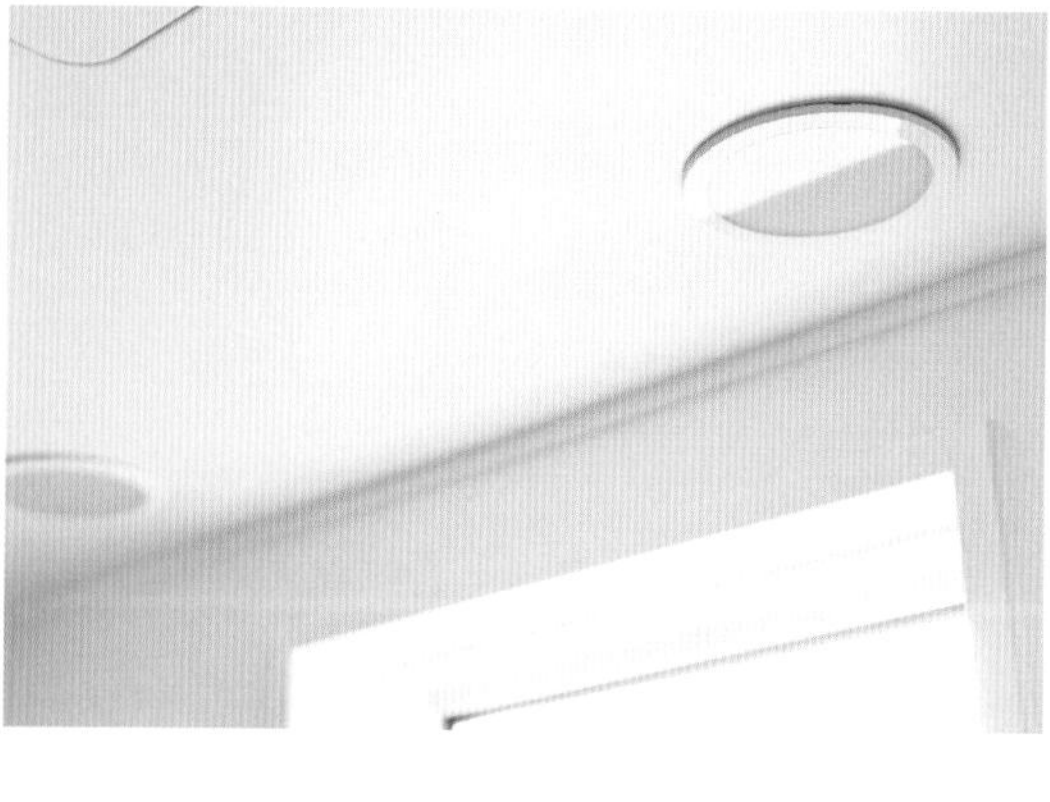

でこぼこを減らす

照明のようになくすわけにはいかないものは、できるだけ平らなものを。ダウンライトを選んだので特別な掃除が必要ありません。

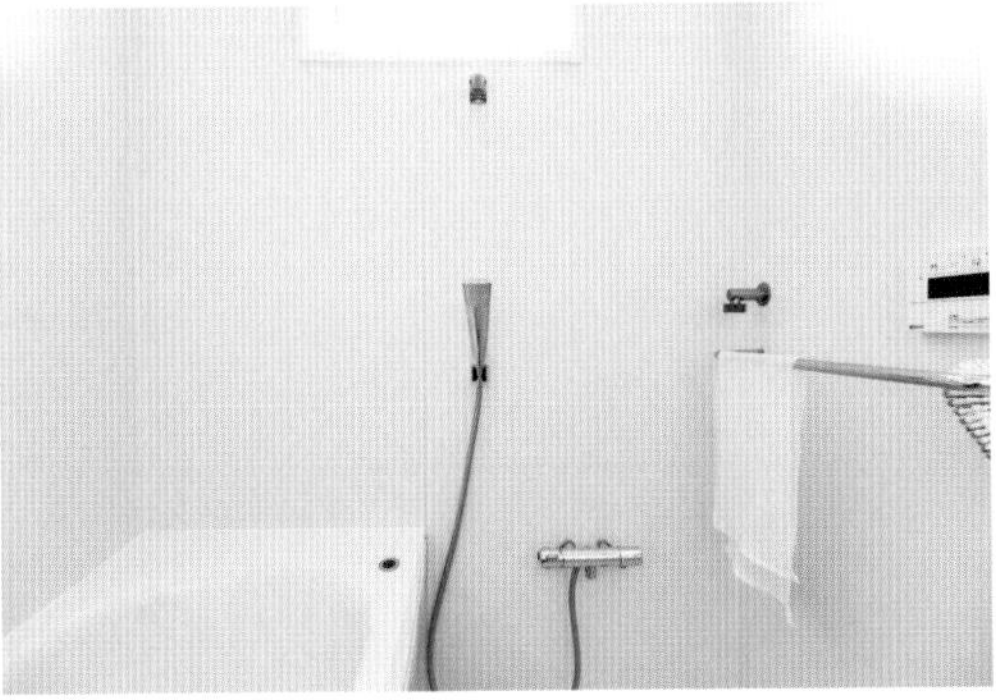

きれいを維持する色選び

浴室の汚れといえばカビと水垢。私の場合、どちらかといえば水垢は気にならず、一方でカビは早めに気づいて取り除きたいから、水垢は目立たずカビは目立つ白を選びました。

掃除しやすい排水口

どうやってもなくせないのが排水口。だから、ショールームで形や分解の仕方まで確認しました。上蓋は無ければ掃除する箇所が減り、ゴミかごの乾きも良くなります。ゴミかごは髪の毛が絡みづらいものだとお手入れが楽。汚れてしまうと触りたくなくなるトラップは分解しやすいものを。毎日外してシャワーで流して戻すだけで、乾かさなくても洗剤なしでもぬめりが発生しません。

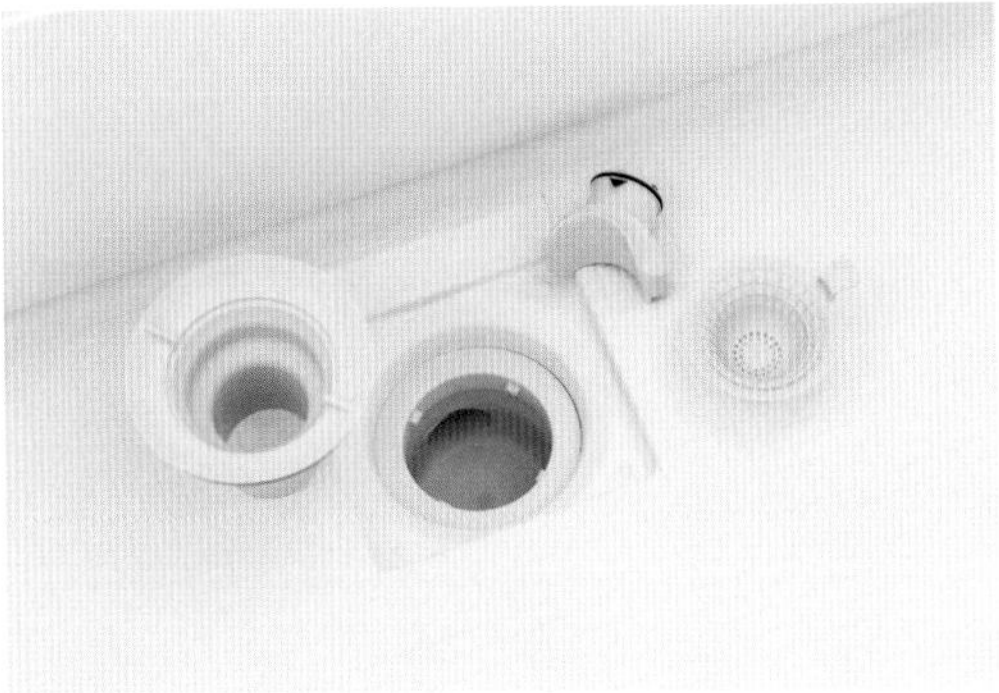

床の素材と掃除

暮らしてみて思いがけず良かったのは、凹凸とクッション性のある床。柔らかくて子どもが直に座ったり、大人が膝をついても痛くない。滑りにくく、万が一転倒しても柔らかいから軽くすみそうです。翌朝には水がはけて乾いているのも気に入っています。水気がはけるときに、凹凸に汚れが引っかかって残される感じがするので、お風呂上がりに、箒（ほうき）で掃くようにさっとブラッシングし、四隅からシャワーで流しておくときれいを維持できるようになりました。

服の部屋

しまいやすく 選びやすい 暮らしの準備室

毎日使うものは使う場所に。そうでないものは明示的に「奥」にしまうことで管理しやすくなると感じるので、家の一番奥に収納の部屋を作りました。

毎日は着ない外出着や、洗ってあるカバンや寝具、日用品のストックなども置いて、暮らしの準備室のような位置付け。すっきり見える収納は理想的です

IKEAのボックス
思い出の品やネガなど収納にも処分にも困るものはひとまずこのボックスに。迷うものは大まかな項目別にひとまずここに放り込む。そういうものを暮らしの空間に置いたままにしないだけでも、片付けが楽になります。

大きいもの、重いもの
置き場に困っていた大きなクーラーボックスが収まるように寸法を決定。オイルヒーターも大きく重いので、キャスターで転がして収められる位置に収納を用意。

ハンガーバー
ハンガーの予備は絡まらないようにハンガーバーに掛けて収納。IKEAのバーをDIYでつけました。

無印良品の衣装ケース
オフシーズンの衣類のほか、新品の衣類のストックや、リュック、来客用のタオルやスリッパ、洗剤など日用品のストックをこの引き出しに収納しています。中がうっすら見えてラベルいらずなので、気軽に整理して入れ替えできます。

ベンチ
高いところに手が届くように、踏み台がわりにベンチを。畳んだ服を並べたり、衣替えの作業に使ったりもします。

が、一覧性がある方がしまいやすく選びやすいので隠しすぎないように。数ヶ月使わないものも保管するので、状態良く管理できるように考えました。

作り込みすぎない棚

将来的に収納したいものや量が変わるかもしれないと思って、作ってもらったのは押入れのような大きな棚だけ。襖はつけずオープンにして、棚以外は置き家具にしました。

服の部屋の間取りの工夫

朝、気持ちよく服を選んで着替えられるように。服を楽に片付けられるように。そして何より状態よくものを管理できるように、間取りを考えました。

日々の洗濯物が、楽に片付くように

洗濯物の山を見たくないから、洗った服はハンガーにかけて干し、乾いたらそのまま洋服掛けに。洗濯脱衣室からの距離も近いので、片付けが億劫にならなくなりました。

東の窓

朝明るい東の窓。服や衣装ケースが劣化しづらいように、日中は陽の当たらない位置にしました。

朝はここで着替えて、寝間着を洗濯脱衣室へ片付けてからLDKへ。気持ちいい動線です。

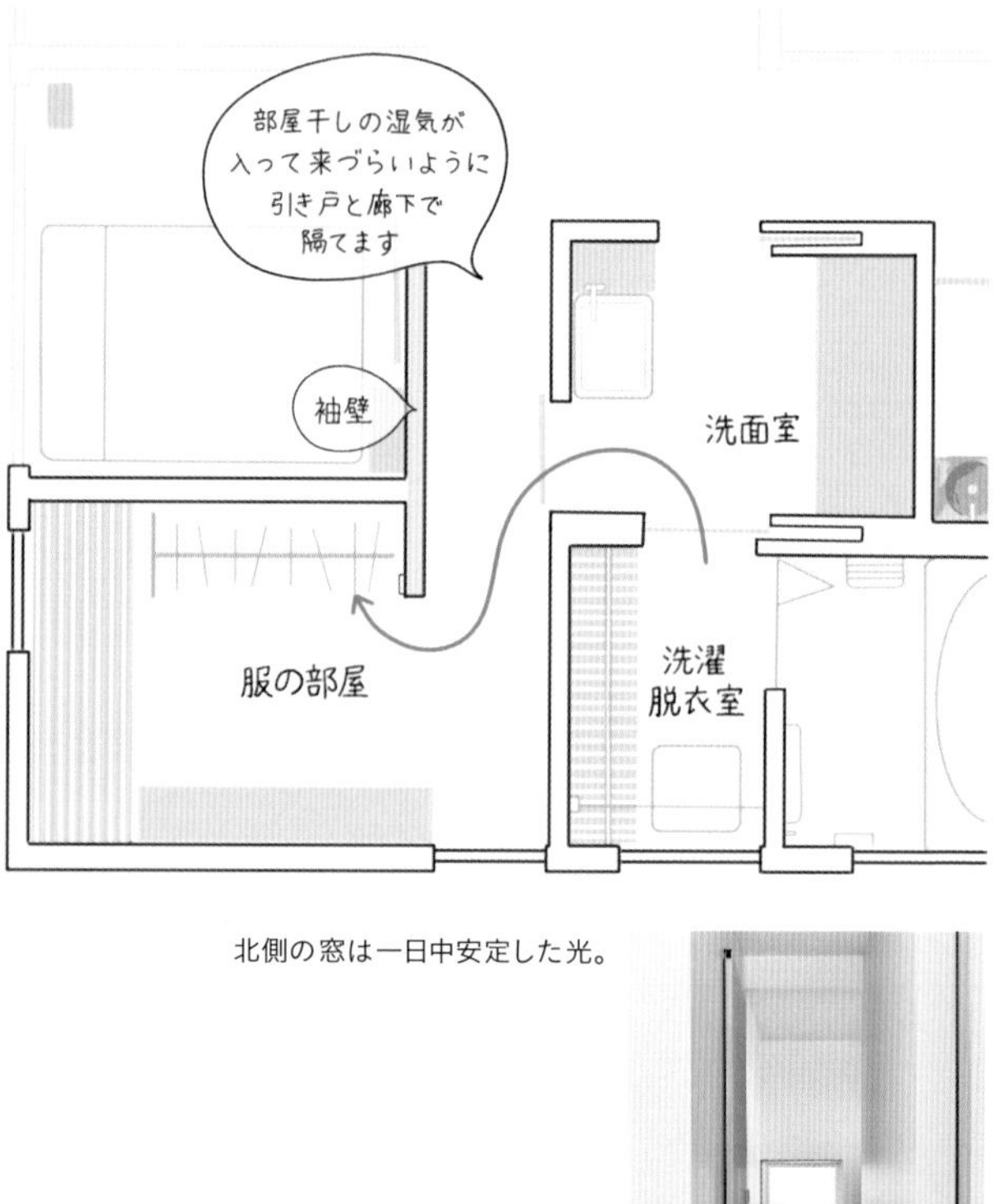

部屋干しの湿気が
入って来づらいように
引き戸と廊下で
隔てます
袖壁
洗面室
洗濯
脱衣室
服の部屋

北側の窓は一日中安定した光。

いい状態で収納する

旧居では服をカビさせてしまったりとなかなかいい状態で収納できませんでした。水回りの湿気がこないように部屋を配置し、換気扇や窓で換気もできるように計画。寝具をしまう棚はすのこ状にしました。

袖壁がいい仕事をする

空気がこもらないように、そして両手に物を持っていても出入りしやすいようにと戸をつけなかったこの部屋。袖壁のおかげで中まで入ってこないと中のごちゃごちゃが見えません。外から見えないので、ここで服を選びながら着替えもします。

袖壁裏にコンセント

湿気が気になるので、サーキュレータや除湿機を使えるように目立たない袖壁裏にコンセントを用意しています。

ちょうどいいサイズの洋服掛け

畳まずにすむしシワにもならないから、服はハンガーで干してそのまま収納しています。洋服掛けは、夫のトップス、私のワンピース、下には子どもの服を自分で選びやすい位置に。家族で区分けしてちょうど良く収まるサイズが気に入っています。

ウッドデッキ

入居後に作ってもらった
ウッドデッキ。
なかった頃は庭と部屋が
完全に切り離された感じでした。
ウッドデッキができてからは
暮らしと庭がつながって、
忙しい朝にもさっと外に出て、
深呼吸したり歯磨きをしたり。
短い時間でも庭に出ると、
気持ちがすっきりします。

ウッドデッキの材質

デッキは木が良かったので耐久性のあるハードウッドを検討。コストを考えセランガンバツ材に。トゲが出やすいと聞き、子どもが赤ちゃんのうちはシートを敷くようにしました。

台所とつながるデッキ

台所に隣接したデッキには小さなIKEAのテーブルを。飲みものを用意して、葉のそよぐ音や鳥の声を聞く時間は贅沢です。布巾などの台所道具を干せるように、デッキ近くの庭木にロープを張っています。

頼もしい子ども部屋

黄昏（たそがれ）泣きや夜泣きの頃も、おぶって外の風にあたれば大人も子どもも一呼吸。食べこぼしも絵の具もシャボン玉も色水の実験も、汚れを気にせず存分に楽しんで、夏なら水遊びの延長で子どもごと丸洗い。子どもが熱中して長丁場になっても、飲みもの片手に、横で子どもと庭を眺めながら待つことができました。

段差でつなげる

段差のある二つのデッキは、なんだかリズミカルな雰囲気が気に入っています。一段高い前庭に、台所からつながるデッキの高さを揃えたので、より台所から庭へのつながりを感じます。

家事用デッキ

洗面室や浴室の近くには家事用のデッキ。建物のへこみ部分にステンレスの竿を渡して洗濯物を干します。水回りの道具や手入れした家電など風や日に当てたいものをデッキに並べて干したりします。

column 6

ちょっと失敗したところ

よく考えて、心地よく暮らしやすい家になりました。一方で、あれだけ考えたのに！　ちょっと失敗したなと思うところも。

まずは台所の換気扇。調理の際の排気が出る先は洗濯デッキでした。台所とデッキに高低差があったおかげで排気口はかなり高いところにあり、幸い洗濯物に匂いが付いて気になったことはないのだけど、匂いの強い料理の日は窓を開けていると廊下に匂いが入ってきます。図面を見れば一目瞭然なのに全く気付かなかったことに驚きました。

それから外構ははじめてのことが多く、計画通りとは行かずに今でも試行錯誤しています。ウッドデッキ下は、高い方は下に入って楽々掃除できますが、一般的な高さの方は掃除が大変です。でもこれはネットを張って落ち葉を入り込みづらくしたり、対応もできる失敗です。

あとはコンセント位置。目立たないようにと、特に理由のないものは床や棚に寄せて設置してもらいましたが、棚の中のコンセントなど目立たない位置のものは寄せない方が良かったなと思います。充電器とプラグが一体になっているものやアダプターが大きいものも多く、特にデジタル周りは、全てを挿そうとするとパズルのようです。

最後に台風対策。地震や水害は気にしていましたが、台風はあまり気にしていませんでした。一軒家になると家の周りの管理も必要になります。こちらは少しずつ、ものを固定したり、収納を考えて対策しています。

8章

すっきりと気持ちのいい家にするために

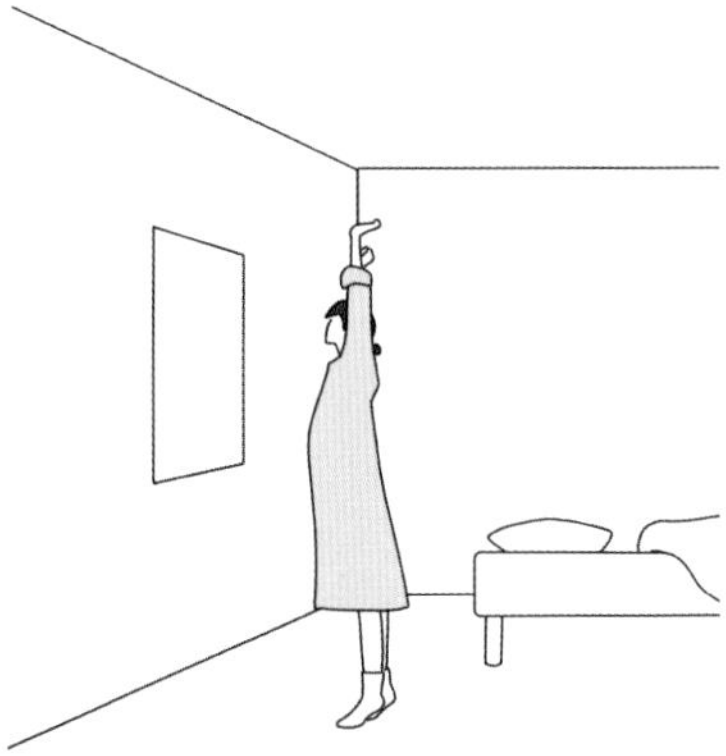

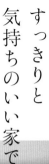

すっきりと気持ちのいい家で暮らしたい

我が家が目指したのは
すっきりとした気持ちのいい家。
シンプルな中にも温かみがあって、
背伸びしすぎない、
長く好きでいられそうな、
私たちにちょうどいい雰囲気を
探りました。

ベースになる床と壁

居室も台所も洗面室も、白の塗装の壁と無垢の床で揃えたい。それで壁は水回りにも使える3分艶のオーデコートというAEP塗装に。ニュートラルな雰囲気が気に入っています。

床は無垢カバ材にオイル塗装。足触りがよく年中素足で過ごしたい気持ちの良さです。明るい雰囲気にしたかったので、淡い褐色で木目がおとなしい雰囲気のカバ材にしました。

でこぼこをなくす

巾木をなくす

アパートの小さな部屋ですら面倒に感じた巾木掃除。巾木には、壁と床の間にできる隙間を隠すことと、ぶつけやすい壁を保護する機能があるとのこと。それでもなくしたいと思い大工さんに相談して、デメリットを承知の上で巾木をなくしてもらいました。

枠をなくす

窓台や建具のまわりにつく枠もなくしてもらいました。実際には枠をなくすのではなく、枠の段差を埋めてもらい、壁と同じ塗装で仕上げて目立たなくしてもらいました。気に入ったものを選んだ窓が引き立つし、特に引き戸を開けたままのときにとてもすっきりした雰囲気になります。

なくしていいかよく考える

本来あるものをなくせば、その物が持っていた機能も失うことになったり、なくすために大工さんの手間がかかったり、結果としてコストアップにつながることもあるかもしれません。それでもなくしたいか、大工さんに相談してよく考えました。

あって当たり前のものを再検討

部屋の雰囲気を作るのにあれこれプラスするのも手ですが、引けるものを引いてみるのも有効でした。巾木や枠はないとすっきりと見えるだけでなく、埃がたまる箇所が減り気持ちにも余裕が生まれました。

建具

家のあちこちにあって
面積も大きい建具は、
家具のように部屋の雰囲気を
作る要素でもあり、
また暮らしやすさにも直結します。
建具屋さんに
造作してもらいました。

ガラスの親子ドア

廊下と作業室の間には、空調を使う季節に閉められるようにドアを。ガラス戸なので閉じていても視線が通ります。親子ドアにして大物を搬入するときだけ全開に。「ちゃんとしめて！」と言わなくても、クローザーのおかげでゆっくりきちんと閉まり、風を受けてバタン！ となることもありません。

パーツを楽しむ

建具自体はシンプルにコストを抑えて作ってもらい、パーツは素材感のあるものや面白い鍵などを自分で探し、取り付けてもらいました。

真鍮（かなぐや）や鉄（上手工作所）の取っ手、堀商店の鍵など。建具のパーツ選びは楽しかったです。取り付けられるか建具屋さんに相談しながら決めました。

ほとんど引き戸に

引き戸は、開けっ放しにして換気をしたり通り抜けたり、必要に応じて閉めたりできます。開けていても閉めていてもすっきり見えるので、防音が気になるトイレと雰囲気を重視した廊下の親子ドア以外は引き戸にしました。

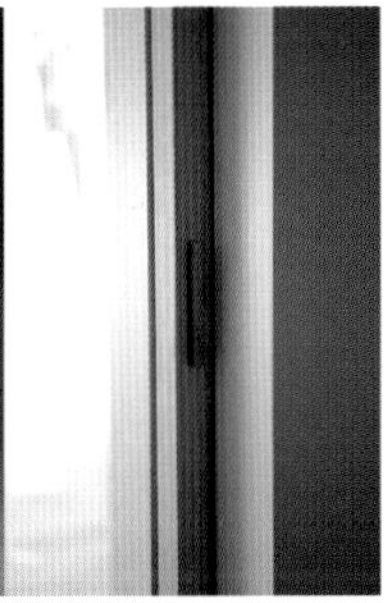

引き込み戸

戸が壁の中に収まる引き込み戸は、部屋の中からも外からもすっきり見え、壁に棚なども設置できます。お気に入りの真鍮の引き手は見えてもかわいいと思い、引き残しをとりました。

レールの見えないアウトセット引き戸

片引き戸の枠や控え壁のでこぼこをなくしてすっきりさせたかったので、戸の上部にレールを埋め込んだ構造のアウトセット引き戸に。真っ白な壁に戸だけがスライドするように見え、開いていても閉じていてもすっきり見えます。下のレールは真鍮にしてもらいました。

建具は機能も大事

見た目も重要な建具ですが、安全性や使い勝手などの機能も大事。開き戸であればクローザーでゆっくり閉まること、引き戸はブレーキで勢いがつきすぎないように調整できること。子どもが小さいうちは鍵に興味を持ったので外から簡単に開けられることも重要でした。

窓

窓は室内の雰囲気を決める大事な要素だと思います。
窓自体のデザインだけでなく、
色や大きさや配置もよく考えました。

高いところの窓からは空や雲や鳥、夜には星や月、嵐の夜には大雨や雷が見えます。

揃える・ずらす

並んでいる窓は、大きさや縦横の位置を揃えるとすっきり感じるように思います。また、揃えない場合はあえてずらして変化をつけることで、リズムを感じる雰囲気になったと思います。

位置を工夫

窓を天井や壁の角に寄せるとすっきりした雰囲気になるし、窓が壁の真ん中にないと家具の配置替えで融通がききます。また、重心が下がると安定感のある落ち着いた雰囲気に感じられると思って、いくつかの窓は横長のものを通常より低めにつけてもらいました。

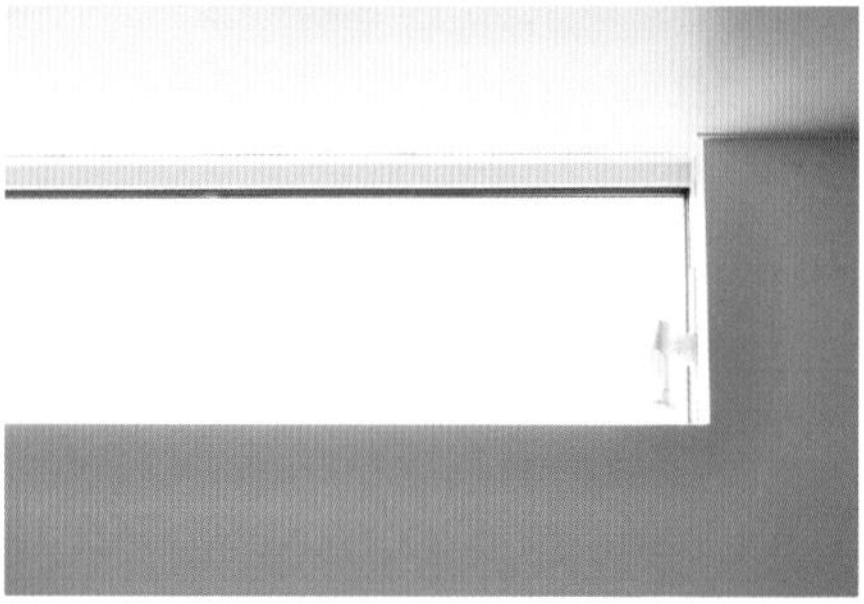

慎重に、網戸選び

カタログを見ると、それまで使ったことのないいろいろな網戸の種類があって驚きました。見た目でいえば網戸はない方がすっきりするけれど、虫が入ってくるのは困ります。どれにしようか考えてみると、どの網戸も一長一短。我が家は4種類の網戸を採用しました。

窓の外側にある、引き違いの網戸

引き違い窓の外側についている網戸は、換気などで窓を開け閉めする際に網戸を開閉する必要がなく、隙間に気をつければ虫は入って来づらい印象。引き違いの窓半分に網戸が常に出ているので外観で目立ちますが、中桟無しにしたので室内からはすっきり見えます。

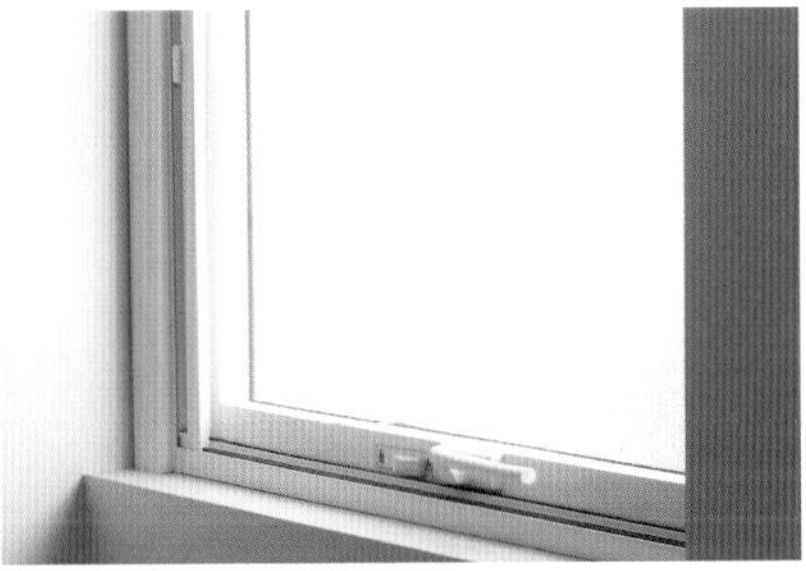

窓の内側にロール網戸

滑り出し窓は網戸が室内側につきます。カムラッチハンドルで開閉する場合は網戸も開閉する必要があり、主にロール網戸を採用しました。必要な時だけ引っ張り出すので汚れにくく感じます。夏の夜などに開閉すると、虫が室内に入って来てしまうことがあります。

窓の内側に、固定式網戸

オペレーターハンドルや電動の窓は、網戸を開閉しない固定式網戸。見た目もすっきり、室内側につくので砂埃などで汚れにくい。室内に虫が入ってこないけれど、窓と網戸の間に虫やカエルを閉じ込めそうになることも。窓を拭く際には網戸を外す必要があります。

窓の内側に、壁に格納できるプリーツ網戸

ロール網戸と同じように、滑り出し窓の室内側につける網戸で、網戸を壁の中に格納できるタイプのプリーツ網戸もトイレなどに採用しました。しまうととてもすっきり見えますが、網戸自体が繊細で、上下に少し隙間があるのも気になり、一部にだけ採用しました。

カーテンなしで暮らしたい

遠くの緑や鳥や空や月、
庭木や庭で遊ぶ子どもを窓から眺めたい。
それに、ファブリックのお手入れや
埃の発生を減らしたかったのもあって、
カーテンはできるだけなくしたいと思っていました。
とはいえ、防寒、防音、遮光、遮熱、
プライバシーの保護など、
カーテンの役割はたくさんあります。
暮らしやすさを損なわないように計画しました。

高い位置に

我が家の場合、隣接する土地からの人目がないため、高い位置につけたいくつかの窓はカーテンなしでも透明ガラスを選びました。この窓からは遠くの山が見えます。

窓の位置を工夫する

ちょっと低めに

カーテンをつけていますが日中は開けっ放しのことが多いこの窓。少しだけ低めの位置につけることで、遠くの民家が見えず、庭を眺められる窓になりました。

低い位置に

地窓は立って歩く目線では部屋の中まで見えません。写真の窓は向こうが我が家の外壁で人通りはなく奥まった位置なので、透明ガラスに。視線が抜けて少し広く感じます。

ガラスの種類を選ぶ

型ガラス

眺望よりも採光や換気が目的の窓は、外がかすんで見える型ガラスに。人の通る北側はほとんどを型ガラスにしてカーテンはなしに。型ガラスは窓の汚れも気になりにくいです。

透明ガラス

眺めたいものがはっきりしている窓は、透明ガラスを選びました。カーテンなどの目隠しや位置の工夫が必要ですが、家の中から緑など外を眺められるのは気持ちがいいです。

ウインドウトリートメントを選ぶ

ウッドブラインド

庭を眺めたいけれど、常に全開とはいかない食卓前の掃き出し窓には、ウッドブラインドをつけました。拭き掃除ですむのでお手入れが楽。全開にすれば出入りもでき、角度を調整することで見え方や光の入り方を調整できるのがとても便利です。

手作りのカーテン

庭を眺めたいときには気軽に開けて、そうでないときは目隠しをしておけるように、ダブルガーゼでカーテンを作りました。突っ張り棒でつけてあるだけのカーテンは安価で、洗濯も簡単です。

照明

旧居では照明器具にうっすら積もった埃を見て見ぬふりをしていたので、この家はほとんどダウンライトに。このタイプのライトは器具ごとの交換が必要になってしまうものですが、掃除が必要なく見た目もすっきりして、メリットが大きく感じます。

ほとんどダウンライト

目立たない手元照明

シンク上や洗面室、作業室のカウンター上の棚には、作業しやすいように手元照明をつけました。すっきり見えるように棚を切り欠いてもらい、ライン型の照明を設置。作業用なのでその場でオンオフできる位置にスイッチをつけました。

小人の住処

昔webで見た小人の住処のような壁の穴が素敵だったので真似して廊下の壁に穴を。夜中のトイレで廊下に出るとセンサーが感知、穴の中の足元灯が点く仕組みに。子どもが小さいうち、夜のトイレが少し楽しくなるでしょうか。各職人さんにご協力いただきました。

あえてつけたブラケットライト

掃除が必要になるのを承知でつけたflameのfrascoとhanger。夫が地震を気にしたので軽くて割れないアルミ製。シーリングファンの影がちらつかないようこの位置に。壁の付け根を起点にアームを動かせるので、模様替えで食卓を動かしても対応できました。

重要なスイッチ位置

旧居で、点けて！　消して！と言うことが多かった照明のスイッチ。位置が適当でないと、スイッチを消しにわざわざ戻ったり、消すのが面倒だから点けっぱなしになったり。そこでスイッチは単に部屋毎に一つを対応させるのではなく、いつ点けていつ消すスイッチなのかを、図面や現場でよく考えました。

靴を履いても消せる位置

靴を履いてから「消してない！」となりそうな廊下の電気は、靴を履いたまま消せる位置に。

センサーライトが便利でした

両手がふさがっていることも多い玄関はセンサーライトがとても便利。夜の帰宅時、玄関が明るいとうれしいし、汚れた手でスイッチを触らずにすむのもいいところ。トイレも消し忘れを防げます。駐車場や外まわりの照明は夜、人や動物が近づくと反応するのが窓越しに見えて家の中からでも気づけます。センサーライトのスイッチは触ると設定が変わってしまうものだったので、あえて操作しづらいところに設置しました。

広い範囲をカバーする照明

内玄関の照明もセンサーライト。我が家の玄関は家の真ん中にあるのでこの電気が点くと家中ほんのり明るくなり、あちこちの電気を点けずに目的のところまで移動できます。夜にＬＤＫから洗濯機やトイレ、寝室へ移動するときなど、玄関のセンサーライトが勝手に点いて消えてくれるのがとても便利です。

このライトで広い範囲が
ほんのり明るく

スイッチとコンセント

スイッチやコンセントは家のあちこちに付くものなので見た目を良くしたいけれど、意匠性の高いものは高価だったり、隠しすぎると使い勝手が悪くなるから、バランスを意識しました。

扉つきのリモコンニッチ

様々なメーカーの給湯器や床暖房などのリモコンが並ぶと統一感がなくすっきりしません。施設で見つけた隠しスイッチの写真を職人さんに見せて相談し、扉つきのニッチに収めてもらいました。どちらもこまめに操作するものではないので隠しても不便はありませんでした。

インターホンのモニター

インターホンのモニターは頻繁に使うのでニッチに入れませんでした。デザインの良いものは我が家にはオーバースペックだったため単機能で安価なものに。「通話」などの文字はなくても分かるので削り取ったらすっきりしました。

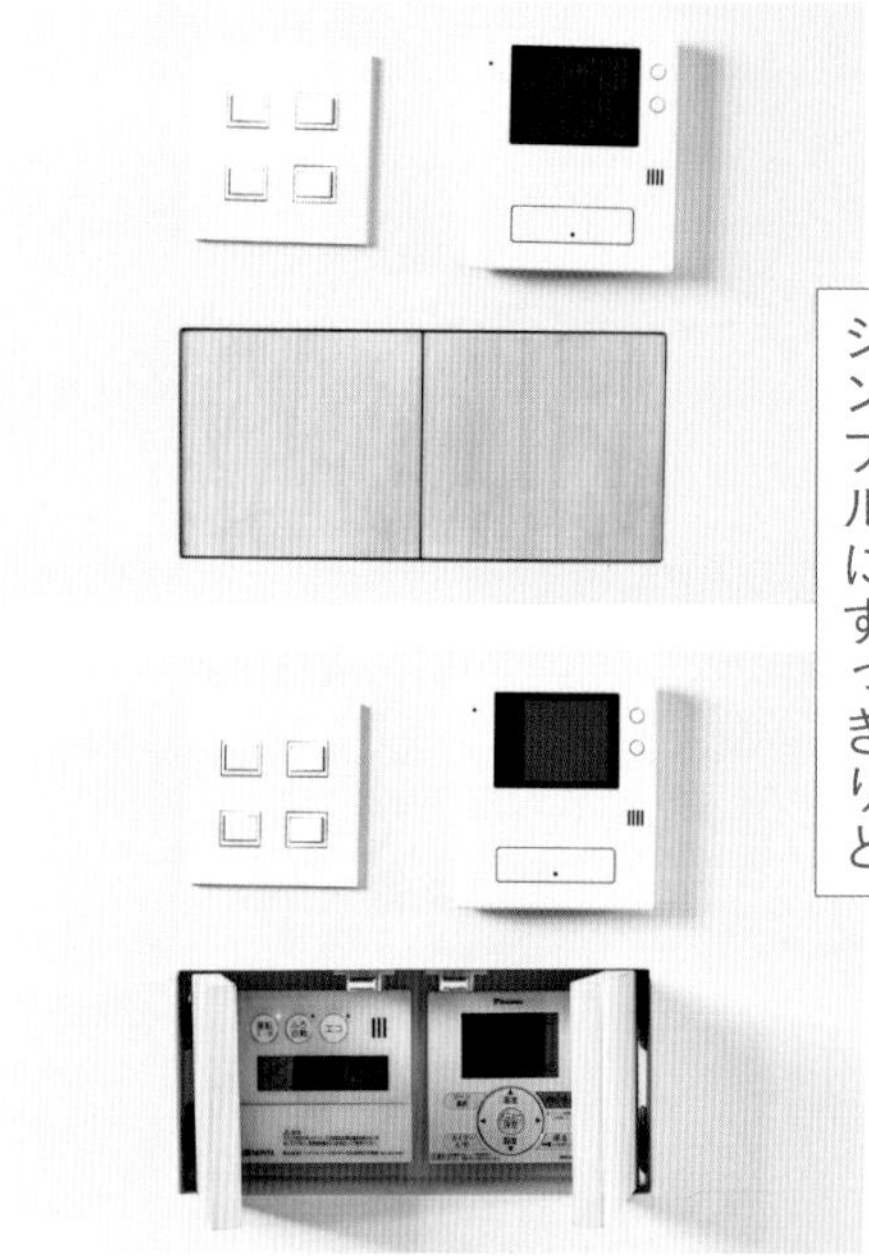

取っ手がない扉は、押すと開きます。

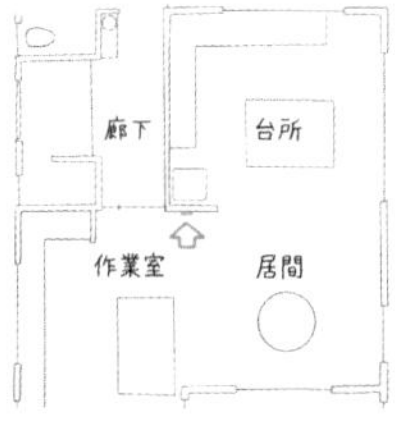

シンプルなプレートは神保電器のNKプレート。

スイッチの並び順

複数のスイッチが並ぶプレートは並びを工夫。例えば写真の4つのスイッチは、スイッチを正面に見たときの間取りと対応させてあるので、部屋名を書かなくても直感的に操作できます。

スイッチ位置は低めに

スイッチ位置は少し低いほうがすっきり見えると思い、床から85cmにつけてもらいました。低めのスイッチは案外操作しやすく、子どもも自分で操作できてうれしそうでした。

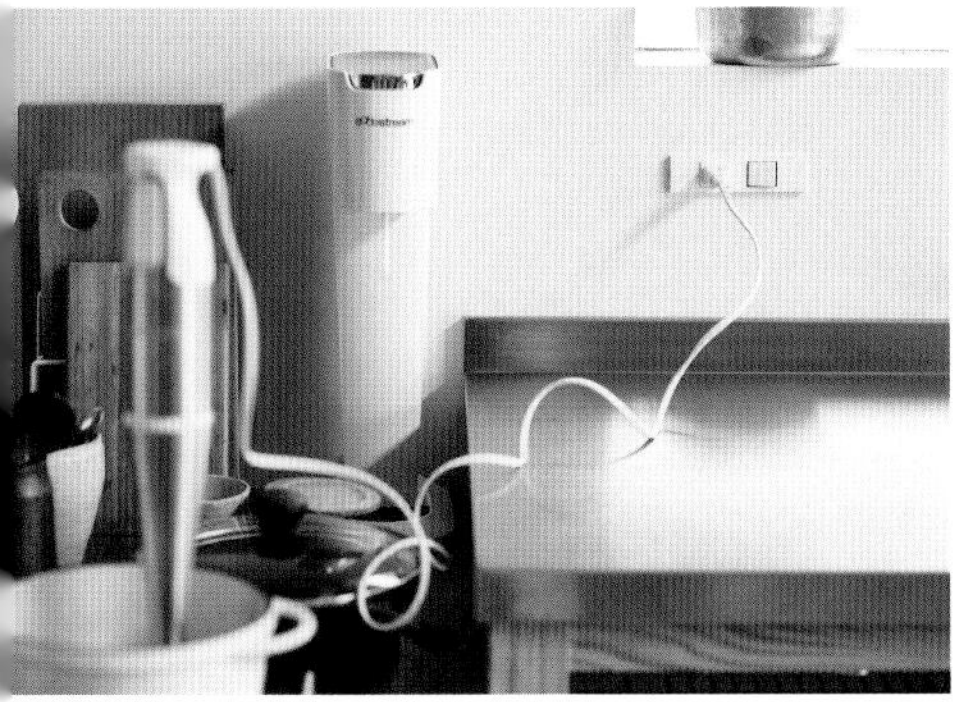

使いやすいコンセント

図面をなんども確認してよかったと思うのはコンセント位置。例えば台所のコンセントは鍋の中でハンドブレンダーで調理し、シンクで回して洗う一連の作業を、コンセントを差し替えずにできる位置。使い道に合わせたコンセント位置は、日々の家事を少しずつ楽にしてくれました。

棚の中のコンセント

洗面室の音波歯ブラシなど充電しながら収納するものは棚の中にコンセントを。ネットワーク機器を置く棚には多めの電源や情報コンセントを用意しました。

作業台の上のコンセント

家のあちこちにある作業台には、アイロン掛けや充電など、想定した作業に合わせた位置と数のコンセントを。

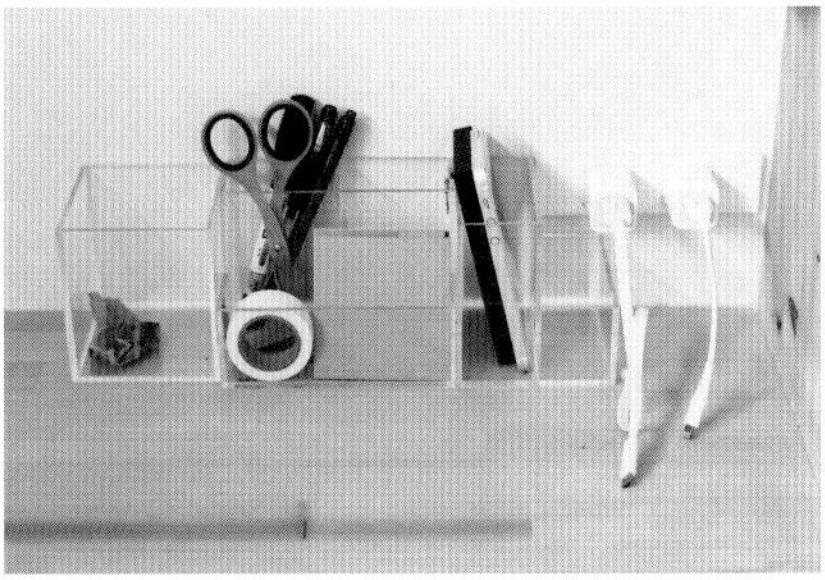

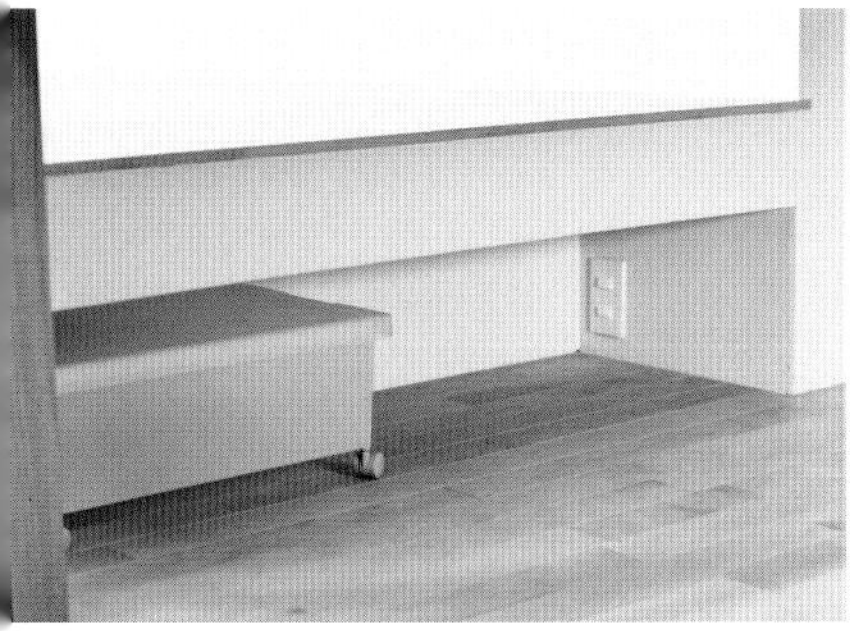

ロボット掃除機用コンセント

ロボット掃除機を置くことを想定した床近くにスペースと電源を。

コードをすっきりさせる

すのこ棚の下にコンセントを用意したり、棚の奥に隙間を作ったり棚に穴を開けたりしてコードを逃し、すっきりさせました。

オーダーした食卓と作業台

食卓と作業台は、家具屋さんにタモ材で作ってもらいました。使い勝手や模様替えなどを考えると、寸法を指定してこの家にちょうどいいサイズであることは重要。設計の段階でサイズを決定しました。

家具

新築に合わせて全ての家具を揃えたい気持ちもありましたが、金銭感覚が麻痺している気もして少し不安。それで、設計中からいくつか目星はつけ、寸法や配置などは考えつつ、住みながら長く使えそうなものを揃えることにしました。

ウォルナット材のちゃぶ台

旧居から持ってきたウォルナット材のちゃぶ台は10年使っています。このちゃぶ台を使って、無垢材は長く使っても劣化を感じず味を増すことを実感したので、長く使う家具はちょっと贅沢ですが無垢のものを選んでいます。

フットワークの軽いスツール

椅子は2脚にして、その他は場所をとらず、用途の多いスツールを。Bon stoolは座面が平らで小物を置いたりカウンター用の椅子としてもいい高さです。hozuki stoolは座り心地が良く、さっと立ち上がれるのが子育て中に便利。今は食卓で使っています。

いい椅子を少しだけ

食卓や作業台、壁付けの机もあるこの間取りだと椅子がたくさん必要に思えましたが、背もたれ付きの椅子は場所をとるから、ひとまず宮崎椅子製作所のhata chairを2脚だけ。子どもが生まれてからは背もたれ付きの椅子にゆったり座れない日々で、作業室で使っています。

作り付けの造作家具

作業台や収納家具などを買い揃えるには費用も手間もかかるので、ほとんど大工さんに造作してもらいました。おかげで統一感がありすっきりした雰囲気に。大きな地震を経験した後だったので倒れてこない安心感もありました。造作だと寸法などを指定できるので使い勝手の良さにつながったと思います。

職人さんにお願いした鉄什器

新居で使ってみたかった鉄什器は高価だし、長く我が家の暮らしに馴染むかも未知数で決めきれず。それでホームセンターで手に入る鋼材を溶接ができる方にお願いして組み立ててもらい、木材は大工さんにお願いして、予算内に収めることができました。

柔軟性のある家具

服の部屋や玄関の棚も同じ方に溶接してもらい、余ったフローリング材を棚板に。鉄の脚の向きと板の枚数を変えると奥行きを変えたり、2段にしたり、移動したり、片付けたりできるようにしてもらい、暮らしの変化に合わせて柔軟に対応できる家具になりました。

column 7

大丈夫って言える家

無垢の床に真っ白な壁、お気に入りの家具を置いて……なんて想像しながら計画していた頃。まっさらな新居でちょっと神経質な私が、家族に、お客さんに、そして自分に寛容でいられるだろうか、ということが、新居の仕様選びにおける大事な基準になっていきました。

真っ白な壁だってお構いなしに小さな子どもはペタペタ触るだろうし、つまずいた夫がまた、ラーメンをぱーんと壁や床に撒いてしまうかもしれません。

お食事中の小さなお客さんにいちいち「そこは触らないでー」なんて思いたくない（小心者なので言えはしない）し、ラーメンの染みをいつまでも恨めしく思いたくない。子どもがいる暮らしを想像したときに「だめよ」と言って付いて回るのもいや。それに私もそそっかしいから人のことは言えないのです。だから壁は水拭きできるもの、床は無垢でも硬めの樹種に。

子どもが生まれると、あちこち触ったりこぼしたり、積み木を大胆にばらまいて遊んでみたりと予想を裏切らないわけですが、床は小さな傷ですんでいるし、壁もよく見るとかわいい手形がついていたりしますが、水拭きできてよかったと思います。壁の傷に関して言えば、子どもや夫なんかよりも私がものをガツガツとぶつけて小さく剥がれている箇所の方が多いくらい。

子どもが大きくなったら「この傷はね」なんて昔話をしたり、一緒に壁を塗り直したりするのも楽しみにしています。

9章

暮らしが整う家づくり

家事で暮らしが整う

旧居では休日、家でやりたいこともあったのによく出かけていました。床掃除を最後にしたのはいつだっけ、巾木に埃が積もっているんだった、排水口も掃除しなくちゃ……と、部屋を眺めるだけで終わりのない家事に焦り、頭の中がうるさくて疲れてしまったからです。静かな家で暮らしたい。

それで家を建てるときに、その家事は本当に必要でなくせないのか、ひとつひとつ検討しました。今この家にあるのは、私たちが本当に必要だと思う家事です。少ない量の、暮らしを整えるために必要だと納得している家事をこなすことは、苦になりません。

シンクを磨く、使ったものを片付ける、寝具の湿気を逃がす。家事を一つずつこなしていくことで家が整い、気持ちまで整うように感じ、また家を整えたくなるという、いい循環に変わりました。暮らしと気持ちの整うこの家で、よく働き、余暇を楽しむ。暮らしのベースが整ったと感じます。

ちょうどいい家事を探る

旧居で家事が辛かったのは、家事は丁寧にちゃんとやるべきという借りものの理想を描いていたからかもしれません。それでは家事に終わりが見えないしあれもこれもやらなくてはいけない。

だから、自分たちの暮らしや感じ方に向き合って、家事の程度やかける時間、私たちがちょうどいいと感じる家事を探りました。基準を自分たちに置くことで見えてきたちょうどいい家事には、納得して、無理なく取り組むことができます。

我が家にちょうどいい家事を把握するということは、家事に終わりが見えるということでもありました。終わりのある家事は後回しにするよりもささっと片付けてしまった方が楽です。家事が滞ることなく流れるようになると、頭の中まですっきりと片付くようになりました。

ちょうどいい頻度を知る

仕事が忙しかったり子どもが生まれたりと、思うように家事ができない時期もありました。

それでも、例えばガスコンロであれば、毎回拭けば汚れがこびりつかない。週一ならこすれば取れる、もっと放っておいてしまっても煮洗いすればきれいな状態に戻せる。こんな感じできれいを維持できる掃除の頻度と方法を把握していると、余裕があるときは毎日拭こう。後回しにしてもきれいに戻せるから今は休んで大丈夫。と根拠をもって判断し、その時々でちょうどいい掃除をすることができます。あれもしなきゃ、これもできていないと無意味に焦らずにすみ、仕事に育児に取り組むことができました。

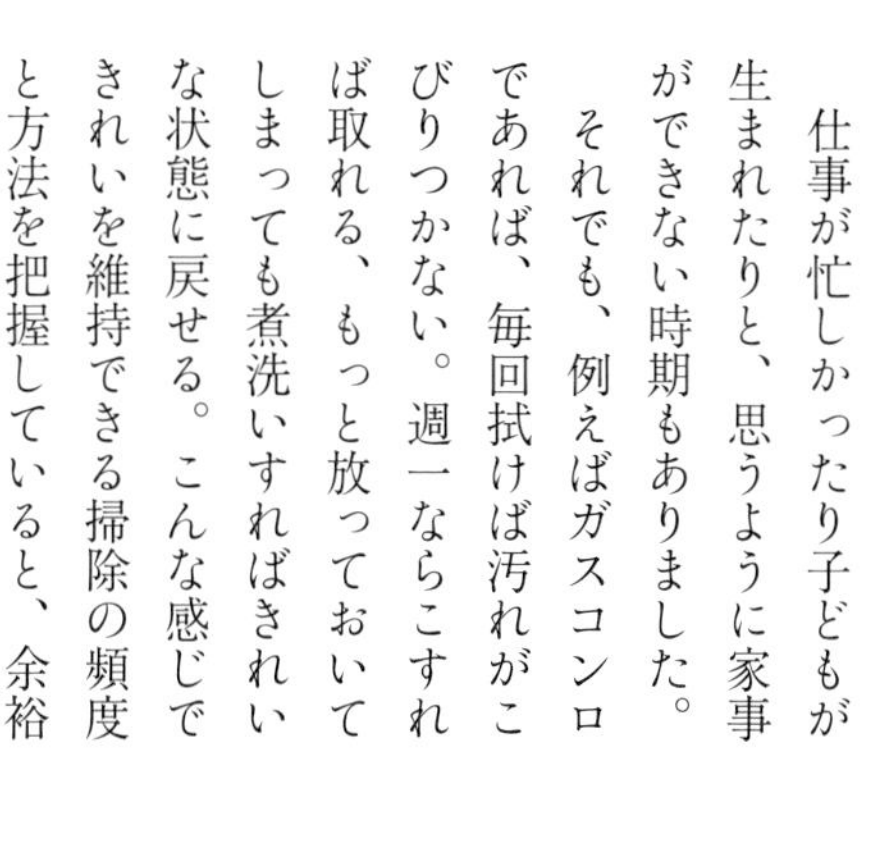

動線のきれいな家

朝起きたら洗面室で顔を洗い、服の部屋で着替えてから台所へ。夜はＬＤＫを消灯して、歯磨きをしてから寝室へ。ひとつづつその部屋ですることを終え、少しずつ整えながら、1日のはじまり・終わりへ、切り替えていくこの動線が気に入っています。

帰宅したら、玄関を入ってまずは左の浴室へ。ＬＤＫを通ってしまうとつい座ってしまったり、何かをはじめてしまってお風呂が後回しになりがちだから、ＬＤＫを通らない動線に。家族全員がまずお風呂をすませると、夕方から夜の家事もスムーズです。

毎日のことだからこそ、迷いなくこなせる分かりやすい動線は心地よく感じます。設計時は、動線を整えることでやらなくてはならないことを効率よく片付けてしまおうという発想でしたが、毎日きれいな動線で同じことを繰り返していると、なんとなく気持ちまで整ってくるような、効率化以上のものを感じます。

ものの動線も決めておく

我が家の片付けが楽なのは、何がどこから入って来てどこを通ってどこに片付くのかが分かりやすいからかなと思います。

旧居では未処理のままいつまでも床に置きっ放していたようなもの、例えば買ってきた日用品も、補充して残りは服の部屋のストック入れにといった感じに家族が把握していて、気付いた人が運んでくれます。

それからこの家は、台所や洗濯室やストック置き場などが物理的に離れているので、ものの行く先を間違えにくく、なぜこんなところにこんなものが！ということもなくなりました。

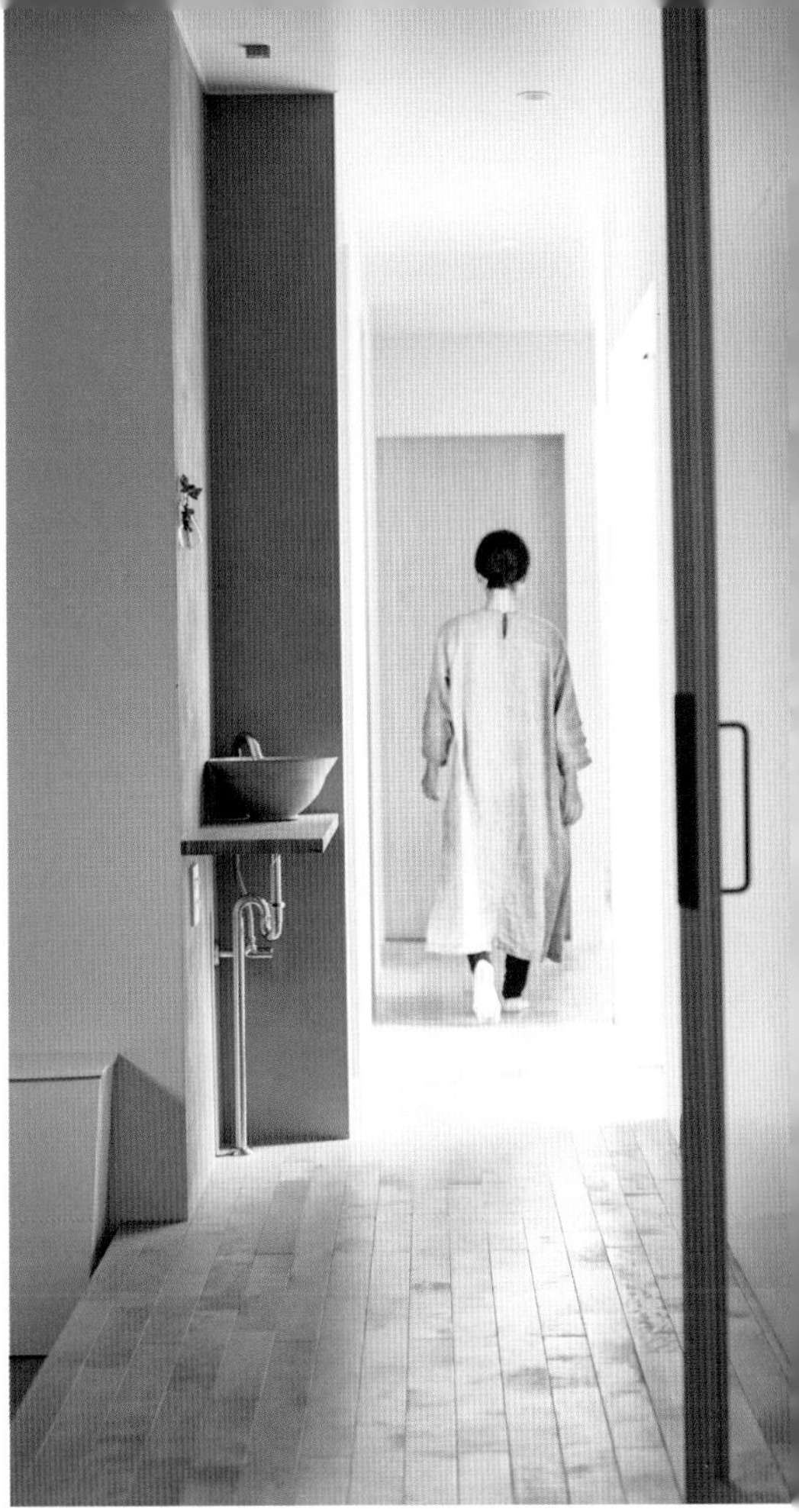

静脈動線

朝の台所仕事の終わりに、私は使った布巾を持って洗濯機に向かいます。この動線に、家族が置きっ放しした洗濯物や寝室で外した枕カバーをぽいぽいっとあらかじめ出しておき、一気に回収して洗濯機へ。

使うものを供給する動脈的な動きに比べ、不要なものを回収する静脈的な動きはなんだか地味でつまらなく感じ、旧居では洗濯物の回収にうんざりしていましたが、今はこの動線のおかげで、むしろすっきり気持ちよく感じます。

きれいを維持する動線

設計時に、汚れの原因となるものの動線を検討しておいたのは、きれいを維持するのにとても役立ったと感じます。

帰宅したらまずお風呂が我が家の決まり。くつろぐスペースに汚れを持ち込みません。庭仕事で泥々になった人は、トイレ前の掃き出し窓から室内へ。トイレまで1歩、浴室まで5歩なので掃除が最小限ですみます。

埃の発生源となる部屋は、動線の末端に配置することで、人が頻繁に通ったり通り抜けたりすることがなく、おかげで家中に埃が広がりにくいように感じます。

埃の少ない家

旧居では、どこからともなく現れる埃のかたまりが床をころころ……。取っても取ってもいたちごっこ。髪の毛やゴミは分かるけど埃は一体どこから？　と思っていたら、正体は衣類や寝具、カーテンなどファブリックの繊維とのこと。発生した埃は部屋を舞い、ものに積もって潜み、取り除かなければまた宙を舞う。サラサラした単独の埃ならまだしも、湿気を含めばカビの住処になり、台所で油煙と混ざればベタつく埃となってものにくっつき厄介なものに。

それで新居は埃の少ない家を目指して計画しました。対策の効果あってか、この家では埃のかたまりと出会うことはないし、家電の空気の吸い込み口などにもあまり埃がつきません。収納はほとんどがオープン収納ですが、棚につく埃も、旧居に比べてとても少なく感じます。

我が家の埃対策

埃の発生源を減らす
カーテンはブラインドに、大きなソファもひとまずなしに。特に油煙が発生する台所の近くからはファブリックを減らしました。

発生元から移動させない
寝室や脱衣室といった埃の発生しやすい部屋には戸をつけ、埃が他の部屋に移動する前に取り除くようにしました。

積もる場所を減らす
ペンダントライトなど埃が積もって潜むところを減らしました。埃をかぶるものは要らないものと考え手放し、飾りものも少なく。

積もる場所は掃除しやすく
なくせない棚は拭き取りやすい平らな形に。木の棚はプラスチックに比べ帯電しにくいからか、埃が付きにくく取り除きやすいです。

植物

植物は水替えなどお世話が必要だから置きっぱなしにならない。万が一なっても、しおれたらさすがに片付けるので、放置せずにすむ。

絵のかわりに、窓と景色

窓は見たい景色を切りとるように配置。季節によって紅葉したり雪景色になったりと変化も楽しめる。

眺めたくなる道具

飾るのを目的としたものでなく、どっちみち家に置いておく、使う道具を眺めたくなるようなものにすれば世話いらず。

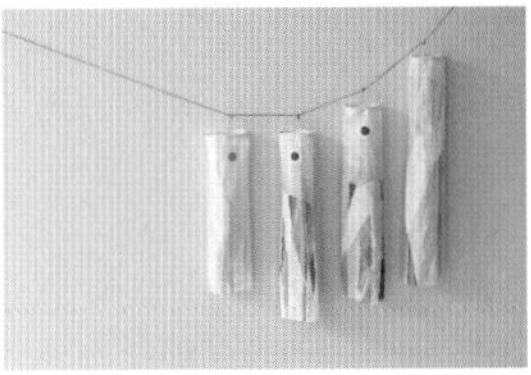

季節のもの、
期間が限られるもの

鯉のぼりや笹飾りなど季節が決まっているものも、時期が終わればしまうので、埃をかぶるまで置きっぱなしにならない。

子どものおもちゃ

子どものおもちゃは頻繁に手にとるので埃をかぶらない。かわいいし、そこに置いた子どもを想像するとさらにかわいく見える。

それでも飾るのは…

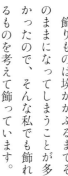

飾りものは埃がかぶるまでそのままになってしまうことが多かったので、そんな私でも飾れるものを考えて飾っています。

食べるまでの野菜と果物

旬の野菜や果物は大皿に載せておく。かわいいし、季節を感じるし、いい香りもするし、食べ忘れも防げる。

飾りも吊るす

道具も吊るしておくと管理が楽だけど、飾るものも吊るせば、掃除の時に持ち上げる必要がないので楽。

外玄関に植物

子どもにいたずらされても外なら大丈夫。朝晩玄関を通るたびうれしい。外水道の近くだと水やりや水替えがしやすくお世話が楽。

掃除機の計画

掃除機をかけるには、床の片付けが必要。洗濯や炊事が優先で旧居では掃除機がけは後回しでした。それで、どんなに忙しくても楽に掃除機をかけられるようにと計画しました。

掃除機ロボット（ルンバ）

掃除機がけは苦手なので、初めからロボット掃除機導入を決めていました。ルンバは人が見逃すようなゴミまでくまなく除いてくれるので、自分で掃除機をかけるよりずっときれいになります！

ホームベース（充電器）の位置

台所、作業室の段差下、脱衣室のベンチ下など数カ所にホームベースを置くためのスペースとコンセントを用意しました。

下は10㎝空ける

ベッドや棚は下にルンバが入れるスペースを10cm程確保。棚の床に近い段は埃が入りやすいから、ものを置かず空けてあります。

絡まるものに気をつける

絡まったり、吸い込んで困るようなインテリアを避け、電源コードも巻き込まれないようにコンセント位置を工夫しました。

掃除の同志！

ルンバはまるで掃除の同志。ルンバのために部屋を片付けたくなるし、ルンバが働いていると他のところを掃除したくなります！

床拭きロボット（ブラーバ）

ルンバがとても良かったのでブラーバジェットも購入しました。水拭きは気持ちがいいけれど、一軒家になって床面積が増えたから、自動でやってもらえるのはありがたい。

無垢のオイル塗装の床は水拭きを推奨されませんが、カバ材は比較的水に強いようです。住みながら水拭きできることを確認して、自己責任ではありますが今は定期的に床拭きロボットで水拭きしています。ルンバで掃除した後にブラーバで拭き上げると、夫に言わなくても触り心地で気付くくらいさっぱりします。おかげで一年中、素足で気持ちよく過ごせます。

充電式クリーナー（マキタ）

何かをこぼしたときや、ルンバが掃除できない階段など、部分的に掃除するにはマキタの充電式クリーナーを。洗濯で細かなゴミが出やすい洗濯脱衣室に置いてあるので、隣の洗面室でドライヤーを使ったときにもすぐに手に取れます。ハンディクリーナーは箒とちりとりのような感覚でとても便利です。

掃除しやすいひと工夫

旧居では重たい除湿機など床に置きっぱなしになるものの周りに埃がたまりがちでした。そういうものはキャスター台にのせ、掃除機をかけながら片手で移動できるように。その際コードが引っ張られて宙に浮き、下をさっと掃除機がかけられる位置にコンセントを用意しました。

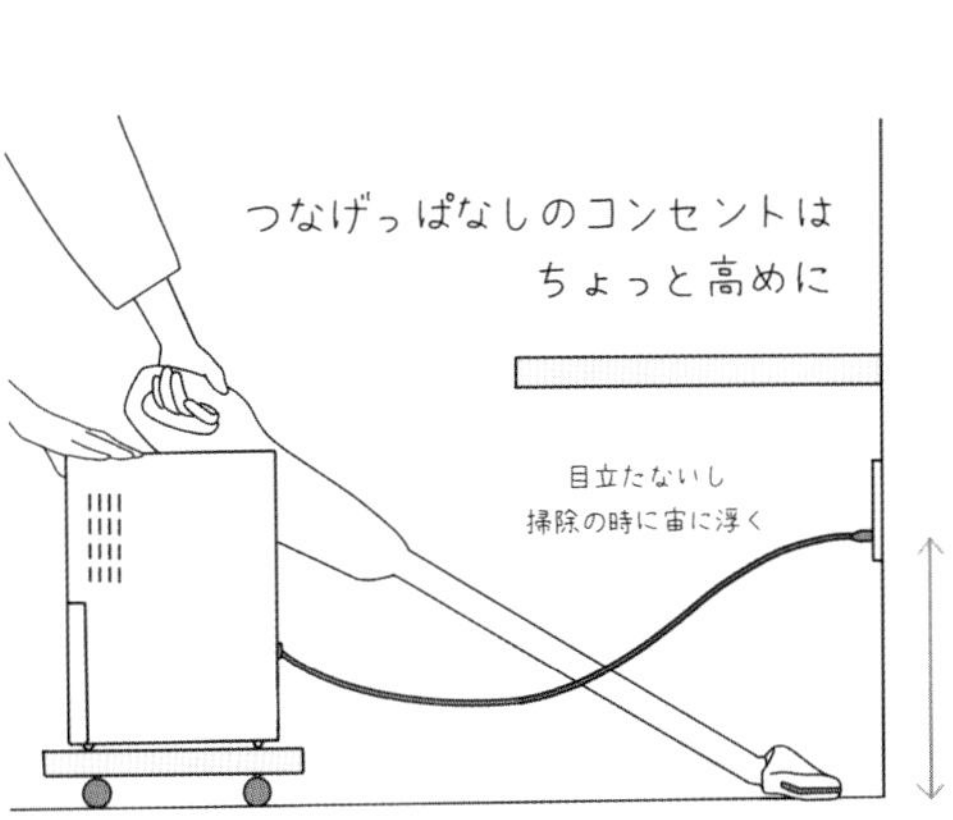
つなげっぱなしのコンセントは
ちょっと高めに
目立たないし
掃除の時に宙に浮く

ゴミが淀まない家

旧居の台所には大きなゴミ袋があって、どんなゴミか意識せずぽいぽいと投げ入れ、そのまわりには資源ゴミがたまっていました。部屋のあちこちには不要なものが置きっ放しになっていて、そこここにゴミが。なんだか家の中が淀んでいました。

新居では本当に必要か判断してからものを家に入れ、家に入れたものはしっかり使い、不要なものはすっきり家から出す。ゴミをごちゃ混ぜの臭く汚いものとして厄介払いするのではなく、循環させられるものは分けた上で気持ちよく手放したい。流れを意識して暮らしたいと思いました。

メインのゴミ箱を玄関に

今の我が家は玄関に大きなゴミ箱をひとつ。回収の日は玄関から持って出るわけなので玄関に。大抵のものは玄関から家に入ってくるから、ここで不要なものは家に入れずに処分します。玄関に置くのは躊躇しましたが、家の中心にあってどの部屋からもアクセスが良いので、最終的に玄関になりました。無頓着にゴミを捨てなければ、汚れず臭わず気になりません。

ゴミになると分かっているものは、はじめから家に入れない！

忘れずに資源回収へ

資源物は回収に出すのをうっかり忘れてためないように、台所の棚に買い物用のマイバスケットを置いて、その中に入れていきます。買い物の時に持ち出しスーパーの回収箱へ。収集を待たなくても好きなタイミングで持ち出せるし、マイバスケットも資源回収も忘れず、良い流れになりました。

野菜くずは土に還す

汚く臭いゴミ袋はいやなものだけど、その中身はちょっと前まではゴミではなかったはず。生ゴミだって元は食べもの。だから他のゴミと一緒くたにせず土に還せるものは庭へ。庭のひと区画に穴を掘り、野菜くずなどをざくざくと細かくしながら土と混ぜ、最後に土で蓋をすれば、分解されて土に還ります。

ゴミ箱の見た目

ゴミ箱の見た目が頼もしすぎると、ベタベタするようなゴミでも無意識に投げ入れがち。そうするとゴミ箱が臭ったり汚れたり虫が寄ってきたり。紙くずが出るようなところには、あえて内袋なしのかごを置くと、ゴミ箱を清潔に管理できます。

こういう見た目なら、自然と紙くずしか入らないから、管理が楽に。

片付いていると見えるもの

この家に来て、家事にさっと取り掛かり、忘れず、ためずにこなせるようになったのは、片付いていると「家事の状態」が一目で分かるからだと思います。

「家事完了」が見える

例えば、洗濯脱衣室の端っこには、洗って乾かしたけれどアイロンはかけてないワイシャツを置いてあります。アイロンをかけて服の部屋へ運び、やることが完了すると、洗濯脱衣室はすっきり片付きます。帰宅したときは家に持ち込むものを玄関で分類して並べ、それぞれ処理し、すっきり片付いたら完了。「完了したこと」が目に見えるというのはとてもうれしいこと！　褒められるとか感謝されるとか、他者の評価に拠る達成感ではなく、すっきりした！という自分の中から出てくる達成感が、毎日の家事を気持ちよく回してくれるように思います。

「次にやること」が見える

洗濯脱衣室にワイシャツがあれば「＝アイロンをかけてないシャツがある」ということ。洗面室の作業台の上にものが並んでいたら「＝やることがある」ということ。「すっきり片付いたら完了」がデフォルトになる

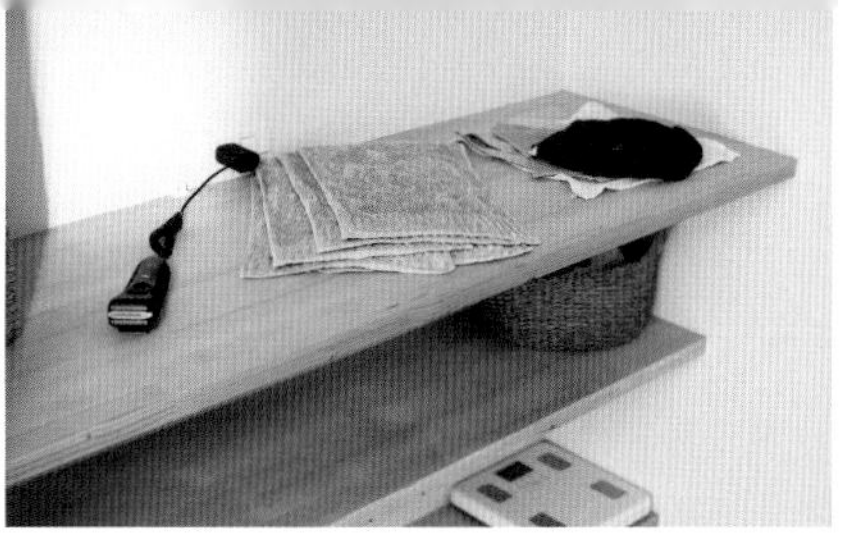

髭剃りは充電が終わったら元に戻す。タオルはたたむ。お弁当周りの布ものは台所に持っていく。片付けば完了！

と、一目で未完了のタスクがあることが分かるから、手があいたらあたりを見まわしてやることを見つけ、さっとこなせるようになりました。置くときも意識して、ｔｏｄｏリストを書くようにものを分類して並べれば、次にやることが一目瞭然です。

「忘れ物」が見える

外出のついでに投函する郵便物や買い物ついでに回収に出したい資源物は、片付いた玄関にぽつんと置いておけば忘れません。気をつけていなくても忘れ物をしない仕組みだと「忘れないようにしなきゃ」と頭の中で繰り返す必要もなく、記憶容量も無駄遣いしないから、頭の中まで片付く気がします。

言わなくても共有できる

これらが習慣になると、家事をどこまでやってあって何をやっていないのか、家事の状態を言わなくても、家族で共有できるように。引き継ぎも要りません。できる人ができるときに家事をすればいいというルールは平和でいいなと思います。

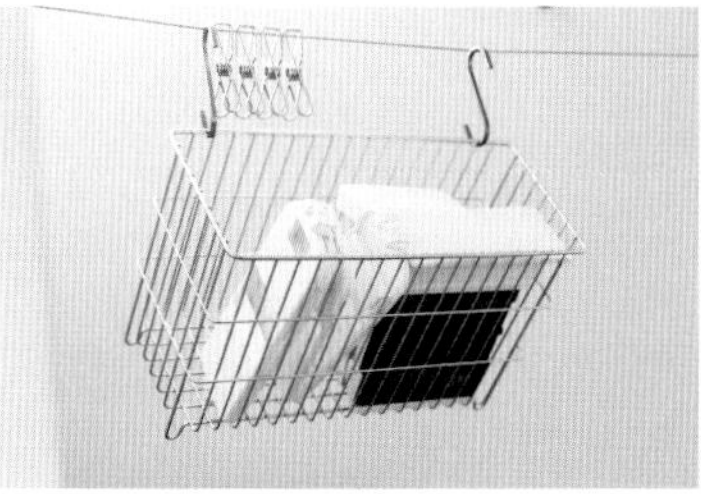

洗濯が終わったらフィルターをここに。もしかごが空だったら「フィルターを外し忘れ」。気づいた人がフォローできます。

命令もお願いもしない

旧居では私が夫に、あれやってこれやってと頼むことが多々ありました。やってくれた？と確認すれば角が立ち、これだけはとお願いしたのにやってくれないと私もむっとするし、夫も命令されたと感じてむっとしていたかもしれません。

今の仕組みはお互いいやな思いをしないし、家事をやってもらえる確率も旧居より高いように感じます。これらの仕組みが機能するのは、家が片付いていればこそ。片付いた状態をデフォルトとして家族が認識しているからこそ、「やること」としてそこにある「もの」が際立っていると感じます。

column 8

ひとりで家事ができる家

家を建てたのは、結婚して7年の頃。二人とも帰宅は10時をまわることも多くて、家事がうまく回せませんでした。それで家事の分担を試みたのだけど、なかなか難しい。

家を建てるとなって、どうやって家事をするかを想像したとき、夫婦での家事分担を前提にして建ててしまうと新居でも私は不満を持ちながら暮らすことになるのではないかな……と思いました。例えば対面キッチンでの家事をイメージすると私はまたきっと「配膳を一緒にやってほしい」と思うし、「手伝ってもらえない」と不満に思うでしょう。一方で壁付けのキッチンレイアウトにしてすぐ横に食卓を置けば、自分ひとりで配膳した方がむしろ楽だと感じ、不満に思うこともなくなるかもしれないと思いました。

こんな感じで、配膳や食器の片付け、洗濯といった特に私がめんどうに思い手伝ってほしいと感じる家事はよく考え、とにかく楽になるように、0歩で完結するように計画しました。

この家に暮らして7年。子どもが生まれたり、夫の仕事が思いがけず忙しくなったり、私も仕事に復帰したり。その時々で手が回らなくなる家事もあったけれど、ひとりで家事ができる仕組みにしておいたことには、とても助けられたと感じます。

そして今、子どもも夫も家事をしてくれるようになったのは、ひとりで家事ができるくらい、家事をしやすくしておいたおかげかなと思っています。

10章 整えた家でなにしよう?

早起きできる家

以前は7時に起きればいい方で、休日は9時ごろまで寝坊していました。でも本当は早起きして気持ちよく1日をはじめたい。それで、早起きできる家にしたいと思いました。

寝室には東向きの窓を。夜明けとともに朝日が差し込んでくるので、寝坊していられません。台所にも東向きの窓があって、しっかり朝日を浴び体内時計がリセットされるのか夜にはしっかり眠くなります。ＬＤＫには床暖房をつけたので、冬の寒さは寝坊の言い訳になりません。

今では早起きが習慣化。朝は4時前に起き出して換気をし、コーヒーを淹れながら少しだけ家事をして、台所から夜明けを見るのが朝の楽しみになりました。夏の早朝のひんやりとした空気はとても気持ちがよく、冬のきらきらした夜明けはとてもきれいです。

この家では夫も子どもも6時前には起きだします。1日の始まりが早いので、朝も時間をたっぷり使うことができます。

休日の過ごし方

我が家は休日こそ早起き。みんなでまずは家を片付け掃除をします。平日に気になっていたところも念入りに。そうすれば一日を気持ちよく過ごせると知っているからです。

しっかりお腹が空いた頃、朝食をとりながら1日の計画を。書きものをしたいとか、縫いものをしたいとか、庭の木の剪定をしたいとか、そろそろ夏野菜の準備をしようかとか、お昼は庭で七輪を出して食べようかとか。付かず離れずいい距離感で、それぞれやりたいことをして、休憩時間に合流しておしゃべりしながらご飯を食べて。我が家の休日の過ごし方はこんな感じです。

庭の手入れをしたり、家具にオイルを塗ったり棚を増やしたり。家にまつわることも、面倒なことではなく、今では楽しみの一つに変わりました。

そうして1日を終えたら、明るいうちにお風呂に入って、さて、今度は何をしようと話しながら夕食を囲みます。

外ごはんを楽しむ

カフェのテラス席で飲むお茶や、ピクニックで食べるお弁当、炭火で焼いた野菜。外で食べるご飯がとびきり美味しく感じるのは知っているけれど、用意をしたり出かけるのがちょっと億劫に感じてしまいます。だからこの家では、気軽に外に出て外ごはんを楽しめるようにしたいと思っていました。

過去に外ごはんに招いてもらった経験から庭にタープを張ってテーブルを出して、器やカトラリーをせっせと運んで……なんていう手の込んだことは私たちにはできないだろうなと思っていたので、いかにしてハードルを下げるか。それで食卓の隣の大きな掃き出し窓からウッドデッキに出られるように。食卓に配膳するのと数歩しか変わりません。ウッドデッキは土足で上がらないことにして、台所から裸足のまま出られるようにしました。

忘れものも気にせず準備して、子どものペースで切り上げられる家での外ごはんは気楽で、日々の楽しみになっています。

気軽に ウッドデッキで

平日の朝食やおやつの時間にも、気軽にウッドデッキに出て食べることができます。子どもが小さいうちはお外で食べるだけでもよろこんでくれるし、大人の気分転換にもなります。食べものや飲みものをこぼしてもあまり気にせずにいられるので、とても助けられました。

七輪ごはん

休日、気候がいい時期は七輪に炭をおこしてご飯にします。出かけて行ってのバーベキューはちょっと面倒に感じる私たちですが、庭でする七輪ごはんは手軽です。炭をおこすのに慣れてしまえば準備も片付けも簡単。器もお気に入りの陶器で。ゴミも出ないし、食材を用意するだけでご馳走気分を味わえます。

外ごはんの問題解決

設計時は掃き出し窓を開け放ち食卓とウッドデッキでつながりを持って過ごすイメージでしたが、虫の侵入が気になり小まめな網戸の開閉は必須でした。また外ごはんは夏のイメージでしたが、盛夏は日差しが強くて過酷。日除けを用意したり、涼しい北側でするなど工夫が必要です。それから器や食材を運ぶのに何往復かする必要があるのでその動線もできるだけ短く。靴の脱ぎ履きが必要ないと楽に感じます。

気になりそうなところがあれば、こういう小さなことでも事前に解決しておくと、より外ごはんを楽しめると思います！

ものづくりを楽しむ

暮らしの中で気軽にものづくりを楽しみたいとずっと思っていました。旧居から持ってきたミシンは作業室の一角に据置き、振り返ったところにある大きな作業台で裁断もできます。大工仕事は木材カットで木屑が出るので屋外か土間があると便利。電動工具が使える外コンセントも重宝しています。

私のものづくりは見よう見まねです。家作りをする大工さんに工具を使わせてもらったり、カーテンが欲しいなと思って布を切って縫ってみたり。この家をきっかけに、よりものづくりを楽しめるようになりました。

お裁縫も大工仕事も料理と一緒で、上手い下手はあっても、やりたい気持ちがあれば案外できるものだと思います。少しずつできることが増えてきて、今ではいつも次は何を作ろうかとわくわくしています。もの作りは構想から、材料集め、作業、使ってみてまた手を加える……と、長い時間夢中になれる、最高の楽しみになりました。

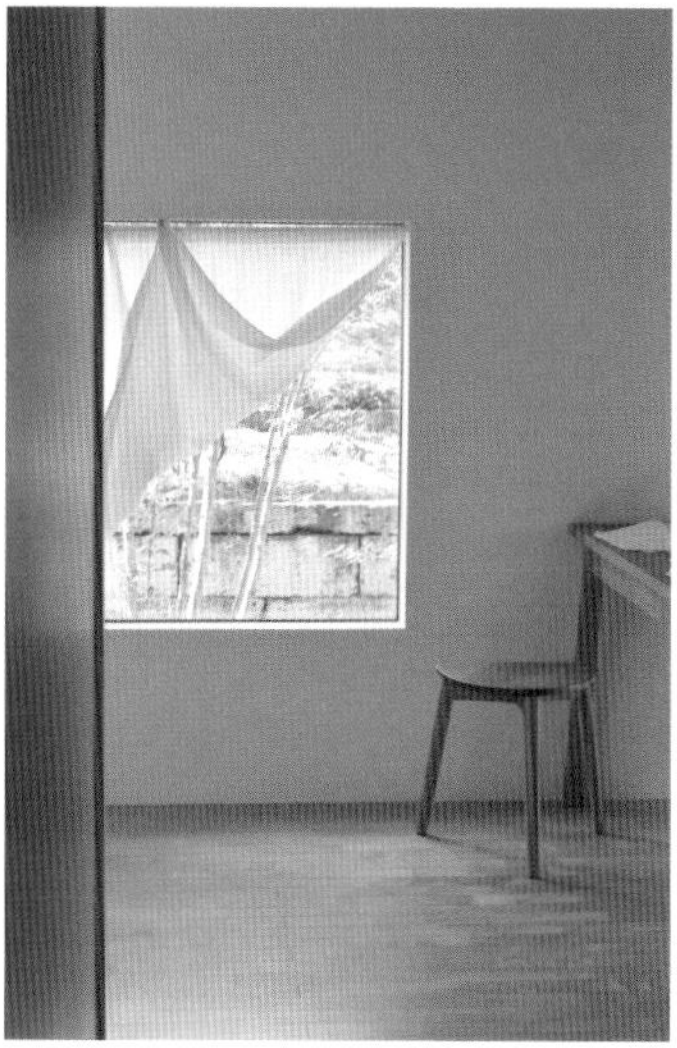

カーテンを縫ってみる

カーテンはなかなか高価だし、しっかりしたものだと洗濯も大変。それで家にあったダブルガーゼを縫って突っ張り棒で吊るしてみたら好みの雰囲気になりました。麻の布も常備していて、寝具や家電のカバーなどが必要になったら作ります。費用も抑えられてぴったりサイズにできて部屋に統一感も出ます。

キャスター台を作ってみる

除湿機を簡単に移動できるように作ったキャスター台は、大工さんにもらった端材にキャスターを取り付けただけですが、とっても便利です。台所の棚の端材も大工さんが置いていってくれたので棚を増やしてみたり、フローリングの端材で子どものおもちゃを作ったり、端材でとても楽しめました。

ぴったりの収納を作る

子どもがベッドから落ちないようにしたい。古い布団乾燥機を隠す収納も兼ねたい。暮らしながら家族でアイデアを出し合ってものを作るのはとても楽しい時間です。ホームセンターへ行けば材料は揃うし、材料のカットもしてくれるし、店員さんは相談にも乗ってくれるので、初心者でも安心です。

庭のある暮らしがしたい

家を建てるなら、なんとなく庭のある暮らしがしたいと思っていました。休日は庭仕事をして、その庭を家の中から日々眺めるような暮らしです。

住みはじめたとき、私たちはまったくの庭初心者。そして敷地はまっさらでした。雑草は抜いても抜いても生えてくるし、雨が降れば大きな水溜りができるし、土がむき出しで砂埃が飛ぶ。そんなことを経験しながら、木を植えてもらったり、グランドカバーを考えたり。少しずつ庭に手を加えてきました。今では休日の多くの時間は大人も子どもも庭に出て、庭仕事をしたり遊んだりのんびりしたり。

はじめの頃はへとへとになりながらやっていた庭仕事ですが、慣れてくると運動のような感覚に。仕事の間は座りっ放しで鈍った体を動かし、集中していると、雑念もはらわれて、庭だけでなく頭の中まですっきり。程よい疲れで夜もよく眠れます。

雑草と雑木の庭

はじめは庭との付き合い方がわからなくてひたすら草を抜いていましたが、草は抜いても次が生えてくる。それに雑草はよく見るとかわいい。それで野芝と背丈の低い雑草は残して雑草の庭に。なかなか草が生えないところにはイワダレソウを植え、土が緑に覆われると、歩きやすく、夏も涼しげに。生きものも住む庭になりました。

それから、デッキに木陰を作りたいとかこの窓から緑が見えたらいいなとかと暮らしながら想像して、庭木を植えてもらいました。庭木が増えると木陰もできて、雑草の勢いも落ち着いたように思います。

暮らしとつながる庭

早朝に換気をしながらデッキに出てひんやりとした空気を感じる、洗濯物を干しながら庭木を眺める、外ごはんを楽しむ、野菜くずを土に還す、休憩時間に水やりをする、野菜や果樹を育てて実をいただく、多ければ保存がきくように加工する。

はじめは、もう手に負えないと後悔するほどだった庭。今ではすっかり暮らしの一部になっています。

暮らしの中の小さな楽しみ

庭に出ると、木から草花までいろいろな植物がいます。室内のものは自分で選んで持ち帰り、置いているわけだけど、庭には、植えたわけでもないものが突然生えてきたりして、小さな驚きと発見がたくさんあります。同じ植物でも季節で違う姿を見せたりして、見ているととても面白い。紅葉して実をつけた枝を小さく手折(たお)って活けてみたり、雑草もよく見るととてもかわいくて、少し拝借しては窓辺に活けてみたり。こういうことが暮らしの中の小さな楽しみになって、日常をささやかに彩ってくれます。

「楽しみ」というと、以前はなにか特別なものを購入したり、どこか特別なところへ出かけたりと、家の外の非日常に求めた気がします。この家に来てからは、家のまわりにある小さな自然や、暮らしの中での小さな試行、それに伴う小さな変化など、日常の中に小さな楽しみを見つけるようになったように感じます。

天気を楽しむ

天気で家の雰囲気は変わります。雨の日も、この家だとなんだかいいなと。庭の水やりをお休みして、きれいに洗われた空気の中で、小さく灯りをつけてゆっくり過ごします。高窓から見える晴れた日の青空や満月、雷や嵐を眺めるのも好きです。子どもにも興味深いようで、一緒によく眺めています。

季節を楽しむ

春の芽吹きが毎年楽しみ。梅雨は庭木が瑞々しい。梅雨明けのお日様は梅がよく干せそう。夏の草刈りの後は、お風呂で汗を流して夕涼み。秋は紅葉、落ち葉掃き。冬の寒さで安心して味噌を仕込める。庭仕事や保存食作りを通じて、季節の変化がより身近に。暑さ寒さも楽しめるようになりました。

香りを楽しむ

夜明け前のコーヒー、早朝に炊くご飯、陽に当てた洗濯物、水拭きした後の床板、季節の花、草刈りの後の葉っぱ、雨の日の濡れた土。空気がきれいだからかこういう暮らしの中の香りを、いい香りだなとしみじみ思うことが増えたように思います。子どもの記憶にも、いい香りが残ったらいいなと思います。

column 9

暮らすこと、体を動かすこと

40歳を目前にして健康とか体力の低下とかが気になるのか、「ジムでも行ってみようかな」なんてセリフが夫の口から出たときには驚きました。でも話していたら、私たち十分体を動かしている気がしない？

この家に来てから休日のほとんどは庭に出て何かしら作業をしています。夏の間は特に、頻繁に草刈り、草取りをしているし、庭木を剪定して枝を処理して運んだり、種まきするのに土を耕したり。作業中はよく動き回り、斜面に立ち、しゃがみ、重いものを運んだりと、普段しない動きもたくさん。家の中では窓を拭いたり床にオイルを塗ったり。家の掃除やメンテナンス、家仕事というのはなかなか体を動かすものです。

以前、隣の田んぼのおじいさんが我が家の栗の木を切ってくれたのだけど、80を過ぎているとは思えない軽い身のこなしでチェーンソー片手に木に登り、あれよあれよと大きな木を一本片付けてくれたのでした。日頃から農作業しているおじいさんの比ではないけれど、以前の暮らしと比べれば、私たちも日々よく体を動かすようになって、体力もついたでしょうか。

汗だくになって体を動かして、家や庭まできれいになって、終わった後は気持ちまで清々しいのだから、家仕事は最高です。暮らしているだけで体を動かせるこの暮らし。正直はじめはちょっとしんどかったのですが、今では調子も摑めてきて、とても気に入っています。

11章 そして家づくりはつづく

子どもと暮らす家

子どもが生まれてからは、
ものが増えたり、
部屋の使い方が変わったり、
時間の過ごし方にも
変化がありました。
シンプルな家は、
家族の成長を受けて、
柔軟に寄り添ってくれました。

子どもと暮らす部屋と間取り

この間取りではベビーゲートを設置できず、小さな頃は付きっきり。家事はおんぶ、触られたくないものは高いところに、オーブンはチャイルドロック、食洗機はブレーカーを落としてなんとかしのぎました。

子どもはオープン収納のものは一通り出し入れを楽しんで、しまいには自分も棚に収まったりとオープンな間取りを楽しんでいた様子。もう少し赤ちゃんとの暮らしの知識があれば間取りを工夫して楽になった気もしますが、いろいろなものを触ったり、いつもおんぶでいろいろな家仕事を見てもらえたのも良かったのかなと思います。

段差は危険？

心配だった段差には落下防止に鏡を設置。体を動かす練習をしたりと鏡遊びを楽しみました。階段はハイハイやタッチで昇り降りの練習をしたり、壇上を舞台に見立て踊ったり。目は離せませんでしたが、心配だったのははじめの2、3年程。すべり台を設置したりと、段差のおかげで遊びの幅は広がりました！

何もない壁は貴重

子どもの成長に合わせて居間に家具や収納や遊具を置いて、何度も模様替えをしました。これらを居間に置くのは一時とはいえすっきり納めたいもの。

窓や作り付けの造作棚などがあると、レイアウトに制約を受けるので、居間に何もない壁があって良かったと感じます。今はこの壁に寄せて小さなお家を置いています。

ここは将来、プロジェクターを使えるようにと確保した壁でしたが、子どもが生まれてからは、壁の飾り付けをしたり、白背景で写真を撮るときにも便利でした。

手作り遊具・家具

期間限定の子どもの遊具や家具は、自分たちで作って楽しみました。小さな頃からそれを見ていた子どももものづくりに興味津々。今では一緒に大工仕事に参加するようになりました。

小さなお家で子どもも大人も居心地よく

子どもはおもちゃで思いっきり遊びたいし、収納も自由にしたい。大人はそれを尊重したいけれど、掃除機をかけられないほど散らかるのは困る。それで居間に「小さなお家」を作りました。

外から見るとすっきり

中がどんなに散らかっていても、壁に何を描いても貼っても自由です。壁はホワイトボードになっていて、磁石遊びもできます。

収納を兼ねる

中のカウンター下にある棚には、無印良品のメイクボックスを引き出しにして、細々したおもちゃをしまっています。全部出すとこんな感じ。意外と収納力があります。

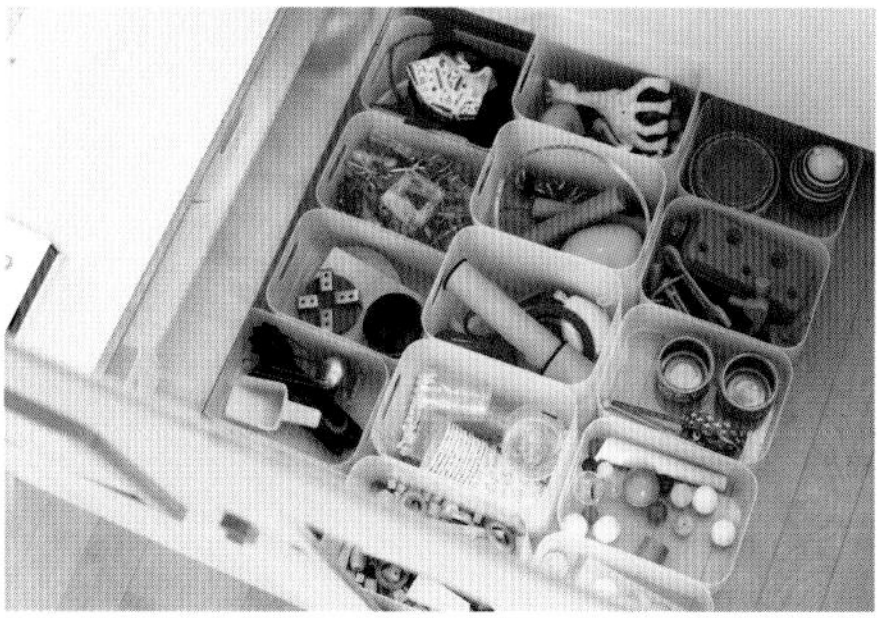

こもり感と、こっそり観察

大人に内緒で何か書きものをしたり、冷静になりたい時にちょっとこもったりできる空間として子どももうまく使ってくれています。なんだか大人しいけど何しているんだろう？　という時に、窓や上からこっそり観察できるのも良かったです。

子どもがよろこぶ仕掛け

鍵のついた窓や、自由にレイアウトできる有孔ボード、スイッチ押し放題の雲の照明、ごっこ遊びが盛り上がる大きな窓とカウンターなど、仕掛けを。

すべり台

階段を安全にしたいと思って構想したすべり台。もう階段も心配ありませんが、トイレに急ぐときに子どもはすべり台を選んでいて面白いです。立ったまま上り下りしたり、箱に入ってすべってみたり、おもちゃを転がしてみたりと、外では実験できないようなことを試して好奇心いっぱいに遊んでいます。

収納と机

自分で好きなように収納したい子どもに簡単な棚兼机を。ここは大人は口を出さない、何をしまっても飾ってもいいところ。お絵描きに熱中してクレヨンがはみ出してもいいところです。

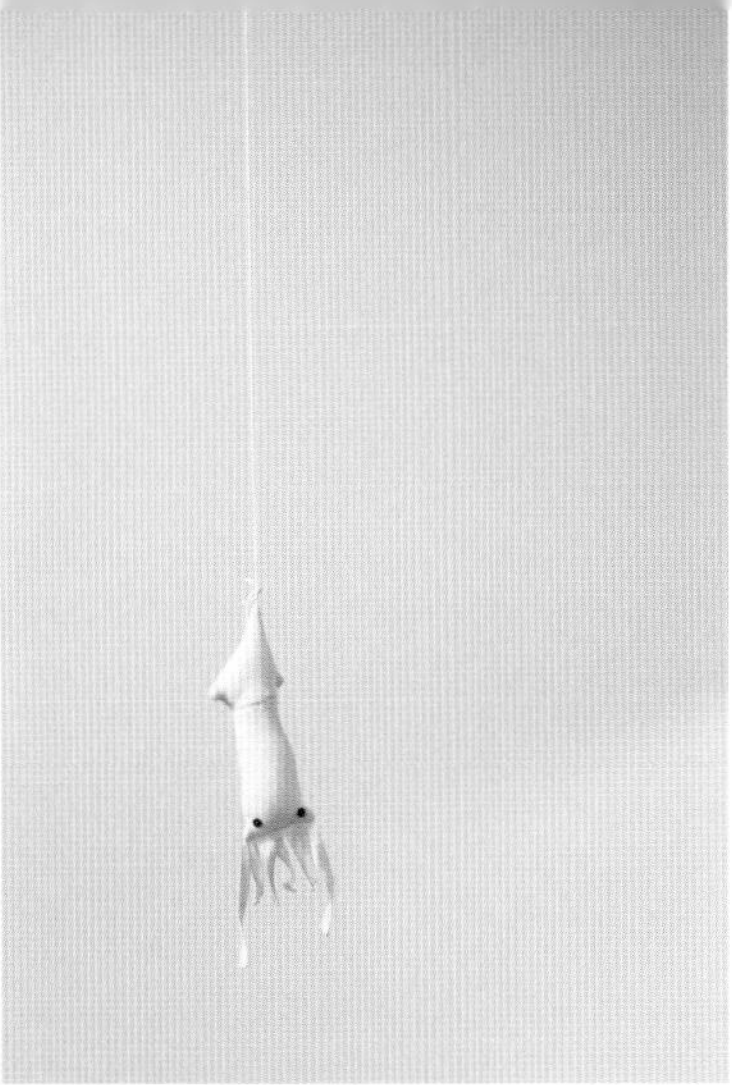

木の天井に吊るして遊ぶ

居間の天井は木なので、木ネジがききます。赤ちゃんの頃はモビールを眺め、おすわりの頃には水を入れたペットボトルに抱きついたり揺らしたり、ものを投げたい時期にはぬいぐるみをゴムで吊ってビョーンと投げたりと、いろいろ吊るして遊びました。吊るすおもちゃは宙に浮いているから片付け要らず、掃除機のときも避けずにすむので楽々です。

ぶらさがれるロープ

天井の梁が隠れている部分に取り付けたロープは、ぶら下がってゆらゆらしたり、下にクッションを置いて天井までよじ登ったり、ネジってネジってくるくるくるー。室内でも体を動かして遊べます。

お砂場

小さい頃、お家でもお砂場遊びができるように、木枠を作って砂を入れ、お砂場を作りました。簡単に作れるし、大人も夢中で遊べます。

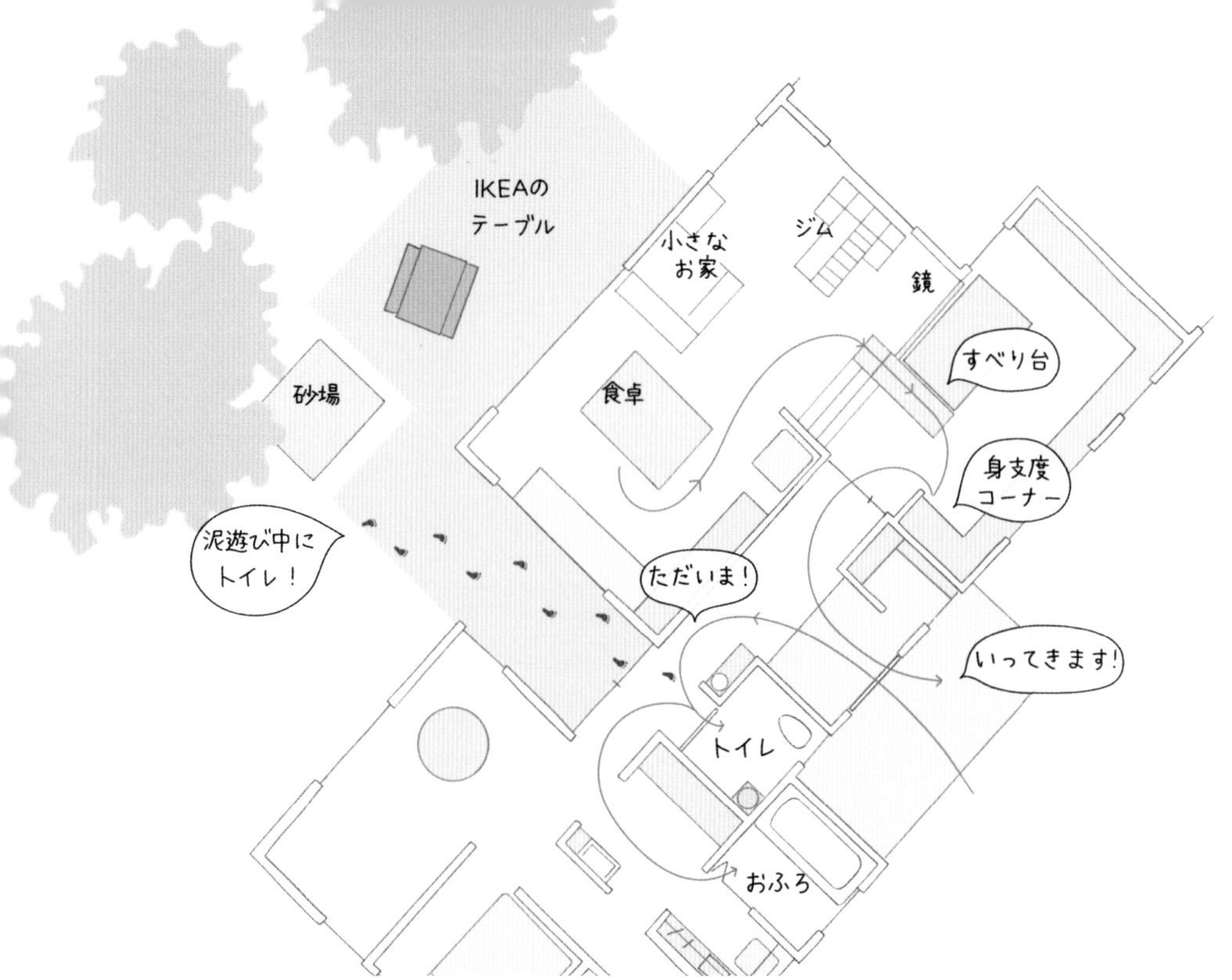
IKEAの
テーブル
小さな
お家
ジム
鏡
すべり台
砂場
食卓
身支度
コーナー
泥遊び中に
トイレ！
ただいま！
いってきます！
トイレ
おふろ

子どもと動線

子どもは特に、
動線上にあるものに気が散って
横道に逸れてしまいがち。
大人も子どもも気持ちよく暮らせるように、
間取りと動線が助けてくれたと感じます。

「いってきます！」の動線

平日の朝はLDKで過ごして、鳩時計がなったら支度の時間！ すべり台を華麗にすべり下り作業室の身支度コーナーで荷物を整え、そのまま玄関で靴を履いて「いってきます！」まで、気持ちのいい動線です。

「まずはお風呂！」の動線

「帰宅したらまずお風呂」が我が家のルール。玄関から入り、トイレをすませて、洗面室でタオルや着替えをピックアップして脱衣室へ。居間で遊び始めるとだらだらしてしまうから、玄関を入ったらまず左！ 浴室へ直行します。

「ドロドロだけどトイレ！」の動線

庭で泥々になって遊んでいるときにトイレに行きたくなったら……。トイレに直行できるように、庭からウッドデッキを通り、掃き出し窓を開けた正面にトイレを配置しました。

子育ての環境

自分でできるように

台所仕事を一緒にしやすい位置の食卓や、自分で食器を選べる位置の食器棚。洋服を自分で選べるバーの高さ。これらのおかげで「自分でやりたい」という子どもの気持ちに応（こた）えやすかったように感じます。台所シンクや洗面流しを自分で使えるようにする踏み台は、流しの下に収まると、大人の作業にも邪魔になりませんでした。

生活の音、夜の光

眠っている子どもを起こさないように、家事や入浴の音が届かない寝室や廊下の位置は良かったと思います。満月の明かりや夏の早朝の明るさ、街灯や車のヘッドライトなどは盲点で対応が必要でした。不意に点くセンサーライトで子どもが起きることがあり、一時的に手動に切り替える必要がありました。

鍵をかけられる部屋

浴室や洗濯機、洗剤の事故を防ぐために、浴室や洗濯脱衣室に鍵があったのは良かったと思います。大人の休息を守るのにも鍵は重要で、特に後追いの時期に、夫に子どもを任せて休息を確保するのに浴室や寝室の鍵が役立ちました。鍵は子どもにとって興味深いおもちゃにもなるので、外からでもすぐに鍵を開けられるように、鍵や五円玉をハンドルにぶら下げたりして対応しました。

建具も危険

引き戸は子どもの格好の遊び道具になったので、ブレーキを調節して対応。ガラスの開き戸は大きくなるまでひやひやしました。特に造作の場合は安全対策をしづらいと思うので、家を建てるときに考慮しておいたほうがいいのかもしれません。

子どもと庭

子どもと庭はとっても相性がいい。
小さな傾斜があれば駆け下りて、
段差があればジャンプして、
縁があれば平均台みたいにバランスをとって歩きます。
箒に水をつけて地面に大きな絵を描いたり、
冬の朝は霜柱をかたっぱしから踏んづけたり。
庭は自由で、子どもはあるものから
自分で遊びを作って広げていきます。

本物のお仕事

子どもは本物を使ったお仕事が好き。庭では、植物のお世話をしたり、落ち葉を掃いたりと、子どもに任せやすい本物のお仕事がたくさんあります。

水遊び・泥遊び・穴掘り

赤ちゃんの頃に砂場を作ったけれど、今は砂場の枠を越えて遊びます。地面にひたすら穴を掘ったり、ドロドロのぬかるみを作ってみたり。夏は冷たい井戸水でびちゃびちゃになって遊びます。

庭の木の実

実のなる木をいくつか植えています。柑橘（かんきつ）は芋虫を観察できるし、ジューンベリーには鳥がやってきます。遊びながらブルーベリーをつまんで、ラズベリーでジュースを作り、山葡萄で色水遊びや草木染め。木の実で遊びが広がります。

ごっこ遊びとガーデンシンク

庭の水栓に棚を作って、ままごとキッチンのようにしました。外なので水浸しにしても大丈夫。草や実や土を使ってお料理。棚を冷蔵庫やオーブンに見立てたり石の包丁で草を切ったりします。

畑のお世話

タネを蒔いたり農協で苗を買って植えたり。水を遣(や)って篠竹で支柱を作って収穫して。野菜を作る大変さや面白さ、採(と)れたての美味しさを感じられます。

庭の生きもの

一軒屋なので生きものと暮らしてみたい気持ちもあったけど決心しきれず。ところが暮らしはじめてみると、隣の空き地にはキジが住んでいて、ヒナを連れて散歩していました。子どもが生まれてからは一緒にアリのコロニーやカマキリの捕食・孵化(ふか)、鳥やトカゲやカエルを観察。生きものを身近に感じつつそれぞれ自立して暮らしている、今の生きものとの距離感がちょうどよくて気に入っています。

我が家の経年変化

はじめは全てが新品の家も、暮らすうちに傷や汚れがついたり、日焼けや乾燥などで少しずつ変化していきます。手仕事の木や布や陶でできたものは使い込むうちに起きる変化を味わいとして肯定的に捉えますが、家もそんな気持ちで捉え、暮らしたいなと考えています。掃除が苦手な私と、無頓着な夫、やりたい放題の子どもの3人暮らし。7年暮らした経年変化をまとめます。

無垢のフローリング

我が家の選んだカバの無垢材は明るめの色で、日の当たるところは日焼けが。昔住んだことのある杉の無垢材に比べると柔らかさに欠けますが、傷や汚れがつきづらく、自己責任ですが水拭きできれいになり、扱いやすいと感じます。

集成材の棚

白っぽい棚は全体的に飴色に。台所のワークトップは水浸しにすることはないからか、木でも特に困りませんでした。鉄のものが反応して黒くなったり、アルカリの洗剤がついて黒ずんだりしたところもありますが、いつの間にか薄くなっています。

白い塗装の壁

水回りでの劣化は感じられず油がはねるところは光の当たり具合によって油はねが見えます。経年変化で石膏ボードの継ぎ目が気になるところがあります。強いテープと一緒に剥がれたり角をぶつけてはげているところもありますが、いつか補修すればいいやと思うとまあいいかと思えます。

質感のある塗装の壁

骨材の入った塗料は表面が平滑でないから光の加減で雰囲気が変わり質感がとても気に入っていますが、拭き掃除しづらく、埃も付くと取り除きづらそうなので気を付けています。

樹脂

樹脂は劣化を感じます。日の当たるサッシのハンドルは白が黄ばんだり（サッシ自体は大丈夫です）、黒の色がさめたりしているところがあります。浴槽も樹脂製ですが水垢がついたところを磨くと傷がつきやすいため気を使います。

クロムメッキ

クロムメッキの水栓はあらかじめ水浸しにならないようにしたところが多く、おかげでたまの乾拭きでピカピカです。浴室のクロムメッキのパーツは拭き上げをしていませんが、水垢がついてしまっても磨けばきれいに戻るので安心です。

ステンレス

クロムメッキに比べるとステンレスは拭きむらがでたり、水垢がつくと落ちにくいように感じます。台所のシンクははじめは傷も目立ちますが、使っていくうちにだんだん馴染んできて、鈍く光る今のシンクは味があってなんだか好きな質感です。

真鍮

手が触れる取っ手は少しずつ色の変化を感じます。排水キャップなど水に触れるところの方が変化が大きいけれど、磨くときれいになるので、お手入れが好きな人には魅力的な素材。そうでなければ手や水があまり触れないところがおすすめです。

衛生陶器と焼き物

衛生陶器は水垢がついても磨けばきれいな状態に戻しやすい。焼き物の手洗いは磨きすぎると質感を損なうので少し気を使います。

住まう人の好み次第

質感があるものは汚れやすかったり、掃除しやすいものはつるつるすぎてちょっと面白みに欠けたり。変化を味と見るか劣化と見るか。手入れして育てていくのが好きか、手間なしでいつまでも新品同様なのが好きか、いつか新品に交換すればいいと考えるか。住まう人の感じ方や考え方にそう素材選びが、気持ちよく暮らす上で重要だと、住んでみて改めて感じます。

外まわりの変化

我が家の外壁は漆喰です。骨材を練りこんであり質感のある壁。温かみのある雰囲気にしたくて少し赤みのあるベージュにしてもらいました。季節や時間など陽の当たり方によっても雰囲気が変わり、植栽とのなじみも良く気に入っていますが、少し後悔も。

設計時は家の中にばかり気を取られて、外まわりは見た目で選んでしまったところがあります。今のところカビや苔（こけ）などなく全体的にきれいですが、長期的に考えると、汚れても目立たない濃い色や掃除しやすいつるつるした素材の方が私には安心だった気がします。

経験上、外壁の汚れ方は家の建つ環境による気がします。交通量の多いエリアに住んだときは粉塵で外壁がとても汚れました。ここは空気がきれいですが、庭の土がむき出しの頃は土埃が舞って汚れの原因になりました。住まう人や環境に合わせてあらかじめ納得して選択できれば、後悔のない外壁を選べるのかなと思います。

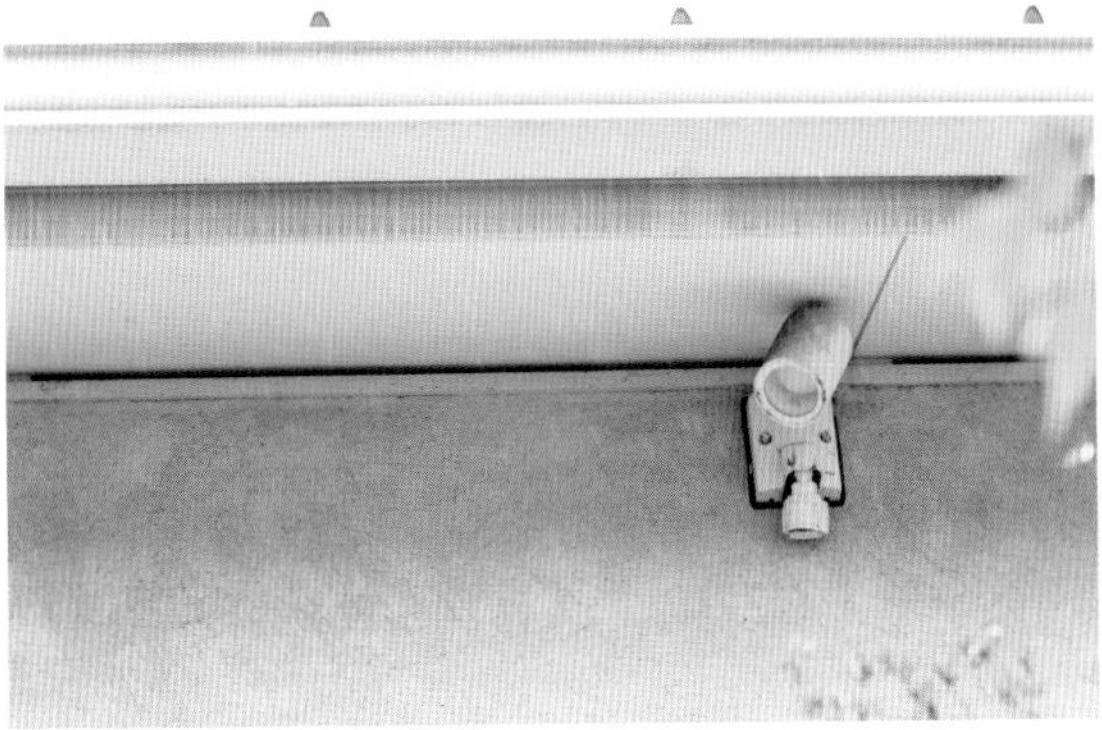

外の設備は汚れの目立たない色がおすすめ

壁の色に合わせて白を選んだ外まわりの設備。実は雨樋の職人さんに「白は汚れの苦情が多い」と言われていましたが、やはり雨垂れが目立ちます。外まわりは範囲が広く高さもあって、内装に比べ掃除も頻繁にしないし、産後はかなり長期間放置。黒だったら雨だれが目立たなかったと思います。

窓の下の汚れ対策

窓の下端につく雨垂れを防ぎたくて、水切りというパーツをつけてもらいました。おかげで汚れが気になりませんが、塗り壁の厚さの違いか写真の窓の右側一箇所だけうまくいかず汚れています。目立たないようにと奥行きの少ないものを選んでしまったのが悔やまれます。

軒の深さは大事

軒の深い家は暗いという先入観であまり軒を深く取らなかったので、強めの雨が降ると窓や外壁が濡れてしまいます。そもそも雨が当たらなければ窓の下の汚れも気にならなかったかもしれません。もう少し考えて計画すれば良かったと思います。

完璧じゃなかったところも少しずつ良くなる

一度きりであろう家作り。
絶対に後悔したくないと精一杯参加して建った家は、
思った通り暮らしやすく、思った以上に暮らしを豊かにしてくれました。
しかしながら、暮らす中では仕事や子どものお世話に手一杯で
計画通りにうまくいかないこともあったし、
もっとこうした方が良かったのかも……という考えがよぎることもありました。

やってしまった！ は経験になる

入居してすぐは仕事の繁忙期で、夫も私も帰ってくるのは10時過ぎ。意気込んでいた浴室の拭き上げはできず。仕事が落ち着いた頃には設備に水垢が。それを必死で落としたわけですが、結果的には「どれくらい放置するとどんな汚れがついてどうすれば落とせるのか」という知見を得られました。新居を好んで汚してこのような実験環境を作るのはなかなか難しいことでしょうから、貴重なデータがとれたと思います。

こうすれば良かった……も暮らしを良くしてくれる

暮らしが変化するにつれて、ここはもっとこうすれば良かったと思うところも出てきました。例えば洗濯脱衣室の室内干し。どんなに忙しくても毎日洗濯しないと、洗濯脱衣室には干しきれないので、もう少し広くすれば良かったのかもしれないと思ったことも。でもおかげで疲れていても毎日洗濯するのが習慣になりました。毎日洗濯すれば、一回量は少なくすむし、後回しにしない分、気持ちは楽ですっきりします。

この家と私たち家族にちょうどいい解決策

台所の流しの拭き上げもちょっと忙しくなると私は続けられないのですが、理由は濡れた布巾の管理まで手が回らないから。それで、食器洗い用のゴムべらで水切りをしてみると、水は切れるしヘラはそのまま乾かしてしまえばいいので管理が楽。急いでいても、水捌け（はけ）の良くない右奥の角だけは水を切っておくと、汚れが溜まりづらくなる事がわかりました。

こんな感じでこの家の汚れやすいところと放っておいても大丈夫なところ、家のくせが分かってくると、いい塩梅（あんばい）で掃除することができます。

計画通りにいかなかったところも、私たち家族にとって無理なく心地よく維持できる方法が、定まってきました。

暮らすほど馴染んでいい家になる

こんな感じで、ちょっとここがと思うようなところも、きっと少しずつ良くなると思います。改めて思うのは、家は新築時に完成ではない。暮らしながら、家族に合わせてどんどん良くなっていくものだということです。

綿密な計画を立てたつもりでも思っていたようにはいかなかったり、はじめのうちは頑張ってなんとかなるようなことが、長くなるにつれてうまくいかなくなったり。

そんな中で気持ちよく暮らせる方法を考えていると、うまくいかないことはアイデアの元になり、結果的にはより良い方へ転換していって、ちょうどいいところにおさまる。その過程も楽しいものだと思います。

設計中は一発勝負だと気負っていたけれど、きっと大丈夫。だからどうぞ楽しんで家作りを！

おわりに

私の仕事は本を書くことでもなければ、この本で取り上げた家や掃除・収納といった家事とも関係がありません。そんな私がこれらをテーマに本を書かせていただくことになり、私が書いて本当に良いのだろうかと迷いながら、この本作りがはじまりました。家や掃除や収納のプロではないけれど、だからこそ書けることは……。日中は仕事をして朝晩の限られた時間に家事をこなす毎日の中で、どんな家が暮らしやすいのか考え、そして暮らしの困りごとを家作りにどう反映したのかを書けたらと、「暮らしが見える家づくりの本」を目指して、制作に取り組みました。

家を建てるときに、何人かの知人に家を案内してもらいながら、暮らしや家族のことを話してもらいました。「家」と「暮らし」を併せて、自分とは違ういろいろな立場の住まう人の視点で語ってもらったことが「自分たちにとってのいい家」を考えるたくさんのヒントになりました。この本も、家作りを考える読者のみなさまが一軒の家を訪問するように読んでいただければ幸いです。

はじめての本作りは手探りの日々でしたが、制作中も、この家にはたくさん助けられました。本作りと育児や仕事との兼ね合いで頭がごちゃごちゃになりそうになることもありましたが、この家は家事が楽で、作業が捗り、子どもとの暮らしや余暇も楽しめる「私たちにとってのいい家」だったのだと、改めて実感する機会となりました。

本書に出てくる主なものリスト

玄関
ワイヤー物干し：pid 4M（森田アルミ工業）

居間
ハンモック：細糸コットンチェア／V-WAVE編み ナチュラル（ムラブリハンモック）、クッション：体にフィットするソファ／グレーベージュ（無印良品）

食卓
照明：frasco［旧商品］／ホワイト、hanger／ホワイト（フレイム）、ブラインド：桐のブラインド［旧商品］／ループタイプ・アッシュ（TOOLBOX）、シーリングファン：スチールファン WF402（オーデリック）

台所
オーダーシンク：（クラフトシマダ）、物干しラック：GRUNDTAL［旧商品］（IKEA）、タッチレス水栓：ナビッシュ A7タイプ（LIXIL）、換気扇：アリエッタ レンジフード CBARF-951S（富士工業）、4口ガスドロップインコンロ：RD640STS［旧商品］（リンナイ）

作業室
事務椅子：アーロンリマスタードライト（ハーマンミラー）

トイレ
ウォシュレット一体形便器 GG（TOTO）、ペーパーホルダー：iron paper holder L clear（a.depeche）、真鍮タオルハンガー：BRASS BAR（BOLTS HARDWARE STORE）、横水栓：703-701-13（カクダイ）、化粧キャップ：433-114-CU（カクダイ）

玄関手洗い
立水栓：721-209-13（カクダイ）、アングル形止水栓：705-630-13（カクダイ）

洗面室
流し：SK7（TOTO）、ホース収納式シングルレバー混合水栓：SF-E546S［旧商品］（LIXIL）

洗濯脱衣室
洗濯機用水栓：721-606-13（カクダイ）、物干し：つっかえ棒のブラケットとパイプのセット（上手工作所）

浴室
サザナ HD Sタイプ（TOTO）、タオル棚：タオル棚 R2205-400（リラインス）、長いバー：タオル掛シングル R2203-L-600［特注］（リラインス）、短いバー：タオル掛シングル R2203-S-400（リラインス）、石鹸ホルダー：40229 MARINO（ZACK）

木の椅子：hata chair、hozuki stool、bon stool（宮崎椅子製作所）
建具の真鍮金物（かなぐや）
親子ドアの取っ手・押し板（上手工作所）
白い壁塗料：オーデコートGエコ（日本ペイント）
カラー壁塗料：ストーンペイントコース／桜鼠（PORTER'S PAINTS）
スイッチ・コンセント：NKシリーズ（神保電器）
照明（オーデリック）

＊2020年12月時点の情報です。仕様変更、入手困難になる場合もあります。ご了承ください。

最後に、この家とこの本を作ることに携わってくださった全ての方に感謝いたします。たくさんの方々にご協力いただき、仕事振りを見せていただき、たくさんの学びがありました。なかでも本書の制作をお声がけくださった大和書房の小宮さんには、文も書いてみては？ イラストも描いてみては？ とたくさんのチャンスと励ましをいただき、何とか最後まで書きあげることができました。

2015年にインスタグラムとブログをはじめ、それをきっかけに本作りのお話をいただきました。今までインスタグラムとブログをご覧いただき応援くださったみなさまにお礼を申し上げます。

そしてこの本をお手にとってくださったみなさま、ありがとうございました。

山内彩子

山内彩子

1984年生まれ。夫と子どもと三人暮らし。関東地方在住。仕事はものづくりの職人。2015年よりInstagramとブログで、家事や子どものことなど暮らしについての投稿をはじめる。趣味は考えて手を動かし見よう見まねでものを作ること。作るものは、布小物や服、おもちゃ、収納棚、webページなど。

Instagram　https://www.instagram.com/at.mame.guri/

blog「SHIKUMIMEMO」　https://shikumimemo.net/

Staff

撮影　林ひろし

写真提供　山内彩子

装丁　仲島綾乃

イラスト　山内彩子

校正　谷内麻恵

暮らしが整う家づくり

これまでとこれからの暮らしに向き合って家を建てました

2021年2月1日　第1刷発行

2021年7月20日　第2刷発行

著者　山内彩子

発行者　佐藤 靖

発行所　大和書房

東京都文京区関口1-33-4

☎03-3203-4511

印刷　廣済堂

製本　ナショナル製本

ISBN978-4-479-78523-1

乱丁・落丁本はお取替えします

http://www.daiwashobo.co.jp

＊本書に記載されている情報は2020年12月時点のものです。

＊本書に掲載されている物はすべて著者の私物です。現在入手できないものもあります。あらかじめご了承ください。

＊本書の収納方法、片付け、インテリア、家事などを実践いただく際は、建物の構造や性質、商品の注意事項、戸外の状況等をお確かめのうえ、自己責任のもと行ってください。